First German Reader

A Beginner's Dual-Language Book

Edited by
HARRY STEINHAUER

DOVER PUBLICATIONS, INC.
Mineola, New York

2/23.2

Copyright

Bibliographical Note

This Dover edition, first published in 2007, is an unabridged republication of the work originally published by Bantam Books, Inc., New York, in 1964.

Library of Congress Cataloging-in-Publication Data

First German reader : a beginner's dual-language book / edited by Harry Steinhauer.
    p. cm.
  Originally published: New York : Bantam Books, 1964.
  ISBN-13: 978-0-486-46179-3
  ISBN-10: 0-486-46179-3
    1. German language—Readers. 2. German literature—Translations into English. I. Steinhauer, Harry, 1905–

PF3117.F526 2007
443.8'6421—dc22

                            2007015038

Manufactured in the United States of America
Dover Publications, Inc., 31 East 2nd Street, Mineola, N.Y. 11501

CONTENTS

PREFACE

First German Reader is truly a beginners' book. It may be started after two or three weeks of experience with an introductory book to German. The provision of an English version for the complete German text should remove much of the frustration which besets all foreign-language study in its early stages and should render feasible an early effort to read real German.

Not just to read—but to read something worthwhile. The contents of this reader represent various aspects of German civilization: the physical features of the country, its political, economic and social life, its great men, its art and thought. The arrangement of the selections is from simple to more difficult rather than by topic. The variety of subject matter, too, should take the edge off the boredom that is the besetting danger of beginners' books in foreign languages.

Translations of poems have been set in short lines for reasons of layout. Although the English follows the German as closely as possible, line-for-line fidelity is not to be assumed.

It is a pleasure to acknowledge here the help given me by Dr. Joseph Deutz, former Cleveland consul of the Federal Republic, with the articles, "Über Deutschland," and by Frau Johanna Kalvius in the preparation of the manuscript in all its stages, from advice on German idiom to typing and dispatching the manuscript to the publisher. I am also grateful to the Macmillan Company for their generous permission to reprint materials from my *Kulturlesebuch für Anfänger*.

ACKNOWLEDGMENTS

Acknowledgment is made to the following authors, agents and publishers for permission to use copyrighted material:

Walter Bauer, for the biographies of Bach, Kant, Luther and the poem "Mich nach dem sehnend."

Deutsche Verlags Anstalt, for: Waldemar Bonsels' "Der Grashüpfer" from *Die Biene Maja*; Peter Bamm's "In Memoriam Rockefeller" from *Die kleine Weltlaterne*; Fritz Mauthner's "Die Schule des Gebens und die Schule des Nehmens" from *Aus dem Märchenbuch der Wahrheit*.

S. Fischer Verlag, for Albrecht Goes' "Die Schritte."

Sigbert Mohn Verlag, for Paul Ernst's "Das Bett" from *Komödianten und Spitzbubengeschichten*.

Suhrkamp Verlag and Miss Joan Daves, for Hermann Hesse's "Bäume" from *Wanderung*, and "Im Nebel" from *Die Gedichte* by Hermann Hesse, Copyright 1963 by Suhrkamp Verlag, Berlin.

Frau Mary Tucholsky and the Rowohlt Verlag, for Kurt Tucholsky's "Worauf man in Europa stolz ist" from *Gesammelte Werke,* Band 3, Seite 1095.

First German Reader

1. DAS LEBEN

Johann Gottfried Herder

Ein Traum, ein Traum ist unser Leben
Auf Erden hier.
Wie Schatten auf den Wogen* schweben
Und schwinden wir.
Und messen unsre trägen Tritte
Nach Raum und Zeit.
Und sind (und wissen's nicht) in Mitte
Der Ewigkeit.

2. DER PHÖNIX

Gotthold Ephraim Lessing

Nach vielen Jahrhunderten gefiel es dem Phönix, sich wieder einmal sehen zu lassen. Er erschien, und alle Tiere und Vögel versammelten sich um ihn. Sie gafften, sie staunten, sie bewunderten und brachen in entzückendes Lob aus.

Bald aber wandten die besten und geselligsten mitleidsvoll ihre Blicke ab und seufzten: »Der unglückliche Phönix! Ihm wurde das harte Los, weder Geliebte noch Freund zu haben; denn er ist der einzige seiner Art!«

1. LIFE

Johann Gottfried Herder

A dream, a dream is our life
here on earth.
Like shadows on the billows
we float and vanish.
And measure our slothful steps
by space and time.
And are (and know it not) in the midst
of eternity.

2. THE PHOENIX

Gotthold Ephraim Lessing

After many centuries it pleased the phoenix to let himself be
seen once more. He appeared, and all the beasts and birds gath-
ered about him. They gaped, they were amazed, they admired
and broke out into rapturous praise.

Soon, however, the best and most sociable [among them]
averted their eyes pityingly and sighed: "The unlucky phoenix!
To him fell the hard lot to have neither a loved one nor a friend;
for he is the only one of his kind!"

3. WANDERERS NACHTLIED

Johann Wolfgang von Goethe

Über allen Gipfeln
Ist Ruh,
In allen Wipfeln
Spürest du
Kaum einen Hauch;
Die Vögelein schweigen im Walde.
Warte nur, balde
Ruhest du auch.

4. DIE WOHLTATEN

Gotthold Ephraim Lessing

»Hast du wohl* einen größeren Wohltäter unter den Tieren als uns?«
fragte die Biene den Menschen. »Jawohl« erwiderte dieser. »Und
wen?«»Das Schaf. Denn seine Wolle ist mir notwendig, und dein
Honig ist mir nur angenehm.—Und willst du noch einen Grund
wissen, warum ich das Schaf für einen größeren Wohltäter halte als
dich, Biene? Das Schaf schenkt mir seine Wolle ohne die geringste
Schwierigkeit; aber wenn du mir deinen Honig schenkst, muß ich
mich noch immer vor deinem Stachel fürchten.«

3. WANDERER'S NIGHT SONG

Johann Wolfgang von Goethe

Over all the mountain peaks
is peace,
in all the tree tops
you feel
scarcely a breath;
the little birds are silent in the forest.
Just wait, soon
you too will be at peace.

4. THE BENEFACTIONS

Gotthold Ephraim Lessing

"Have you a greater benefactor among the animals than us?" the bee asked man. "Oh yes," the latter replied. "And who is that?" "The sheep. For its wool is necessary to me and your honey is only agreeable. And do you want to know another reason why I regard the sheep as a greater benefactor than you, bee? The sheep gives me its wool without the slightest difficulty; but when you give me your honey, I still have to fear your sting."

5. DIE SCHRITTE

Albrecht Goes

Klein ist, mein Kind, dein erster Schritt,
Klein wird dein letzter sein.
Den ersten gehn Vater and Mutter mit,
Den letzten gehst du allein.

Sei's um ein Jahr, dann gehst du, Kind,
Viel Schritte unbewacht,
Wer weiß, was das dann für Schritte sind
Im Licht und in der Nacht?

Geh kühnen Schritt, tu tapfren Tritt,
Groß ist die Welt und dein.
Wir werden, mein Kind, nach dem letzten Schritt
Wieder beisammen sein.

6. KINDESDANK UND UNDANK

Johann Peter Hebel

Man findet gar oft, wenn man ein wenig aufmerksam ist, daß Menschen im Alter von ihren Kindern wieder ebenso behandelt werden, wie sie einst ihre alten und kraftlosen Eltern behandelt haben. Es geht auch begreiflich zu. Die Kinder lernen's von den Eltern; sie sehen und hören's nicht anders und folgen dem Beispiel. So wird es auf die natürlichsten und sichersten Wege wahr, was gesagt wird und geschrieben ist, daß der Eltern° Segen und Fluch auf den Kindern ruhe° und sie nicht verfehle.

Man hat darüber unter anderen zwei Erzählungen, von denen die erste Nachahmung und die zweite große Beherzigung verdient.

Ein Fürst traf auf einem Spazierritt einen fleißigen und frohen Landmann an dem Ackergeschäft an, und ließ sich mit ihm in ein Gespräch ein. Nach einigen Fragen erfuhr er, daß der Acker nicht sein Eigentum sei, sondern daß er als Taglöhner täglich um 15 Kreuzer° arbeite. Der Fürst, der für sein schweres Regierungsgeschäft freilich mehr Geld brauchte und zu verzehren hatte, konnte es in der Geschwindigkeit nicht ausrechnen, wie es möglich sei, täglich

5. THE STEPS

Albrecht Goes

Your first step, my child, is small,
your last will be small.
Your father and mother will accompany the first,
the last one you will walk alone.

When a year has passed you will walk, child,
Many steps unguarded.
Who knows what sort of steps they will then be
In the light and in the night?

Walk a bold step, take a brave step,
The world is great and yours.
After the last step we shall, my child,
be together again.

6. GRATITUDE AND INGRATITUDE OF CHILDREN

Johann Peter Hebel

We find very often, if we are just a bit observant, that people are treated by their children in old age just as they once treated their old and helpless parents. And this procedure is understandable. The children learn it from their parents; they see and hear nothing else, and follow the example [set them]. So, what is said and written comes true in the most natural and surest way: that the blessing and curse of parents descend on their children and do not pass them by.

We have two stories, among others, on this subject; the first deserves imitation and the second special heed.

A prince, out for a ride, met a busy and happy farmer [going] about his business and entered into a conversation with him. After a few questions he learned that the farm was not the man's property but that he worked [on it] as a daily laborer for fifteen kreutzer per day. The prince, who of course needed and had more money to spend for his heavy business of government, could not figure out rapidly how it was possi-

mit 15 Kreuzer auszureichen, und noch so frohen Mutes dabei zu sein, und verwunderte sich darüber. Aber der brave Mann im Zwilchrock erwiderte ihm:»Es wäre mir übel gefehlt, wenn ich soviel brauchte. Mir muß ein Drittel davon genügen; mit einem Dritteil zahle ich meine Schulden ab, und den übrigen Dritteil lege ich auf Kapitalien an.« Das war dem guten Fürsten ein neues Rätsel. Aber der fröhliche Landmann fuhr fort und sagte:»Ich teile meinen Verdienst mit meinen alten Eltern, die nicht mehr arbeiten können, und mit meinen Kindern, die es erst lernen müssen; jenen vergelte ich die Liebe, die sie mir in meiner Kindheit erwiesen haben, und von diesen hoffe ich, daß sie mich einst in meinem müden Alter auch nicht verlassen werden.« War das nicht artig gesagt, und noch edler und schöner gedacht und gehandelt? Der Fürst belohnte die Rechtschaffenheit des wackeren Mannes, sorgte für seine Söhne, und der Segen, den ihm seine sterbenden Eltern gaben, wurde ihm im Alter von seinen dankbaren Kindern durch Liebe und Unterstützung redlich entrichtet.

Aber ein anderer ging mit seinem Vater, welcher durch Alter und Kränklichkeit freilich wunderlich geworden war, so übel um, daß dieser wünschte, in ein Armenspital gebracht zu werden, das im nämlichen Orte war. Dort hoffte er wenigstens bei dürftiger Pflege von den Vorwürfen frei zu werden, die ihm daheim die letzten Tage seines Lebens verbitterten. Das war dem undankbaren Sohn ein willkommenes Wort. Ehe die Sonne hinter den Bergen hinabging, war dem armen alten Greis sein Wunsch erfüllt. Aber er fand im Spital auch nicht alles, wie er es wünschte. Wenigstens ließ er seinen Sohn nach einiger Zeit bitten, ihm die letzte Wohltat zu erweisen und ihm ein paar Leintücher zu schicken, damit er nicht alle Nacht auf bloßem Stroh schlafen müsse. Der Sohn suchte die zwei schlechtesten, die er hatte, heraus, und befahl seinem zehnjährigen Kind, sie dem alten Murrkopf ins Spital zu bringen. Aber mit Verwunderung bemerkte er, daß der kleine Knabe vor der Tür eines dieser Tücher in einem Winkel verbarg, und folglich dem Großvater nur eines davon brachte. »Warum hast du das getan?« fragte er den Jungen bei seiner Rückkunft. »Zur Aushilfe für die Zukunft«, erwiderte dieser kalt und bösherzig, »wenn ich Euch,° Vater! auch einmal in das Spital schicken werde.«

Was lernen wir daraus? Ehre Vater und Mutter, auf daß° es dir wohl gehe!

ble to make out with fifteen kreutzer per day and to be so cheerful in spirit about it too, and expressed his astonishment. But the good man in his drill coat replied to him, "I would be in a bad way if I needed as much as that. I have to get along with a third of it; with a third I pay off my debts, and the remaining third I lay aside as capital." This was a new riddle for the good prince. But the cheerful farmer continued and said, "I share my earnings with my old parents, who can no longer work, and with my children, who must yet learn how to work; to the former I requite the love they showed me in my childhood, and from the latter I hope that they too will not abandon me some day in my weary old age." Wasn't that nicely put, and even more nobly and beautifully thought and acted? The prince rewarded the good man's integrity, cared for his sons, and the blessing which his dying parents gave him was honestly repaid to him by his grateful children in his old age through love and support.

But another man treated his father, who, to be sure, had become cranky through age and debility, so badly that the latter wished to be taken to a home for the poor that was located in the same place. Though the care might be scanty, there he at least hoped to be free from the reproaches which were embittering the last days of his life at home. This was a welcome word to his ungrateful son. Before the sun set behind the mountains the wish of the poor old man was fulfilled. But in the home for the poor he did not find everything as he wished it. At least, after some time he sent a request to his son to do him a last favor and send him a few sheets, so that he would not have to sleep on the bare straw every night. The son selected the two worst sheets he had and ordered his ten-year-old child to take them to the old grumbler at the home. But to his astonishment he noticed that the little boy hid one of these sheets in a corner outside the door and therefore brought his grandfather only one of them. "Why did you do that?" the father asked the boy when he returned. "As an emergency for the future," the latter replied coldly and cruelly, "when I'll send you to the home for the poor some day, father."

What do we learn from this? Honor your father and your mother so that things may go well for you.

7. DAS BÄUERLEIN* IM HIMMEL

Brüder Grimm

Es ist einmal ein armes, frommes Bäuerlein gestorben; nun kam es vor die Himmelspforte. Zur gleichen Zeit ist auch ein reicher, reicher Herr da gewesen und hat auch in den Himmel gewollt. Da kommt der heilige Petrus mit dem Schlüssel und macht die Pforte auf und läßt den reichen Herrn herein. Das Bäuerlein hat er aber, wie es scheint, nicht gesehen und macht also die Pforte wieder zu. Nun hat das Bäuerlein von draußen gehört, wie der reiche Herr im Himmel mit aller Freude empfangen worden ist, wie sie musiziert und gesungen haben.

Nach einer Weile ist drinnen alles wieder still geworden; der heilige Petrus kommt wieder, macht die Himmelspforte auf und läßt das Bäuerlein herein. Jetzt hat das Bäuerlein gemeint, wenn er käme, werde auch musiziert und gesungen; aber da ist alles still gewesen. Man hat es zwar mit aller Liebe aufgenommen und die Engelein sind ihm entgegengegangen; aber gesungen hat niemand. Da fragt das Bäuerlein den heiligen Petrus, warum man bei ihm nicht singe wie bei dem reichen Herrn, es ginge da, scheint's, im Himmel auch parteiisch* zu wie auf der Erde.

Da sagt der heilige Petrus: »Aber gewiß nicht, du bist uns grad so lieb wie alle andern und darfst alle himmlische Freude genießen wie der reiche Herr. Aber schau, solch arme Bäuerlein, wie du eines bist, die kommen alle Tag' in den Himmel; so ein reicher Herr aber, je,* da kommt nur etwa alle hundert Jahre einer. Und du mußt verstehen, daß das besonders gefeiert werden muß.«

Des gab sich das Bäuerlein zufrieden.

7. THE LITTLE PEASANT IN HEAVEN

The Brothers Grimm

Once a poor, good peasant died; then he came before the gate of Heaven. At the same time there was a rich, rich gentleman there too, and he also wanted to get into Heaven. Then Saint Peter comes with his key and opens the gate and lets the rich gentleman in. But it seems he hasn't seen the peasant, and so he locks the gate again. Now the peasant heard from outside how the rich gentleman was received in Heaven full of joy, how they made music and sang.

After a while everything inside became quiet again; Saint Peter comes once more, opens the gate of Heaven and lets the peasant in. Now the peasant thought that, when he came, they would make music and sing too; but now everything was quiet. True, he was received with love, and the dear angels came to meet him; but no one sang. So the peasant asks Saint Peter, why don't they sing for him as for the rich man; it looks as if things are done with bias in Heaven too, as on earth.

To this Saint Peter says: "But of course not, you're just as dear to us as all the others, and you may enjoy all the joy of Heaven like the rich gentleman. But look, poor peasants like yourself come to Heaven every day; but such a rich gentleman, gee, there's only about one every hundred years who comes. And you must understand that this must be celebrated in a special way."

With this [explanation] the peasant was satisfied.

8. IM NEBEL

Hermann Hesse

Seltsam, im Nebel zu wandern!
Einsam ist jeder Busch und Stein,
Kein Baum sieht den andern,
Jeder ist allein.

Voll von Freunden war mir die Welt,
Als noch mein Leben licht war;
Nun, da der Nebel fällt,
Ist keiner mehr sichtbar.

Wahrlich, keiner ist weise,
Der nicht das Dunkel kennt,
Das unentrinnbar und leise
Von allen ihn trennt.

Seltsam, im Nebel zu wandern!
Leben ist Einsamsein.
Kein Mensch° kennt den andern,
Jeder ist allein.

9. BÄUME

Hermann Hesse

Bäume sind für mich immer die eindringlichsten Prediger gewesen.
Ich verehre sie, wenn sie in Völkern und Familien leben, in Wäldern
und Hainen. Und noch mehr verehre ich sie, wenn sie einzeln stehen.
Sie sind wie Einsame. Nicht wie Einsiedler, welche aus irgendeiner
Schwäche sich davongestohlen haben, sondern wie große, vereinsamte Menschen, wie Beethoven und Nietzsche. In ihren Wipfeln
rauscht die Welt, ihre Wurzeln ruhen im Unendlichen; allein sie verlieren sich nicht darin, sondern erstreben mit aller Kraft ihres Lebens
nur das Eine: ihr eigenes, in ihnen wohnendes Gesetz zu erfüllen,
ihre eigene Gestalt auszubauen, sich selbst darzustellen.
  Nichts ist heiliger, nichts ist vorbildlicher als ein schöner, starker
Baum. Wenn ein Baum umgesägt worden ist und seine nackte
Todeswunde der Sonne zeigt, dann kann man auf der lichten Scheibe

8. IN THE MIST

Hermann Hesse

Strange, to wander in the mist!
Every bush and stone is lonely,
no tree sees the other,
each one is alone.

The world was full of friends for me,
when my life was still bright;
now, when the mist falls,
not one is visible any longer.

Truly, no one is wise,
who does not know the dark,
which inescapably and softly
separates him from them all.

Strange, to wander in the mist!
To live is to be lonely.
No man knows the other,
each one is alone.

9. TREES

Hermann Hesse

Trees have always been the most effective preachers for me. I revere them when they live in nations and families, in forests and groves. And I revere them even more when they stand singly. They are like solitaries. Not like hermits who have stolen away out of some weakness, but like great, isolated men, like Beethoven and Nietzsche. The world murmurs in their tops, their roots rest in the infinite; however, they do not lose themselves in it but, with all the energy of their lives, aspire to only one thing: to fulfill their own innate law, to enlarge their own form, to represent themselves.

Nothing is more sacred, nothing is more exemplary than a beautiful, strong tree. When a tree has been sawed off and shows its naked mortal wound to the sun, one can read its whole

seines Stumpfes und Grabmals seine ganze Geschichte lesen: in den Jahresringen und Verwachsungen steht aller Kampf, alles Leid, alle Krankheit, alles Glück und Gedeihen treu geschrieben, schmale Jahre und üppige Jahre, überstandene Angriffe, überdauerte Stürme. Und jeder Bauernjunge weiß, daß das härteste und edelste Holz die engsten Ringe hat, daß hoch auf Bergen und in immerwährender Gefahr die unzerstörbarsten, kraftvollsten, vorbildlichsten Stämme wachsen.

Bäume sind Heiligtümer. Wer mit ihnen zu sprechen, wer ihnen zuzuhören weiß, der erfährt die Wahrheit. Sie predigen nicht Lehren und Rezepte, sie predigen, um das Einzelne unbekümmert, das Urgesetz des Lebens.

Ein Baum spricht: In mir ist ein Kern, ein Funke, ein Gedanke verborgen, ich bin Leben vom ewigen Leben. Einmalig ist der Versuch und Wurf, den die ewige Mutter mit mir gewagt hat, einmalig ist meine Gestalt und das Geäder meiner Haut, einmalig das kleinste Blätterspiel meines Wipfels und die kleinste Narbe meiner Rinde. Mein Amt ist, im ausgeprägten Einmaligen das Ewige zu gestalten und zu zeigen.

Ein Baum spricht: Meine Kraft ist das Vertrauen. Ich weiß nichts von meinen Vätern, ich weiß nichts von den tausend Kindern, die in jedem Jahr aus mir entstehen. Ich lebe das Geheimnis meines Samens zu Ende, nichts andres ist meine Sorge. Ich vertraue, daß Gott in mir ist. Ich vertraue, daß meine Aufgabe heilig ist. Aus diesem Vertrauen lebe ich.

Wenn wir traurig sind und das Leben nicht mehr gut ertragen können, dann kann ein Baum zu uns sprechen: Sei still! Sei still! Sieh mich an! Leben° ist nicht leicht, Leben ist schwer. Das sind Kindergedanken. Laß Gott in dir reden, so schweigen sie. Du bangst, weil dich dein Weg von der Mutter und Heimat wegführt. Aber jeder Schritt und Tag führt° dich neu der Mutter° entgegen. Heimat ist nicht da oder dort. Heimat ist in dir innen, oder nirgends.

Wandersehnsucht reißt mir am Herzen, wenn ich Bäume höre, die abends im Wind rauschen. Hört man still und lange zu, so zeigt auch die Wandersehnsucht ihren Kern und Sinn. Sie ist nicht Fortlaufenwollen vor dem Leide, wie es schien. Sie ist Sehnsucht nach Heimat, nach Gedächtnis der Mutter, nach neuen Gleichnissen des Lebens. Sie führt nach Hause. Jeder Weg führt nach Hause, jeder Schritt ist Geburt, jeder Schritt ist Tod, jedes Grab ist Mutter.

So rauscht der Baum im Abend,° wenn wir Angst vor unseren eigenen Kindergedanken haben. Bäume haben lange Gedanken, langatmige und ruhige, wie sie ein längeres Leben haben als wir. Sie sind

history on the bright disc of its stump and tombstone: in its annual rings and cicatrizations are faithfully recorded all struggle, all suffering, all sickness, all fortune and prosperity, meager years and luxuriant years, attacks withstood, storms survived. And every farm boy knows that the hardest and noblest wood has the narrowest rings, that, high in the mountains and in ever-present danger, the most indestructible, most powerful, most exemplary tree trunks grow.

Trees are sanctuaries. He who knows how to speak to them, to listen to them, learns the truth. They do not preach doctrines and recipes, they preach the basic law of life, heedless of details.

A tree speaks: In me is hidden a core, a spark, a thought, I am life of eternal life. The experiment and throw [of the dice] that the eternal mother ventured on me is unique, unique is my shape and the system of veins in my skin, unique are the slightest play of foliage at my top and the smallest scar in my bark. It is my office to shape and show the Eternal in the distinctively unique.

A tree speaks: My strength is trust. I know nothing of my fathers, I know nothing of the thousand children which come out of me every year. I live the mystery of my seed to the end, nothing else is my concern. I trust that God is within me. I trust that my task is sacred. In this trust I live.

When we are sad and can no longer endure life well, a tree can speak to us: Be calm! Be calm! Look at me! Life is not easy, life is hard. These are childish thoughts. Let God talk within you and they will grow silent. You are anxious because your road leads you away from your mother and your home. But every step and day lead you anew to your mother. Home is neither here nor there. Home is inside you or nowhere.

A yearning to wander tears at my heart when I hear trees rustling in the wind in the evening. If one listens quietly and long, the wanderlust too shows its core and meaning. It is not a wish to run away from suffering, as it seemed. It is a yearning for home, for the memory of one's mother, for new symbols of life. It leads homeward. Every road leads homeward, every step is birth, every step is death, every grave is the mother.

Thus the tree rustles in the evening when we are afraid of our own childish thoughts. Trees have long thoughts, long in breath and calm, as they have a longer life than we. They are wiser than

weiser als wir, solange wir nicht auf sie hören. Aber wenn wir gelernt
haben, die Bäume anzuhören, dann gewinnt gerade die Kürze und
Schnelligkeit und Kinderhast unserer Gedanken eine Freudigkeit
ohnegleichen. Wer gelernt hat, Bäumen zuzuhören, begehrt nicht
mehr, ein Baum zu sein. Er begehrt nichts zu sein, als was er ist. Das
ist Heimat. Das ist Glück.

10. MICH NACH DEM SEHNEND

Walter Bauer

Mich nach dem sehnend,
Was morgen sein würde,
Sprach ich von dem,
Was gestern war.
Noch ehe ich anfing zu denken,
Was ich berichten würde,
Waren die Blätter schon gelb.
Wie sehnte ich mich
Nach weißen Blättern.
Doch: im Gestern und Heute
Blitzt das° Morgen auf.

11. DIE LEBENSZEIT

Brüder Grimm

Als Gott die Welt geschaffen hatte und allen Kreaturen ihre
Lebenszeit bestimmen wollte, kam der Esel und fragte: »Herr, wie
lange soll ich leben?« »Dreißig Jahre«, antwortete Gott, »ist dir das
recht?« »Ach, Herr«, antwortete der Esel, »das ist eine lange Zeit.
Bedenke mein mühseliges Dasein; von Morgen bis in die Nacht muß
ich schwere Lasten tragen. Ich muß Kornsäcke in die Mühle schleppen, damit andere das Brot essen.° Nichts als Schläge und Tritte gibt
man mir zur Ermunterung. Erlaß mir einen Teil der langen Zeit.« Da
erbarmte sich Gott und schenkte ihm achtzehn Jahre.
     Der Esel ging getröstet weg und der Hund erschien. »Wie lange
willst du leben?« sprach Gott zu ihm; »dem Esel sind dreißig Jahre zuviel; du aber wirst° damit zufrieden sein.« »Herr«, antwortete der

we, as long as we do not listen to them. But when we have
learned to listen to trees, the very brevity and swiftness and
childish haste of our thoughts acquire an incomparable joy. He
who has learned to listen to trees no longer desires to be a tree.
He does not desire to be anything but that which he is. That is
home. That is happiness.

10. YEARNING FOR WHAT

Walter Bauer

Yearning for what
would be tomorrow,
I spoke of what
was yesterday.
Even before I began to think
what I would report,
the pages were already yellow.
How I longed
for white pages.
Yet: in the yesterday and today
the tomorrow flashes [like lightning].

11. THE LIFE SPAN

The Brothers Grimm

When God had created the world and wanted to fix the life span
for all [his] creatures, the donkey came and asked: "Lord, how
long am I to live?" "Thirty years," replied God; "is that agreeable
to you?" "Oh, Lord," the donkey replied, "that's a long time.
Consider my hard existence; from morning till night I have to
carry heavy burdens. I have to drag sacks of grain to the mill so
that others may eat bread. They give me nothing but blows and
kicks by way of encouragement. Spare me a part of the long period." So God took pity [on him] and granted him eighteen years
[of life].

The donkey went away comforted, and the dog appeared.
"How long do you want to live?" God said to him; "the donkey

Hund, »ist das dein Wille? Bedenke was ich laufen muß, das halten meine Füße so lange nicht aus; und wenn ich die Stimme zum Bellen und die Zähne zum Beißen verloren habe, was bleibt mir übrig, als aus einer Ecke in die andere zu laufen und zu knurren?« Gott sah, daß er recht hatte und schenkte ihm zwölf Jahre.

Darauf kam der Affe. »Du willst wohl gerne dreißig Jahre leben?« sprach der Herr zu ihm; »du brauchst nicht zu arbeiten wie der Esel und der Hund, und bist immer fröhlich.« »Ach, Herr«, antwortete der Affe, »das sieht so aus, ist aber anders. Wenn's Hirsenbrei regnet, habe ich keinen Löffel. Ich soll immer lustige Streiche machen, Gesichter schneiden, damit die Leute lachen, und wenn sie mir einen Apfel reichen und ich beiße hinein, so ist er sauer. Wie oft steckt die Traurigkeit hinter dem Spaß! Dreißig Jahre halte ich das nicht aus.« Gott war gnädig und schenkte ihm zehn Jahre.

Endlich erschien der Mensch, war freudig, gesund und frisch und bat Gott, ihm seine Zeit zu bestimmen. »Dreißig Jahre sollst du leben«, sprach der Herr, »ist dir das genug?« »Welch eine kurze Zeit!« rief der Mensch. »Wenn ich mein Haus gebaut habe und das Feuer auf meinem eigenen Herde brennt, wenn ich Bäume gepflanzt habe, die blühen und Früchte tragen, so soll ich sterben! O Herr, verlängere meine Zeit.« »Ich will dir die achtzehn Jahre des Esels zulegen«, sagte Gott. »Das ist nicht genug«, antwortete der Mensch. »Du sollst auch die zwölf Jahre des Hundes haben.« »Immer noch zu wenig.« »Wohlan,« sagte Gott, »ich will dir noch die zehn Jahre des Affen geben, aber mehr erhältst du nicht.« Der Mensch ging fort, war aber nicht zufrieden.

Also lebt der Mensch siebzig° Jahre. Die ersten dreißig sind seine menschlichen Jahre, die gehen schnell dahin; da ist er gesund, heiter, arbeitet mit Lust und freut sich seines Daseins. Hierauf folgen die achtzehn Jahre des Esels, da wird ihm eine Last nach der andern aufgelegt: er muß das Korn tragen, das andere nährt, und Schläge und Tritte sind der Lohn seiner treuen Dienste. Dann kommen die zwölf Jahre des Hundes; da liegt er in den Ecken, knurrt und hat keine Zähne mehr zum Beißen. Und wenn diese Zeit vorüber ist, so machen die zehn Jahre des Affen den Schluß. Da ist der Mensch schwach-köpfig und närrisch, treibt alberne Dinge und wird ein Spott der Kinder.

thinks thirty years too much; but you will probably be satisfied with that." "Lord," the dog replied, "is that Your will? Consider how much running about I must do, my feet won't hold out that long; and when I have lost my voice for barking and my teeth for biting, what is there left for me except to run from one corner to the other and to growl?" God saw that he was right and granted him twelve years.

Then came the monkey. "I suppose you'll be glad to live thirty years?" the Lord said to him; "you don't need to work like the donkey and the dog and are always cheerful." "Ah, Lord," the monkey replied, "it looks that way, but it's different. When it rains porridge, I have no spoon. I'm always supposed to be performing merry pranks, making faces so that people will laugh, and when they hand me an apple and I bite into it, it's sour. How often does sadness lurk behind jest! I can't stand it for thirty years." God was gracious and granted him ten years.

Finally man appeared, was joyful, healthy and brisk and asked God to fix his span of life. "You shall have thirty years," spoke the Lord, "is that enough for you?" "What a short time!" man exclaimed. "When I have built my house and the fire in my own hearth is burning, when I have planted trees which bloom and bear fruit, then I'm to die! O Lord, prolong my span." "I will add the eighteen years of the donkey to yours," said God. "That isn't enough," man replied. "You shall have the twelve years of the dog too." "Still too few." "Very well," said God, "I will also give you the ten years of the monkey, but you get no more." Man went away but was not satisfied.

So man lives seventy years. The first thirty years are his human years, they pass quickly; then he is healthy, cheerful, works with pleasure and enjoys his existence. These are followed by the eighteen years of the donkey; then one burden after the other is placed on him; he has to carry the grain which feeds others, and blows and kicks are the wages of his faithful services. Then come the twelve years of the dog; he then lies in corners, growls and no longer has any teeth to bite with. And when this period is past, the ten years of the monkey bring [the matter to] a close. Then man is weak-headed and foolish, does silly things and becomes [an object of] derision to children.

12. ÜBER DEUTSCHLAND

1. LAND UND LEUTE

Deutschland ist heute ein politisch geteiltes Land. Die Bundesrepublik Deutschland umfaßt den größeren Teil des früheren
Deutschen Reiches, die »Deutsche Demokratische Republic«° das
frühere Mitteldeutschland. Berlin, die ehemalige Haupstadt
Deutschlands, nimmt seit 1945 einen Sonderstatus ein: Westberlin ist
ein Teil der Bundesrepublik, während Ostberlin zur »Deutschen
Demokratischen Republik« gehört.

Die Deutschen halten diese Teilung ihres Landes für unnatürlich
und glauben, daß sie nicht von Dauer sein kann und daß die Wieder-
vereinigung der heute getrennten Teile eines Tages kommen muß.
Die Bundesrepublik betrachtet die Gebiete östlich der Oder-Neiße-
Linie° als nur provisorisch unter polnischer bzw.° sowjetischer
Verwaltung. Sie weist darauf hin, daß die Grenzen Deutschlands, wie
sie im Jahre 1937 vor dem Beginn der Annexionspolitik Hitlers be-
standen, international anerkannt sind; nur ein frei vereinbarter
Friedensvertrag kann sie ändern. Deutsche Landkarten zeigen daher
»Deutschland in den Grenzen von 1937«.

Dieses Deutschland von 1937 hatte eine Fläche von 470.000 qkm,°
während die jetzige Bundesrepublik mit Westberlin zusammen nur
248.500 qkm umfaßt, was etwa der Größe Oregons entspricht. 1937
zählte das Deutsche Reich 68 Millionen Einwohner; heute leben in
der Bundesrepublik und Westberlin allein 56 Millionen. Über 13
Millionen von diesen Einwohnern sind Vertriebene, Flüchtlinge und
Zugewanderte aus dem Osten.

Deutschland liegt geographisch in der Mitte Europas, zwischen
dem 47. und 55. Grad nördlicher Breite und dem 6. und 23. Grad
östlicher Länge. Es besitzt einen ungewöhnlichen Reichtum an
Bodenformen und eine Vielzahl natürlicher Landschaften: Geest,°
Heide und Moor, Wiesen und Wälder; zahlreiche Flüsse und Neben-
flüsse, Seen und Haffs.° In dieser Vielzahl lassen sich aber drei
Hauptformen von Landschaft unterscheiden: die norddeutsche
Tiefebene, das vielfältige Mittelgebirge, das Alpen- und Alpenvorland. Das Land liegt im kühleren Teil der gemäßigten Zone; es ist
daher häufigem Wetterwechsel ausgesetzt. Die Winde kommen vorwiegend aus dem Westen; sie bringen ein ozeanisches Klima mit sich
und verursachen Niederschläge zu allen Jahreszeiten. Die durchschnittliche Jahrestemperatur ist 9°C.°

12. ON GERMANY

1. COUNTRY AND PEOPLE

Germany today is a land divided politically. The Federal Republic of Germany encompasses the greater part of the former German Reich, the "German Democratic Republic" [embraces] the former Central Germany. Berlin, the former capital of Germany, has enjoyed a special status since 1945: West Berlin is a part of the Federal Republic, while East Berlin belongs to the "German Democratic Republic."

The Germans regard this division of their country as unnatural and believe that it cannot last and that the unification of the parts which are now separated must come some day. The Federal Republic regards the territories east of the Oder-Neisse line as only temporarily under Polish or Soviet administration. It points to the fact that the boundaries of Germany as they existed in the year 1937 before the beginning of Hitler's annexation policy are internationally recognized; only a peace treaty, voluntarily agreed upon, can alter them. German maps therefore show "Germany within the boundaries of 1937."

This Germany of 1937 had an area of 470,000 square kilometers, whereas the present Federal Republic, together with West Berlin, embraces only 248,005 square kilometers, corresponding approximately to the size of Oregon. In 1937 the German Reich had 68 million inhabitants; today 56 millions live in the Federal Republic and West Berlin alone. Over 13 million of these inhabitants are displaced persons, fugitives and immigrants from the east.

Germany is situated geographically in the center of Europe, between the 47th and 55th degrees of latitude and the 6th and 23rd degrees of longitude. It possesses an uncommon wealth of soil types and a multiplicity of natural landscapes: sandy coast, heath and moor, meadows and forests; numerous rivers and tributaries, lakes and lagoons. In this multiplicity, however, one can distinguish three main forms of landscape: the north German lowlands, the varied central mountain range, the Alpine land and the Alpine foothills. The country is situated in the cooler part of the temperate zone; it is therefore exposed to frequent changes of weather. The prevailing winds are from the west; they bring with them an oceanic climate and cause precipitation in every season. The average temperature is 9° Centigrade.

Von den Bodenschätzen sind Stein- und Braunkohle, Erdöl und Kalisalze die bedeutendsten. Die mannigfaltigen Wasserkräfte werden, besonders im Süden, der Energiegewinnung nutzbar gemacht; aber 84% der Elektrizität werden aus Kohle gewonnen. Deutschland hat zahlreiche Ströme und Flüsse, die durch Kanäle miteinander verbunden sind. Das Netz dieser Wasserstraßen ist für amerikanische Verhältnisse klein, für Deutschland aber von großer wirtschaftlicher Bedeutung. In der Güterbeförderung stehen die Eisenbahn an erster, die Binnenschiffahrt an zweiter Stelle. Obgleich Westdeutschland hochindustrialisiert ist, bestehen 85% der Bodenfläche aus Ackerland, Wald, Wiesen und Weiden. Nur 7.4% werden von Straßen, Gebäuden und Eisenbahnen verbraucht.

13. DER FÄHRMANN UND DER MÖNCH

Wilhelm Schmidtbonn

Der Fährmann, der einen Mönch über den Rhein brachte, sah lange sein Gesicht an und sagte laut, obwohl das Boot mit Menschen gefüllt war: »Du bist es, Mönch. Ich habe dich neulich predigen hören, du nanntest dich einen Fährmann, der Seelen an ein anderes Ufer bringt. Ja, gut, aber deine Fahrgäste kommen nicht mehr zurück an das erste Ufer, wenn ich dich recht verstanden habe. Du brauchst auch nicht vom frühen Morgen bis zum späten Abend ein volles Boot über ein breites, reißendes Wasser zu schaffen mit deinen eigenen Fäusten. Sonst wüßtest du, was es heißt, Fährmann zu sein, von Hochwasser und Eisgang gar nicht zu reden. Auch gehst du zu Fuß, was das gerade Gegenteil von meiner Tätigkeit ist. Du meinst es gut, aber laß mich einen Fährmann bleiben und bleibe du ein Mönch!«

Alle im Boote lachten.

Der Mönch, gewohnt, mit Leuten aus dem Volk zu sprechen, sagte: »Wenn du versuchen willst, wer das schwerste Amt von uns beiden hat, so predige am nächsten Sonntag an meiner Stelle. Ich glaube, du wirst nicht weniger schwitzen als an deinen Rudern. Ich selber habe einmal viel Schweiß verloren, als ich in einer Predigt stecken blieb!«

Die Fahrgäste im Boot lachten wieder, von der Wechselrede unerwartet unterhalten. Der Fährmann, schon in der Nähe des Landes, rief: »Stecken blieb? Wenn du stecken bleibst, so ist das ein Schaden für dich, deinen Zuhörern aber macht es gar nichts, höchstens Vergnügen. Wenn ich aber hier jetzt in der Strömung auflaufe, dann

Of the mineral resources the most important are anthracite and bituminous coal, oil and potash. The manifold [sources of] water power are exploited for the production of energy, especially in the south; but 84 per cent of the electricity is obtained from coal. Germany has numerous streams and rivers, which are connected by canals. The network of these waterways is small by American standards, but for Germany it is of great economic importance. In the transportation of goods the railway stands in first place, internal shipping in second place. Although West Germany is highly industrialized, 85 per cent of the surface area consists of ploughed land, forest, meadows and pastures. Only 7.4 per cent is utilized by highways, buildings and railways.

13. THE FERRYMAN AND THE MONK

Wilhelm Schmidtbonn

The ferryman, who was bringing a monk across the Rhine, looked into his face for a long time and said in a loud voice, although the boat was filled with people: "You're the one, monk. Recently I heard you preach, you called yourself a ferryman who brings souls to another shore. Yes, very well, but your passengers never come back to the first shore, if I've understood you aright. Nor do you need to bring a full boat with your own fists from early morning to late evening over a broad, raging water. Or you would know what it means to be a ferryman, to say nothing of high water and drifting ice. Also you go on foot, which is the exact opposite of my activity. You mean well, but let me be a ferryman and you stay a monk."

Everyone in the boat laughed.

The monk, accustomed to speak to the common people, said: "If you want to try [to find out] which of us has the most difficult job, preach in my place next Sunday. I believe you will not sweat any less than [you do] at your oars. I myself once lost a lot of sweat when I got stuck in a sermon."

The passengers in the boat laughed again, unexpectedly entertained by the exchange of words. The ferryman, already near land, cried: "Got stuck? When you get stuck, it's a loss for you, but it means nothing to your audience, at best [it gives them]

möchte ich den Schrecken auf euern Gesichtern sehen, auch auf
deinem!«

»In deiner letzten Stunde«, sagte der Mönch leiser, »wirst du auch
einen Fährmann meiner Art brauchen, Ruder nützen dir da gar nichts
mehr!«

Der Fährmann schwieg, alle im Boote wurden still. Er trieb mit
kurzen Ruderschlägen das Boot an Land, nahm von jedem das Fahr-
geld, vor dem Mönch aber neigte er beim Aussteigen den Kopf und
sagte:»Von dir nehme ich nichts, du hast für deine Predigt von mir
auch nichts genommen!«

14. GEDANKEN I

1. Hermann Hesse:

Gegen die Infamitäten* des Lebens sind die besten Waffen: Tapferkeit, Eigensinn und Geduld. Die Tapferkeit stärkt, der Eigensinn
macht Spaß, und die Geduld gibt Ruhe. Leider findet man sie
gewöhnlich erst spät im Leben, und im Verwittern und Absterben hat
man sie auch am meisten nötig.

2. Friedrich von Schiller:

Nichts in der Welt kann den Menschen sonst unglücklich machen, als
bloß und allein die Furcht. Das Übel, das uns trifft, ist selten oder nie
so schlimm als das, welches wir befürchten.*

3. Ludwig Börne:

Nichts ist dauernd als der Wechsel; nichts beständig als der Tod. Jeder
Schlag des Herzens schlägt uns eine Wunde, und das Leben wäre ein
ewiges Verbluten, wenn nicht die Dichtkunst wäre. Sie gewährt uns,
was uns die Natur versagt: eine goldene Zeit, die nicht rostet, einen
Frühling, der nicht abblüht, wolkenloses Glück und ewige Jugend.

4. Johann Wolfgang von Goethe:

Nicht das macht frei, daß wir nichts über uns anerkennen wollen,
sondern eben, daß wir etwas verehren, das über uns ist. Denn indem
wir es verehren, heben wir uns zu ihm hinauf und legen an den Tag,
daß wir selber das Höhere in uns tragen und wert sind, seinesgleichen
zu sein.

pleasure. But if I now run aground here in the current, I'd like to see the fright on your faces, on yours too."

"In your last hour," the monk said more softly, "you too will need a ferryman of my type, oars won't be of any use to you then."

The ferryman was silent, everyone in the boat became still. He pushed the boat to land with short strokes of the oars, took the fares from everyone, but bowed his head before the monk as he got out and said: "I won't take anything from you, you didn't take anything from me for your sermon either."

14. THOUGHTS I

1. Hermann Hesse:

The best weapons against the infamies of life are: bravery, stubbornness and patience. Bravery strengthens [us], stubbornness is fun, and patience gives [us] peace. Unfortunately we usually find them only late in life, but then we have most need of them when we decay and die off.

2. Friedrich von Schiller:

Nothing else in the world can make man unhappy except fear, solely and alone. The evil that befalls us is seldom or never as bad as that which we fear.

3. Ludwig Börne:

Nothing is enduring except change, nothing constant except death. Every beat of the heart strikes a wound in us, and life would be an eternal bleeding to death, if there were not the art of poetry. It grants us what nature denies us: a golden age which does not rust, a spring which does not fade, cloudless happiness and eternal youth.

4. Johann Wolfgang von Goethe:

It is not [the fact] that we are willing to recognize nothing above us that makes [us] free, but the very fact that we revere something that is above us. For in revering it we lift ourselves up to it and reveal that we ourselves bear the higher thing in us and are worthy to be like it.

15. ES WAR EIN ALTER KÖNIG

Heinrich Heine

Es war ein alter König,
Sein Herz war schwer, sein Haupt war grau;
Der arme alte König,
Er nahm eine junge Frau.

Es war ein schöner Page,
Blond war sein Haupt, leicht war sein Sinn;
Er trug die seid'ne Schleppe
Der jungen Königin.

Kennst du das alte Liedchen?
Es klingt so süß, es klingt so trüb!
Sie mußten beide sterben,
Sie hatten sich viel zu lieb.

16. ÜBER DEUTSCHLAND

2. Wirtschaft

Im Laufe des letzten Jahrhunderts hat sich Deutschland von einem
Agrar- zu einem Industriestaat entwickelt. Großbritannien und
Deutschland sind die höchstindustrialisierten Länder Europas. Seit
1880 ist die Zahl der Landwirtschaft treibenden Bevölkerung von
40% auf 11.4% gesunken; die Zahl der selbständig Arbeitenden von
37% auf 10.9%. 1871 lebten 64% der Bevölkerung auf dem Lande;
1959 dagegen fast 76% in Städten.

Das sogenannte Wirtschaftswunder ist allgemein bekannt. Ein
Land in Trümmern, ohne Regierung, unter fremder Besatzung, ohne
kaufkräftige Währung, hat sich in wenigen Jahren zu einem erstaun-
lichen Wohlstand erhoben. Der Wille des deutschen Volks zum
Wiederaufbau, die Währungsreform,° die Deutschland gewährte
Hilfe durch den Marshallplan und die sich daraus entwickelnde
wirtschaftliche Zusammenarbeit Westeuropas haben wesentlich zu
diesem Aufstieg beigetragen. Während in den ersten Nachkriegsjahren die Eingliederung von 13 Millionen Flüchtlingen die Bundesrepublik vor große Probleme stellte, sind diese Schwierigkeiten heute
im Zeichen der Vollbeschäftigung überwunden. Um der Knappheit

15. THERE WAS AN OLD KING

Heinrich Heine

There was an old king,
his heart was heavy, his head was gray;
the poor old king,
he took a young wife.

There was a handsome page,
fair was his head, flighty was his mind;
he bore the silken train
of the young queen.

Do you know the old song?
It sounds so sweet, it sounds so sad!
They both had to die,
they loved each other too much.

16. ON GERMANY

2. ECONOMICS

In the course of the last century Germany has developed from
an agrarian to an industrial state. Great Britain and Germany are
the most highly industrialized countries of Europe. Since 1880
the size of the population engaged in agriculture has dropped
from 40 per cent to 11.4 per cent, the number of people working independently from 37 per cent to 10.9 per cent. In 1871, 64
per cent of the population lived in the country; in 1959, however, almost 76 per cent [lived] in cities.

The so-called economic miracle is generally known. A country in ruins, without a government, under foreign occupation,
without a valid currency, raised itself in few years to astonishing
prosperity. The will to reconstruction of the German people, the
reform of the currency, the help given Germany through the
Marshall plan and the cooperation in Western Europe which developed as a result of this, contributed vitally to this rise. While
in the first postwar years the assimilation of 13 million refugees
posed severe problems for the Federal Republic, these difficulties have today been overcome through total employment. To

an Arbeitskräften zu begegnen, werden in großer Anzahl Gastarbeiter aus den europäischen Nachbarländern, vor allem aus Italien und Spanien, in deutschen Industriebetrieben beschäftigt. Ein umfangreiches Rationalisierungsprogramm* ist im Gange.

Die Bundesrepublic genießt eine führende Stellung im westeuropäischen Handel. Seit dem Zusammenbruch nach dem zweiten Weltkrieg ist die industrielle Produktion unglaublich gestiegen. Es gibt in der Bundesrepublik über 54.000 Industriebetriebe, die mehr als 8 Millionen (davon fast 30% Frauen) beschäftigen. An der Spitze stehen Maschinenbau, Elektro- und Textilindustrie, Kohlenbergbau, chemische Industrie und Fahrzeugbau. Deutschland ist heute wie in früheren Jahren in starkem Maße auf den Außenhandel angewiesen. Die Ausfuhr von Maschinen, Werkzeugen und Eisenwaren, Fahrzeugen, chemischen Erzeugnissen, Elektromotoren und -geräten, feinmechanischen und optischen Erzeugnissen ist für den Wohlstand des Landes von allergrößter Bedeutung. Die Bundesrepublik nimmt heute eine führende Stellung im Welthandel ein. Der deutsche Außenhandel ist vorwiegend westlich orientiert: 70% gehen in europäische Länder, 9% nach Asien, 15% nach Amerika. Nur rund 4% des gesamten Außenhandels werden mit Staaten des kommunistischen Ostblocks abgewickelt. Die besten Kunden für deutsche Waren sind Frankreich, Belgien und Luxemburg, die Niederlande, die Schweiz, Schweden, Italien, Großbritannien und die Vereinigten Staaten. Im Handelsverkehr mit den Vereinigten Staaten sind die amerikanischen Einfuhren in die Bundesrepublik wertmäßig doppelt so hoch wie die deutschen Ausfuhren; seit Jahren schon ist die deutsche Handelsbilanz mit den USA passiv.* In Asien kaufen Indien und China deutsche Waren. In Südamerika nimmt Brasilien die meisten deutschen Waren ab.

Der Aufstieg der Bundesrepublik in den Nachkriegsjahren hat sich im Zeichen der »sozialen Marktwirtschaft« vollzogen. Darunter versteht man eine Wirtschaftsordnung, die freie Initiative und Wettbewerb mit sozialer Verpflichtung verbinden will im Interesse des wirtschaftlichen und sozialen Fortschritts. Die Freiheit der privaten Initiative und das Eigentum sind durch das Grundgesetz gesichert; aber der Staat setzt die Bedingungen, unter denen die Marktvorgänge sich abspielen. Wo der Wettbewerb in einzelnen Bereichen nicht möglich oder sozial nicht tragbar ist, greift der Staat lenkend ein. Er kann Grund und Boden, Naturschätze und Produktionsmittel— natürlich unter Entschädigung der Eigentümer—in Gemeineigentum überführen.

meet the shortage of workers a large number of guest workers
from neighboring European countries, especially from Italy and
Spain, is employed in German industrial concerns. A compre-
hensive program of streamlining is in progress.

The Federal Republic enjoys a leading position in West
European trade. Since the collapse after World War II, industrial production in the Federal Republic has risen unbelievably.
There are in the Federal Republic more than 54,000 industrial
enterprises, which employ more than eight million people (of
which almost 30 per cent are women). In leading positions stand
the manufacture of machinery, electrical and textile industries,
coal mining, the chemical industry and vehicle construction.
Today, as in former years, Germany is in a large measure dependent on foreign trade. The export of machinery, implements
and iron products, vehicles, chemical products, electrical motors
and electrical equipment, fine mechanical and optical products
is of the greatest importance for the prosperity of the country.
The Federal Republic occupies today a leading position in world
trade. German foreign trade is predominantly oriented toward
the West: 70 per cent goes to European countries, 9 per cent to
Asia, 15 per cent to America. Only about 4 per cent of the total
foreign trade is carried on with the states of the Communist east
bloc. The best customers for German goods are France,
Belgium, Luxemburg, the Netherlands, Switzerland, Sweden,
Italy, Great Britain and the United States. In the trade with the
United States, American imports into the Federal Republic are
double the value of German exports; for years the German balance of trade with the United States has been passive. In Asia,
India and China buy German goods. In South America, Brazil
takes most German goods.

The rise of the Federal Republic in the postwar years has
taken place under the "social market economy." By this is understood an economic order which tries to combine free initiative and competition with social obligation in the interest of
economic and social progress. Freedom of private initiative and
property are guaranteed by the basic law; but the state sets the
conditions under which marketing processes take place. Where
competition in individual spheres is not possible or is socially not
tolerable, the state lends a guiding hand. It can transfer real es-
tate, natural resources and the means of production—with indemnification of the owners of course—to common property.

Unter allen freien Ländern hat die Bundesrepublik die weitest-
gehende Regelung der Beziehung zwischen Arbeitgeber und -nehmer
eingeführt, ohne die Partner jedoch in ihrem Selbstbestimmungsrecht
zu beschränken. Die Arbeiter wachsen allmählich in die Rolle gleich-
berechtigter Partner in den Betrieben hinein. Große Betriebe haben
bereits ein System der Gewinnbeteiligung für ihre Arbeiter eingeführt. Was aber viel bedeutender ist: in allen Industriebetrieben genießen die Arbeiter gesetzlich das Recht, in Angelegenheiten, die sie
angehen, mitzusprechen. In den Aufsichtsräten der Kapitalgesell-
schaften erhalten sie ein Drittel (im Bergbau und der eisenschaf-
fenden Industrie die Hälfte) der Sitze. Dieses Verschmelzen von kapi-
talistischen mit sozialistischen Elementen ist für das deutsche soziale
Leben überhaupt charakteristisch. Eine praktische Folge davon ist,
daß Westdeutschland in den letzten Jahren immer weniger von Streiks
geplagt wurde, die in anderen westlichen Ländern so viel materiellen
und auch geistigen Schaden angerichtet haben.

Das Prinzip der sozialen Fürsorge für Arbeiter und Angestellte umfaßt seit langer Zeit gesetzliche Regelungen über Arbeitszeit, Sonn-
tagsruhe, Laden- oder Fabrikschluß, Schutz der Frauen und Jugend-
lichen, Unfallschutz und vorbeugende Hygiene. Auf dem Gebiet der
Sozialversicherung hat Deutschland bekanntlich immer eine
führende Stellung* eingenommen. Große finanzielle Leistungen werden von der Bundesrepublik auch für die Opfer des Krieges, für
Flüchtlinge und für die Opfer nationalsozialistischer Verfolgung
(Wiedergutmachung) erbracht.

17. GLÜCK UND UNGLÜCK

Otto Ludwig

Von Glück und Unglück reden die Menschen, das der Himmel ihnen
bringt. Was die Menschen Glück und Unglück nennen, ist nur der
rohe Stoff dazu; am Menschen liegt's, wozu er ihn formt. Nicht der
Himmel bringt das Glück; der Mensch bereitet sich sein Glück und
spannt seinen Himmel selber in der eigenen Brust. Der Mensch soll
nicht sorgen, daß er in den Himmel, sondern daß der Himmel in ihn
komme. Wer ihn nicht in sich selber trägt, der sucht ihn vergebens
im ganzen All. Laß dich vom Verstande leiten, aber verletze nicht die
heilige Schranke des Gefühls! Kehre dich nicht tadelnd von der
Welt, wie sie ist; suche ihr gerecht zu werden, dann wirst du dir

Among all free countries, the Federal Republic has introduced the most far-reaching regulation in the relation between employers and employees, without however restricting the partners in their right of self-determination. The workers gradually grow into the roles of partners enjoying equal rights in the enterprises. Large industries have already introduced a system of profit-sharing with their employees. But what is much more significant: in all industrial concerns the workers enjoy the legal right of having a voice in matters that concern them. They get a third of the seats on the boards of directors of joint stock companies (one half of the seats in the mining and steel industries). This fusion of capitalistic and socialistic elements is characteristic of German life in general. A practical consequence of it is that, in the last years, West Germany has been plagued less and less by strikes, which have done so much material and mental damage in other western countries.

The principle of social care for workers and employees has for a long time included legal regulation of working hours, Sunday rest, closing hours for factories and stores, the protection of women and young people, accident protection and preventive hygiene. In the sphere of social insurance Germany has, as is well known, always held a leading position. Large financial payments are also being made by the Federal Republic to the victims of the war, to refugees and to the victims of National Socialist persecution (restitution).

17. FORTUNE AND MISFORTUNE

Otto Ludwig

People talk of fortune and misfortune which Heaven brings them. What people call fortune and misfortune is merely the raw material for these; how he shapes it is up to man. It is not Heaven that brings fortune; man prepares his own fortune and spans his Heaven in his own breast himself. Man should not strive to get to Heaven, but for Heaven to come to him. He who does not bear it within himself seeks it in vain in the whole universe. Let yourself be guided by your intelligence, but do not slight the sacred bar of feeling! Do not turn in blame from the world as it is; seek to do it justice,

gerecht. Und in diesem Sinne sei dein Wandel: Zwischen Himmel und Erde!

18. LIED DES LYNKEUS

Johann Wolfgang von Goethe

Zum Sehen geboren,
Zum Schauen bestellt,
Dem Turme geschworen,
Gefällt mir die Welt.

Ich blick' in die Ferne,
Ich seh' in der Näh
Den Mond und die Sterne,
Den Wald und das Reh.

So seh' ich in allen
Die ewige Zier,*
Und wie mir's gefallen,
Gefall' ich auch mir.*

Ihr glücklichen Augen,
Was je ihr gesehn,
Es sei, wie es wolle,
Es war doch so schön!

19. BACH

Walter Bauer

Auf einem Waldberge über der Stadt Eisenach im grünen Thüringen*
steht die Wartburg. Hier übersetzte Luther das Neue Testament, um
den Deutschen die Bibel in ihrer eigenen Sprache zu geben. In
Eisenach wurde am 21. März 1685 Johann Sebastian Bach geboren.
Er gab mit der Fülle seiner Kantaten, Motetten, Passionen und
Messen der Welt eine andere *biblia pauperum,** und seine Sprache
war die Musik, die keine Grenzen kennt. Nach seiner Konfession war
er ein orthodoxer Lutheraner von einfacher strenger Gläubigkeit; er
ließ seine Kinder noch beten, ehe sie sich an das Klavier setzten, um

then you will be just to yourself. And in this sense let your course be: between heaven and earth.

18. LYNKEUS' SONG

Johann Wolfgang von Goethe

Born to see,
commanded to look,
sworn to the tower,
I am pleased with the world.

I look into the distance,
I see nearby
the moon and the stars,
the forest and the deer.

So I see in all
eternal beauty,
and as it has pleased me
so I am pleased with myself.

You blessed eyes,
whatever you have seen,
be it as it may,
it was really so beautiful!

19. BACH

Walter Bauer

On a wooded mountain above the city of Eisenach in green Thuringia stands the Wartburg. Here Luther translated the New Testament, in order to give the Germans the Bible in their own language. In Eisenach Johann Sebastian Bach was born on March 21, 1685. With the abundance of his cantatas, motets, passions and masses he gave the world another *biblia pauperum*, and his language was music, which knows no boundaries. By religious denomination he was an orthodox Lutheran of simple, strict faith; he had his children pray just before they sat down to

zu üben, und Luthers Werke waren seine Lieblingslektüre. In seiner
Musik löste sich das Dogma auf, und die reine Anbetung Gottes blieb.
Er kam aus einer Familie von Musikanten und Stadtpfeifern. Der
Name »Bach« war in Thüringen ein Begriff, der mit Musik verbunden
war, und Musik füllte das Leben des größten Bach von der Kindheit
bis zum Ende. Zuerst unterrichtete ihn der Vater, später war sein äl-
terer Bruder, ein Organist, sein Lehrer. Fünfzehnjährig wanderte er
nach Lüneburg,* einer kleinen Residenz,* um bei dem berühmten
Organisten und Komponisten Böhm* zu lernen. Er wurde dort mit
französischer Musik vertraut, die in Deutschland damals *en vogue*
war, und sang im Kirchenchor, um seinen Lebensunterhalt zu verdienen. Nach der Rückkehr, 1703, war er Organist in Arnstadt.* Zwei
Jahre später bat er um Urlaub und wanderte nach Lübeck,* um die
berühmten kirchlichen »Abendmusiken« des Meisters Buxtehude* zu
hören. Er lernte unaufhörlich.

Dann war er Organist in Mühlhausen* und Konzertmeister in der
Hofkapelle in Weimar. Er heiratete und hatte fünf Kinder, von denen
die Söhne sich später als Organisten und Komponisten einen Namen
machten; einer wurde der »englische« Bach, das Leben eines anderen
versickerte nach großem Anfang. Bachs erste Frau starb, und er
heiratete Anna Magdalena, der er für ihre Klavierstunden ein Noten-
büchlein schrieb. Er war noch nicht dreißig Jahre alt, als ihn seine
Zeitgenossen den »Fürsten der Organisten« und den »berühmten
Bach« nannten, aber die wachsende Größe seines Werkes, die
Reinheit und Kraft seiner Erfindung erkannten sie nicht. Nie verließ
er Deutschland. Sein äußers Leben war ohne Ereignisse, es war das
Leben eines angestellten Musikers, der sich eigensinnig mit seinen
Brotgebern streiten mußte.

1717 wurde Bach Kapellmeister am Hofe in Köthen, der winzigen
Hauptstadt eines kleinen sächsischen Fürstentums. In Köthen wandte er sich vor allem weltlicher Musik zu und schrieb Kammermusik,
Konzerte (die sechs »Brandenburgischen Konzerte«), Orchester-
suiten und den ersten Teil des »Wohltemperierten Klaviers«.* In
diesen Jahren kam Händel wie ein Fürst von England zu einem
Besuche nach Halle,* wo er geboren worden war, und Bach fuhr hin,
um ihn zu sehen; aber er kam zu spät. Der anerkannte und der uner-
kannte König unsichtbarer Reiche trafen sich* nicht.

Im April 1723 wählte der Rat der Stadt Leipzig Bach zum Kantor*
der Thomasschule, und in Leipzig blieb er bis zum Tode. Die Jahre
waren voller Streit mit dem engherzigen Rat, der Universität, dem
Rektor* der Schule. Sie beklagten sich darüber, daß er seine Pflicht

the piano to practice, and Luther's works were his favorite reading. In his music dogma was dissolved, and the pure worship of God remained.

He came from a family of musicians and town pipers. In Thuringia the name of Bach was a concept that was associated with music, and music filled the life of the greatest Bach from childhood to his end. At first he was taught by his father; later his older brother, an organist, was his teacher. At the age of fifteen he went to Lüneburg, a small residential city, to learn from the famous organist and composer Böhm. There he became acquainted with French music, which was at that time in vogue in Germany, and sang in the church choir in order to earn his livelihood. After his return in 1703, he was organist in Arnstadt. Two years later he requested leave and went to Lübeck to hear the famous "musical evenings" of Master Buxtehude. He learned incessantly.

Then he was organist in Mühlhausen and concert master in the court chapel in Weimar. He married and had five children, of whom the sons later made names for themselves as organists and composers; one became the "English" Bach, the life of another trickled away after a great beginning. Bach's first wife died and he married Anna Magdalena, for whom he wrote a little music book for her piano lessons. He was not yet thirty years old when his contemporaries named him the "prince of organists" and the "famous Bach," but they did not recognize the growing greatness of his work, the purity and strength of his invention. He never left Germany. His public life was without event, it was the life of a hired musician who had to fight stubbornly against his employers.

In 1717 Bach became conductor at the court of Köthen, the tiny capital of a small Saxon principality. In Köthen he applied himself principally to worldly music and wrote chamber music, concertos (the six *Brandenburg Concertos*), orchestra suites and the first part of the *Well-Tempered Klavier*. In these years Händel came from England like a prince for a visit to Halle, where he had been born, and Bach went there to see him; but he came too late. The acknowledged and the unrecognized kings of invisible realms did not meet.

In April, 1723, the council of the city of Leipzig chose Bach as the cantor of the Thomas School, and in Leipzig he remained until his death. The years were full of conflict with the narrow-

nicht erfülle, zuviel abwesend sei, und sie wollten sogar sein Gehalt sperren. Sie wußten nicht, wen sie unter sich hatten. Und in diesen siebenundzwanzig Jahren drückender Pflicht und täglichen Dienstes schrieb Bach hunderte von Kantaten, deren kristallene Mitte der Choral war, Motetten, Messen, die »Johannes-Passion«, die »Matthäus-Passion«, das »Weihnachts-Oratorium«, das »Magnificat«, Fugen und Klavierübungen (»Goldberg-Variationen«) von makelloser Reinheit.

1741 reiste er nach Berlin, wo einer seiner Söhne Organist war, und erlebte seinen Triumph. Als Friedrich II von Preußen hörte, daß Bach in Potsdam° angekommen sei, unterbrach er das Hauskonzert mit den Worten: »Meine Herren, der alte Bach ist angekommen«, und ging, um ihn zu empfangen. Bach widmete ihm dann das »Musikalische Opfer«.

In den letzten Jahren seines Lebens ließ das Augenlicht bei ihm nach; er hatte ein Leben lang Noten geschrieben. Er lag in einem dunklen Zimmer und bereitete, von einem Schüler unterstützt, die »achtzehn Choräle« vor. Das Manuskript des Chorals »Vor deinem Thron tret' ich hiemit« brach in der Mitte eines Verses ab. Am Abend des 28. Juli 1750 starb er. Ein paar Tage später wählte der Rat von Leipzig einen neuen Kantor, ohne mit einem Wort des Bedauerns oder des Lobes an Bach zu denken. Er ruht unter der Johanneskirche, und der Sarkophag hat eine Inschrift von nur drei Worten: Johann Sebastian Bach.

Bach war sein Name; er hätte besser Strom oder Meer heißen sollen, eine solche Macht und Größe hat sein Werk weltlicher und geistlicher Musik. Er war ein Genie der Synthese, das alles aufnahm, was seine Vorläufer geschaffen hatten. Er war ein Erbe, der den Besitz zu einer solchen Vollkommenheit weiterführte, daß er weder Schüler noch Nachfolger haben konnte. Das Absolute kennt keine Nachfolge. In seiner Musik ist eine so durchsichtige Höhe erreicht, daß wir durch sie das Unerforschliche verehren, das Ewige, die Schöpfung, Gott.

20. ÜBER DEUTSCHLAND

3. DAS SOZIALE GEFÜGE

Der Abstand zwischen den sozialen Ständen, der in Deutschland immer groß war, hat sich in den letzten Jahren immer mehr

minded council, the university, the rector of the school. They complained that he did not fulfill his duty and was absent too much, and they even wanted to withhold his salary. They did not know whom they had in their midst. And in these twenty-seven years of oppressive duty and daily service Bach wrote hundreds of cantatas, whose crystalline center was the chorale, motets, masses, the *Passion of Saint John,* the *Passion of Saint Matthew,* the *Christmas Oratorio,* the *Magnificat,* fugues and piano studies (*Goldberg Variations*) of immaculate purity.

In 1741 he traveled to Berlin, where one of his sons was an organist, and he experienced a triumph. When Frederick II of Prussia heard that Bach had arrived in Potsdam, he interrupted his private concert with the words: "Gentlemen, old Bach has arrived" and went to receive him. Bach then dedicated the *Musical Offering* to him.

In the last years of his life his eyesight forsook him; he had written notes for a lifetime. He lay in a dark room and, supported by a pupil, prepared the *Eighteen Chorales.* The manuscript of the chorale "Before Thy Throne I Step Herewith" broke off in the middle of a verse. On the evening of July 28, 1750, he died. A few days later the council of Leipzig chose a new cantor, without remembering Bach with a word of regret or praise. He rests beneath St. John's Church, and the sarcophagus bears an inscription of only three words: Johann Sebastian Bach.

His name, Bach, means Brook; he might better have been called Stream or Sea, his work possesses such a power and greatness of secular and sacred music. He was a genius of synthesis, who absorbed everything his forerunners had created. He was an heir who developed his possessions to such perfection that he could have neither pupils nor successors. The Absolute knows no succession. In his music such a transparent height is attained that through it we revere the Inscrutable, the Eternal, Creation, God.

20. ON GERMANY

3. THE SOCIAL STRUCTURE

The gulf between the social classes, which was always great in Germany, has in recent years decreased more and more. The

vermindert. Der Fabrikarbeiter hat sich entproletarisiert und bildet, wie der amerikanische Arbeiter, einen Teil des Mittelstandes. Außerdem hat sich ein neuer Stand der »Manager« entwickelt, die ein hohes Einkommen mit einflußreicher Stellung verbinden. Der Beamtenstand (vom höheren Regierungsbeamten bis zum Eisenbahner und Briefträger) hat von seinem früheren Ansehen viel eingebüßt. Die deutsche Frau ist in weit größerem Maße als früher beruflich tätig. Auch ist die Frau nicht mehr wie sonst bereit, in einer Privatfamilie als Hausangestellte zu arbeiten. Vor siebzig Jahren hatte jede siebente Hausfrau in Deutschland ein Dienstmädchen; heute ist es nur noch jede dreiunddreißigste.

Die Erhöhung des allgemeinen Lebensstandards und die zielbewußte Erziehung zur Demokratie beschleunigen die Entwicklung einer klassenlosen Gesellschaft. Die soziale Nivellierung macht sich auch im Schulwesen geltend. Die höheren und Hochschulen werden von immer breiteren Schichten des Volkes besucht; bedürftigen Studenten wird durch Stipendien geholfen. Innerhalb der Schule selbst werden Versuche gemacht, das Verhältnis zwischen Lehrer und Schüler in demokratischem Geiste zu gestalten.

Welche Wirkungen diese Entwicklung zur modernen Massengesellschaft haben wird, bleibt abzuwarten. Der Druck der Massen auf den Geschmack in der Kultur wird ohne Zweifel zunehmen, je mehr sich der demokratische Prozeß durchsetzt. Aber es gibt im deutschen Leben gewisse Bollwerke gegen diese Gefahr.

4. KULTUR

Das erste Bollwerk ist die deutsche Verehrung für die Kultur. Diejenigen, die selber keine akademische Bildung besitzen, verfallen nicht in den Zustand der Skepsis oder des Spottes gegen die »eggheads«,° der bei uns so verbreitet ist. In Deutschland wird viel Wertvolles gedruckt, viel aus anderen Sprachen übersetzt, viel gelesen: Zeitungen, Zeitschriften, Bücher. In der Bundesrepublik erscheinen über 1300 Zeitungen, mehr als 6400 Zeitschriften. Deutschland ist das Ursprungsland der Buchgemeinschaften und des Taschenbuches. Die erste Taschenbuchreihe wurde 1867 vom Reclam-Verlag herausgegeben. Heute gibt es auf dem deutschen Buchmarkt zahlreiche Reihen von ausgezeichneten Taschenbüchern.

Deutsche Bücher sind schön gedruckt, geschmackvoll ausgestattet und gebunden. Der Schüler einer höheren Schule liest und kauft sich Werke der Deutschen Klassiker und der Modernen, aber auch der

factory worker has become less proletarian and, like the American worker, forms a part of the middle class. Besides, a new class of "managers" has developed, who unite high income with influential position. The bureaucracy (from the higher government official to the railway worker and mailman) has forfeited much of its former prestige. The German woman is far more active in the professions than formerly. Nor are women any longer prepared, as they were before, to work in a private family as domestic servants. Seventy years ago every seventh housewife in Germany had a maid; today it is only every thirty-third housewife.

The rise of the general standard of living and the resolute education for democracy are accelerating the development of a classless society. The social leveling is taking effect in the school system as well. The high schools and colleges are attended by ever broader layers of the people; needy students are helped by scholarships. Within the school itself attempts are made to structure the relationship between teachers and pupils in a democratic spirit.

What effects this development toward a mass society will have remains to be seen. The pressure of the masses on taste in culture will no doubt increase the more successful the democratic process is. But there are certain bulwarks in German life against this danger.

4. CULTURE

The first bulwark is the German respect for culture. Those who possess no academic education themselves do not fall into that condition of skepticism or derision against the "egg-heads" which is so widespread among us. In Germany a great deal of value is printed; there is much translation from other languages; there is much reading: newspapers, periodicals, books. In the Federal Republic there appear more than 1300 newspapers, more than 6400 periodicals. Germany is the original country of book clubs and of paperbacks. The first paperback series was published in 1867 by the Reclam Verlag. Today there are in the German book market numerous series of excellent paperbacks.

German books are beautifully printed, tastefully designed and bound. A high-school student reads and buys works of the German classics and moderns, but also the great foreign

großen Dichter des Auslands. In der städtischen Bibliothek eines kleinen Ortes von 18000 Einwohnern* findet man Werke von Dostojewski, Gide, Pasternak, Hemingway, Faulkner, Sartre, Wilder, Fry. Und die Bücher sind in einem Zustand, der überzeugt, daß man sie gelesen hat.

Die meisten Tageszeitungen widmen kulturellen Fragen regelmäßig ihre Spalten. Opern- und Theateraufführungen, Konzerte, Gemäldeausstellungen werden besprochen. Das hat seinen Grund nicht zuletzt darin, daß selbst mittelgroße deutsche Städte eigene Theater, Kunstgalerieen und Konzertsäle haben, von der Stadt oder vom Lande finanziert oder unterstützt. Gedichte, Novellen und Essays von hervorragenden Dichtern und Publizisten werden oft in einer Zeitung veröffentlicht. Das Niveau des deutschen Rundfunks ist unvergleichbar höher als bei uns. Programme von ästhetischem und erzieherischem Wert werden dem breiten Publikum angeboten, so daß der Taxiführer sich unwillkürlich in der Lage befindet, einer Sendung über die Dichtung von Stéphane Mallarmé zuzuhören.*

21. GEDANKEN II

5. Bertolt Brecht:

Wer heute die Lüge und Unwissenheit bekämpfen und die Wahrheit schreiben will, hat zumindest fünf Schwierigkeiten zu überwinden. Er muß den *Mut* haben, die Wahrheit zu schreiben, obwohl sie allenthalben* unterdrückt wird; die *Klugheit,* sie zu erkennen, obwohl sie allenthalben verhüllt wird; die *Kunst,* sie handhabbar zu machen als eine Waffe; das *Urteil,* jene auszuwählen, in deren Händen sie wirksam ist; die *List,* sie unter diesen zu verbreiten. Diese Schwierigkeiten sind groß für die unter dem Faschismus Schreibenden, sie bestehen aber auch für die, welche verjagt wurden oder geflohen sind, ja sogar für solche, die in den Ländern der bürgerlichen Freiheit schreiben.

6. Christoph Martin Wieland:

Der Mensch—auf der einen Seite den Tieren des Feldes, auf der anderen den höheren Wesen verwandt—ist ebenso unfähig, ein bloßes Tier, als ein bloßer Geist zu sein; aber nur alsdann* lebt er seiner Natur gemäß, wenn er immer emporsteigt. Jede höhere Stufe der Weisheit und Tugend, die er erstiegen hat, erhöht seine Glückseligkeit; denn Weisheit und Tugend sind allezeit das richtige Maß, sowohl

writers. In the municipal library of a small town of 18,000 in-habitants you find works by Dostoevski, Gide, Pasternak, Hemingway, Faulkner, Sartre, Wilder, Fry. And the books are in a condition which convinces you that they have been read.

Most newspapers regularly open their columns to cultural questions. Performances of operas and plays, concerts, art ex-hibits are reviewed. Not the least reason for this [situation] is the fact that even German cities of medium size have their own theaters, art galleries and concert halls, financed or supported by the state. Poems, stories and essays by outstanding authors and journalists are often published in a newspaper. The level of the German radio is incomparably higher than ours. Programs of aesthetic and educational value are offered the public at large, so that a taxi driver involuntarily finds himself in the sit-uation of listening to a broadcast on the poetry of Stéphane Mallarmé.

21. THOUGHTS II

5. Bertolt Brecht:

Anyone who wants to combat lies and ignorance today and to write the truth has at least five difficulties to overcome. He must have the *courage* to write the truth although it is suppressed everywhere; the *cleverness* to recognize it although it is veiled everywhere; the *art* to make it usable as a weapon; the *judgment* to select those in whose hands it may become effective; the *cunning* to spread it among these. These difficulties are great for those who write under fascism, but they also exist for those who were driven out or fled, indeed even for those who write in the countries of civic freedom.

6. Christoph Martin Wieland:

Man—related on the one hand to the beasts in the field, on the other to the higher beings—is just as incapable of being a mere beast as a mere spirit; but he lives in accordance with his nature only when he keeps rising upward. Every higher step of wisdom and virtue which he has attained heightens his happiness; for

der öffentlichen als der Privatglückseligkeit unter den Menschen gewesen.

7. Jean Paul Richter:

Trost gegen die ewige Flucht der Zeit—du kannst keine Sekundenuhr lange aushalten und klagst:»Die Zeit ist ein stetes Vorübertropfen von Augenblicken, die hintereinander fallen und verrauchen; oben hängt unverändert die Zukunft und unten wächst ewig die Vergangenheit und wird immer größer, je weiter sie rückwärts flieht; was bleibt mir?«—»Die Gegenwart«, antworte ich. Wie auch die Zeit vor dir vorüberfliege, die Gegenwart ist deine Ewigkeit und verläßt dich nie.

8. Johann Wolfgang von Goethe:

Ich bedaure die Menschen, welche von der Vergänglichkeit der Dinge viel Wesens machen und sich in Betrachtung irdischer Nichtigkeit° verlieren. Sind wir ja eben deshalb da, um das Vergängliche unvergänglich zu machen; das kann ja nur dadurch geschehen, wenn man beides zu schätzen weiß.

9. Friedrich Nietzsche:

Kultur ist vor allem Einheit des künstlerischen Stiles in allen Lebensäußerungen eines Volkes. Vieles Wissen und Gelernthaben° ist aber weder ein notwendiges Mittel der Kultur, noch ein Zeichen derselben und verträgt sich nötigenfalls auf das beste° mit dem Gegensatze der Kultur, der Barbarei, das heißt: der Stillosigkeit oder dem chaotischen Durcheinander aller Stile.

10. Immanuel Kant:

Alle unsere Erkenntnisse sind entweder Anschauungen oder Begriffe. Die ersteren haben ihre Quelle in der Sinnlichkeit, dem Vermögen der Anschauungen°; die letzteren im Verstande, dem Vermögen der Begriffe.

11. Johann Wolfgang von Goethe:

Was ist heilig? Das ist's, was viele Seelen zusammenbindet; bänd' es auch nur leicht, wie die Binse den Kranz. Was ist das heiligste? Das, was heut' und ewig, die Geister, tiefer und tiefer gefühlt, immer nur einiger macht.

wisdom and virtue have at all times been the right measure both
of public and private happiness among men.

7. Jean Paul Richter:

Consolation against the eternal flight of time—you cannot hold
out for a second by the clock but lament: "Time is a constant
dripping by of moments which fall behind one another and go
up in smoke; above, the future hangs unchanged, and below, the
past grows eternally and becomes bigger and bigger the further
it flees backward; what is there left for me?" "The present," I
reply. However much time may fly before you, the present is
your eternity and will never forsake you.

8. Johann Wolfgang von Goethe:

I pity the people who make a big fuss about the transitoriness of
things and lose themselves in the contemplation of earthly vanity. For are we not here for the very purpose of making the tran-
sitory everlasting? And this can, of course, happen only when we
are able to value both.

9. Friedrich Nietzsche:

Culture is, above all, unity of artistic style in all the expressions
of a people's life. Much knowledge and learning are, however,
neither a necessary means of culture nor a sign of it and are, in
case of necessity, perfectly compatible with the opposite of culture, with barbarism; that is, with a lack of style or the chaotic
confusion of all styles.

10. Immanuel Kant:

All our knowledge is either perceptions or concepts. The former
have their source in sensation, the faculty of perceptions; the latter in the understanding, the faculty of forming concepts.

11. Johann Wolfgang von Goethe:

What is holy? It is what binds many souls together, even if it only
bound [them] lightly, as the rush [binds] the wreath. What is the
holiest? That which, today and forever, felt more and more
deeply, makes spirits more and more united.

12. Johann Wolfgang von Goethe:

Ich habe nie gefragt, was will die große Masse und wie nütze ich dem Ganzen? Sondern ich habe immer nur dahin getrachtet, mich selbst einsichtiger und besser zu machen, den Gehalt meiner eigenen Persönlichkeit zu steigern und dann immer nur auszusprechen, was ich als gut und wahr erkannt habe.

22. DER LINDENBAUM

Wilhelm Müller

Am Brunnen vor dem Tore,
Da steht ein Lindenbaum;°
Ich träumt' in seinem Schatten
So manchen süßen Traum.

Ich schnitt in seine Rinde
So manches liebe Wort;
Es zog in Freud' und Leide
Zu ihm mich immer fort.

Ich mußt' auch heute wandern
Vorbei in tiefer Nacht,
Da hab' ich noch im Dunkel
Die Augen zugemacht.

Und seine Zweige rauschten,
Als° riefen sie mir zu:
Komm her zu mir, Geselle,
Hier find'st du deine Ruh!

Die kalten Winde bliesen
Mir grad ins Angesicht,°
Der Hut flog mir vom Kopfe,
Ich wendete mich nicht.

Nun bin ich manche Stunde
Entfernt' von jenem Ort,
Und immer hör' ich's rauschen:
Du fändest° Ruhe dort!

12. Johann Wolfgang von Goethe:

I have never asked, what does the great mass want and how can I be useful to the totality? But I have always endeavored only to make myself more intelligent and better, to increase the content of my own personality and then to utter only what I have recognized as being good and true.

22. THE LINDEN TREE

Wilhelm Müller

At the well before the gate
there stands a linden tree;
in its shadow I dreamed
many a sweet dream.

I cut into its bark
many a precious word;
something always drew me toward it
in joy and sorrow.

Today, too, I had to stroll by
in the deep night,
and there in the darkness
I shut my eyes once more.

And its branches rustled
as though they called to me:
Come here to me, comrade,
here you will find your peace!

The cold winds blew
right into my face,
my hat flew from my head,
I did not turn around.

Now I am many an hour's
distance from that place,
and always I hear a murmuring:
you would find peace there!

23. GEFAHREN DES ÜBERSETZENS

Ein bekanntes italienisches Sprichwort sagt: »Traduttore traditore«; das heißt: jeder Übersetzer ist ein Verräter. Natürlich nicht mit Absicht; aber für den Unvorsichtigen ist die Gefahr groß.

Am größten ist sie natürlich für den Anfänger. Er möchte z.B. auf deutsch sagen: »The bus stops at this corner.« Wie sagt man »stop« auf deutsch? Er sucht im Wörterbuch und findet unter »stop« folgendes: »halten, still stehen, stehen bleiben, aufhören, stoppen.« Wie sagt der Franzose? »embarras de richesse« (Verlegenheit aus Reichtum).

Der Lehrer hat gewarnt: das erste Wort ist es nie, oder fast nie. »Halten« ist also falsch. Das letzte ist es auch nicht; »stoppen« ist doch offensichtlich zu englisch; das würde ein Deutscher nie sagen. Von den anderen klingt das Wort »aufhören« sehr bekannt; das ist schon oft im Lesebuch vorgekommen. Er übersetzt also getrost: »Der Omnibus hört an dieser Ecke auf.« Ein Deutscher, der das liest oder hört, muß laut lachen. Denn aufhören bedeutet: »zu Ende gehen«, und dieser Satz behauptet, daß der Omnibus an der Ecke plötzlich in die Luft verschwindet oder zerschmilzt. In diesem Falle war der Rat des Lehrers falsch: »halten« ist das richtige Wort.

Eine Anekdote erzählt von einem Deutschen, der mit seiner Frau nach Amerika kommt. Er wird zu einem Abendessen eingeladen. Da fragt der Deutsche: »May I bring my woman along?« Unverschämt! denkt sich der Amerikaner. Aber der arme, sehr anständige Deutsche denkt natürlich an seine höchst anständige Ehefrau. Denn im Wörterbuch steht unter »Frau«: »1 woman 2 wife 3 Mrs.«

Man fragt einen arglosen Anfänger: »Wie geht es Ihnen?« Er antwortet: »Danke, ich bin nun.« Denn »nun« ist doch auf englisch »well«. Oder er will sagen: »I am anxious to see him.« Im Wörterbuch heißt es unter »anxious«: »bange sein, Angst haben«. Er übersetzt also: »Ich habe Angst, ihn zu sehen.« Das ist aber das genaue Gegenteil von dem, was er sagen möchte. Er sollte sagen: »Ich möchte ihn sehr sehen.«

Es gibt kein gefährlicheres Buch als das Wörterbuch. Man muß es mit der größten Vorsicht gebrauchen.

Bei Wörtern, die in den zwei Sprachen ähnlich oder verwandt sind, ist die Gefahr des Irregehens noch größer. Immer wieder übersetzen Studenten das Wort »überall« mit »over all« statt »everywhere«. Das Wort »genial« ist eine Falle sogar für Leute, die gut Deutsche verstehen. Sie übersetzen »Er war ein genialer Mann« mit »He was a genial

23. THE DANGERS OF TRANSLATING

A well-known Italian proverb says: *"Traduttore traditore"*; that means: every translator is a traitor. Not intentionally, of course; but for the incautious the danger is great.

It is, of course, greatest of all for the beginner. He wants, for example, to say: "The bus stops at this corner." How does one say "stop" in German? He searches in the dictionary and finds under "stop" the following: *"halten, still stehen, stehen bleiben, aufhören, stoppen."* How does the Frenchman put it? *"Embarras de richesse"* (embarrassment of wealth).

The teacher has warned: it is never the first word, or almost never. *"Halten"* is therefore wrong. It isn't the last word either; *"stoppen"* is obviously too English; a German would never say that. Of the others the word *"aufhören"* sounds very familiar; it has often occurred in the reader already. He therefore translates confidently *"Der Omnibus hört an dieser Ecke auf."* A German who reads or hears this has to laugh out loud. For *"aufhören"* means to come to an end, and this sentence asserts that the bus suddenly vanishes into air or melts away at the corner. In this case the teacher's advice was wrong: *"halten"* is the right word.

An anecdote tells of a German who comes to America with his wife. He is invited to dinner. So the German asks: "May I bring my woman along?" How shameless, the American thinks. But the poor, very respectable German is of course thinking of his highly respectable wedded wife. For in the dictionary we find under *"Frau"*: "1 woman 2 wife 3 Mrs."

An innocent beginner is asked, "How are you?" He replies, "Thanks, I'm now [*nun*]." For isn't *"nun"* "well" in English? Or he wants to say, "I am anxious to see him." In the dictionary it says under "anxious": to be afraid, to have anxiety. He therefore translates: "I'm afraid to see him." But this is the exact opposite of what he would like to say. He should say: "I should very much like to see him."

There is no more dangerous book than the dictionary. One must use it with the greatest caution.

In the case of words which are similar or related in the two languages the danger of going astray is even greater. Again and again students translate the word *"überall"* by "over all" instead of "everywhere." The word *"genial"* is a trap even for people who understand German well. They translate *"Er war ein ge-*

man.« Das ist aber ganz falsch. Denn das deutsche Wort »genial« bedeutet: »mit Genie begabt«. Ein genialer Mann ist also ein Mann von
Genie. Dagegen entspricht das englische Wort »genial« dem
deutschen »heiter« oder »munter«.

Genau so vorsichtig muß man mit Wörtern wie »pathetisch«,
»fatal«, »sympathisch«, »aktuell«, »eventuell« umgehen. Pathetisch
heißt feierlich, gehoben, tief leidenschaftlich: »Er hatte die letzten
Worte pathetisch gesprochen.« »Fatal« bedeutet unangenehm, ver-
hängnisvoll: »Dieser Mensch ist mir fatal«, das heißt: ich kann ihn
nicht leiden. »Sympathisch« bedeutet dagegen angenehm: »Sie ist mir
sympathisch« ist gleich: ich mag sie sehr. »Eventuell« heißt möglich,
unter gewissen Umständen oder in einem gegebenen Fall: »Das
könnte ihm eventuell zum Verhängnis werden.« »Aktuell« bedeutet
was gerade jetzt wichtig oder interessant ist. »Diese Frage ist sehr
aktuell geworden.« Das englische Wort »pathetic« ist auf deutsch
traurig; »fatal« ist tödlich; »sympathetic« ist mitleidsvoll; »eventual« ist
erfolgend oder schließlich; »actual« ist wirklich oder eigentlich; »his
actual words«: seine eigentlichen Worte.

Auch die Sachkundigen können sich irren und grundfalsch übersetzen. Einige Beispiele: Die englische Redensart »the psychological
moment« beruht auf einer falschen Übersetzung. Zur Zeit des
deutsch-französischen Krieges von 1870 erschien in einer deutschen
Zeitung ein Artikel über die deutsche Belagerung von Paris. Darin
wurde vom »psychologischen Moment« gesprochen. Ein französischer Journalist übersetzte: »le moment psychologique«. Er wußte
nicht, daß das deutsche Wort »Moment« zwei Bedeutungen hat, je
nach dem Geschlecht: *der* Moment ist ein Augenblick, *das* Moment
ein Faktor. Die deutsche Zeitung sprach von einem psychologischen
Faktor in der Belagerung von Paris; für den französischen Übersetzer
handelte es sich um einen psychologisch geeigneten Augenblick. Vom
Französischen kam dann die Redensart ins Englische, natürlich im
falschen Sinne.

Vor dem ersten Weltkrieg berichtete ein Engländer in der englischen Presse, daß die Deutschen ihren Kaiser° für »self-conscious«
hielten. Er übersetzte das deutsche Wort »selbstbewußt«, das aber das
genaue Gegenteil von »self-conscious« bedeutet, nämlich: vom eigenen Wert überzeugt, stolz; während »self-conscious« auf deutsch »befangen« ist.

Das Wort »Pädagoge« bedeutet Erzieher oder Lehrer. Es stammt
vom Griechischen παιδαγωγός, der aber kein Lehrer war, sondern
ein Begleiter des Kindes auf dem Weg zu und von der Schule, um es

nialer Mann" by "He was a genial man." But that is quite wrong. For the German word *"genial"* means "endowed with genius." A *"genialer"* man is therefore a man of genius. On the other hand the English word "genial" corresponds to the German "merry" or "lively."

One must be just as cautious with words like *"pathetisch," "fatal," "sympathisch," "aktuell," "eventuell."* *"Pathetisch"* means solemn, elevated, profoundly passionate: "he spoke the last words with deep feeling." *"Fatal"* means unpleasant, disastrous: "This man is *'fatal'* to me" means: I can't stand him. *"Sympathisch"* means, on the other hand, pleasant: "She is *'sympathisch'* to me" equals: I like her very much. *"Eventuell"* means possibly, under certain circumstances, or in a given case. "This could possibly become disastrous for him." *"Aktuell"* means what is important or interesting just at this moment: "This question has become very topical." The English word "pathetic" is in German *"traurig"*; "fatal" is *"tödlich,"* "sympathetic" is *"mitleidsvoll"*; "eventual" is *"erfolgend"* or *"schließlich"*; "actual" is *"wirklich"* or *"eigentlich"*—his actual words: *seine eigentlichen Worte.*

The experts too may err and translate quite wrongly. Some examples [follow]. The English phrase "the psychological moment" rests on a false translation. At the time of the Franco-German War of 1870 there appeared in a German newspaper an article on the German siege of Paris. In it there was talk of the *"psychologische Moment."* A French journalist translated: *"le moment psychologique."* He did not know that the German word *"Moment"* has two meanings according to its gender: *der Moment* is a moment, *das Moment* a factor. The German newspaper spoke of a psychological factor in the siege of Paris; for the French translator it was a question of the psychologically suitable moment. From French the phrase then came into English, of course in the wrong sense.

Before the First World War an Englishman reported in the English press that the Germans considered their emperor to be "self-conscious." He was translating the German word *"selbstbewußt"* which, however, means the exact opposite of self-conscious—namely, convinced of one's own worth, proud; while in German "self-conscious" is *"befangen."*

The word pedagogue means educator or teacher. It comes from the Greek παιδαγωγός who was, however, not a teacher, but a companion of the child on the way to and from school, to

vor den Gefahren der Straße zu schützen. Nun schreibt Paulus an die Korinther: »Denn ob ihr gleich° zehntausend »Pädagogen« hättet in Christo,° so habt ihr doch nicht viele Väter.« Die englische King James Fassung übersetzt »instructors« und an anderer Stelle »school-masters.« Luther übersetzt »Zuchtmeister.« Diese Übersetzungen verfehlen aber den Sinn der Stelle. Denn Paulus unterscheidet zwischen dem Begleiter des Kindes und dessen Vater. Der Begleiter hat die Pflicht, das Kind vor Gefahren zu schützen; er vertritt also die Stelle des Vaters. Allein wenn er diese Pflicht auch noch so treu er-füllt, so ist er noch kein liebender Vater. Der eigentliche Sinn der Metapher geht sowohl in der englischen als auch in der deutschen Bibelübersetzung verloren.

»Alles Lebendige bildet eine Atmosphäre um sich her«, sagt Goethe. So ist es auch in der lebendigen Sprache. Nur der kennt sie, der sich in diesen verschiedenen geistigen Klimaten auskennt und die Wörter nicht mit Gewalt auf fremden Boden verschleppt. Schon beim einzelnen Wort muß man vorsichtig sein. »A poor student« ist: ein armer Student, wenn er zu wenig Geld hat oder wenn ich ihn be-daure; aber wenn er langsam lernt, so ist er ein schlechter (kein armer) Student. Bei Redewendungen oder Sprichwörtern kann man selten wörtlich übersetzen. »He gave up the ghost« ist auf deutsch: Er gab den Geist auf, weil dieses Wort aus der Bibel stammt. Aber: »That holds water« ist: Das hat Hand und Fuß. »It isn't worth a straw«: Es ist keine Bohne wert. »To speak bluntly« heißt: einem mit der Tür ins Haus fallen. »He spoiled my little game«: Er hat mir in die Suppe gespuckt. »He fell from the frying pan into the fire«: Er kam vom Regen in die Traufe. »That's Greek to me«: Das sind mir böhmische Dörfer.°

Man soll den Sinn übersetzen, nicht die Wörter. Man muß den Gedanken in Worte, Bilder und Begriffe kleiden, die der Leser oder Hörer begreifen kann. Ein Europäer, der in Afrika reiste, sprach mit einem Missionar über die Frage der Bibelübersetzung für die primi-tiven Eingeborenen. »Wie prägen Sie ihnen den Begriff der Erlösung ein?« fragte der Europäer. »Wie übersetzen Sie zum Beispiel: Er hat uns erlöst?« »Ich sage ihnen«, antwortete der Missionar, »er hat uns den Kopf herausgenommen. Diese Eingeborenen haben oft das Unglück, daß man sie an Araber für den Sklavendienst verkauft. Sie werden dann in eine eiserne Halskrause gezwungen, die an einer Stange befestigt ist. Auf diese Weise marschiert eine ganze Kolonne von Sklaven in die Sklaverei. Es kommt aber vor, daß ein König oder Häuptling einen Sklaven dem Araber abkauft. Dann wird der Sklave

protect him against the dangers of the street. Now Paul writes to the Corinthians: "For even if you had ten thousand 'pedagogues' in Christ, you still have not many fathers." The English King James version translates [this as] "instructors" and in another place [as] "schoolmasters." Luther translates [the word as] "disciplinarians." These translations, however, miss the sense of the passage. For Paul differentiates between the child's companion and his father. The companion has the duty of protecting the child from dangers; he therefore takes the place of the father. But even if he fulfills this role ever so faithfully, he is still not a loving father. The real sense of the metaphor is lost both in the English and in the German translations of the Bible.

"Everything living forms an atmosphere about it," says Goethe. So it is also with a living language. He alone knows it who knows his way about in these different mental climates and does not drag the words with violence onto foreign soil. Even with the single word one must be careful. "A poor student" is *"ein armer Student"* when he has too little money or when I feel sorry for him, but when he learns slowly he is *"ein schlechter* (not *armer) Student."* In phrases or proverbs one can rarely translate literally. "He gave up the ghost" is in German *"er gab den Geist auf,"* because this saying comes from the Bible. But "That holds water" is "That has a hand and foot." "It isn't worth a straw"—"It isn't worth a bean." "To speak bluntly" is "to fall into someone's house with the door." "He spoiled my little game"—"he spat into my soup." "He fell from the frying pan into the fire"—"he came from the rain into the eaves trough." "That's Greek to me"—"those are Bohemian villages to me."

One should translate the sense, not the words. One must clothe the thought in words, images and concepts which the reader or hearer can understand. A European who was traveling in Africa was speaking to a missionary about the question of translating the Bible for the primitive natives. "How do you impress on them the concept of redemption?" the European asked. "How do you translate for example, 'He has redeemed us'?" "I tell them," the missionary replied, "'He took our heads out.' These natives often have the misfortune of being sold to Arabs for the slave trade. They are then forced into an iron ruff, which is fastened to a pole. In this way a whole column of slaves marches into slavery. But it happens that a king or chieftain buys a slave from the Arabs. Then the slave is freed from the iron; his head is taken out

vom Eisen befreit; der Kopf wird ihm aus dem eisernen Kragen
genommen. Das ist für diese Eingeborenen die einzige Erlösung, die
sie kennen. Wenn ich also sage: er hat uns den Kopf herausgenommen, so ahnen sie etwas von dem Begriff der Erlösung.«

Die berühmte Stelle,° wo Faust die Bibel übersetzt, ist belehrend.
Faust begeht den üblichen Fehler des unerfahrenen Übersetzers: er
übersetzt das griechische Wort »logos« wörtlich. Aber er sieht seinen
Fehler sofort ein:

> Geschrieben steht:° »Im Anfang war das Wort!«
> Hier stock' ich schon! Wer hilft mir weiter fort?
> Ich kann das Wort so noch unmöglich schätzen.
> Ich muß es anders übersetzen,
> Wenn ich vom Geiste recht erleuchtet bin.
> Geschrieben steht: Im Anfang war der Sinn.°

Auch diese Übersetzung befriedigt ihn nicht. Er versucht es noch
einmal: Im Anfang war die Kraft, und schließlich: Im Anfang war die
Tat. Man könnte diese Zeilen so deuten: Wer nicht mit dem Wort
zufrieden ist, sondern den Sinn hinter dem Wort sucht, der gewinnt
Kraft und gelangt zur Tat: er beherrscht die fremde Sprache.

24. MAILIED

Johann Wolfgang von Goethe

> Wie herrlich leuchtet
> Mir die Natur!
> Wie glänzt die Sonne!
> Wie lacht die Flur!
>
> Es° dringen Blüten
> Aus jedem Zweig
> Und tausend Stimmen
> Aus dem Gesträuch.
>
> Und Freud' und Wonne
> Aus jeder Brust.
> O Erd', o Sonne!
> O Glück, o Lust!

of the iron collar. That is for these natives the only redemption they know. When I therefore say, 'He took out our heads,' they have some inkling of the concept of redemption."

The celebrated passage in which Faust translates the Bible is instructive. Faust commits the usual mistake of the inexperienced translator: he translates the Greek word "logos" literally. But he realizes his error at once:

It is written: "In the beginning was the word."
Here I falter already. Who will help me on?
I cannot possibly esteem the word so highly.
I must translate it differently,
If I am properly inspired by the Spirit.
It is written: "In the beginning was sense."

This translation does not satisfy him either. He tries once more: "In the beginning was strength"; and finally: "In the beginning was the deed." One could interpret these lines as follows: he who is not satisfied with the word, but seeks the sense behind the word, gains strength and attains deeds: he commands the foreign language.

24. MAY SONG

Johann Wolfgang von Goethe

How gloriously
nature shines for me!
How the sun gleams!
How the field laughs!

There burst blossoms
from every branch
and a thousand voices
from the shrubbery.

And joy and bliss
from every breast.
O earth, O sun!
O happiness, O pleasure!

O Lieb', o Liebe!
So golden schön,
Wie Morgenwolken
Auf jenen Höh'n!

Du segnest herrlich
Das frische Feld,
Im Blütendampfe
Die volle Welt.

O Mädchen, Mädchen,
Wie lieb' ich dich!
Wie blinkt dein Auge!
Wie liebst du mich!

So liebt die Lerche
Gesang und Luft,
Und Morgenblumen
Den Himmelsduft,

Wie ich dich liebe
Mit warmem Blut,
Die du mir Jugend
Und Freud' und Mut

Zu neuen Liedern
Und Tänzen gibst.
Sei ewig glücklich,
Wie du mich liebst!

25. DIE SCHULE DES GEBENS UND DIE SCHULE DES NEHMENS

Fritz Mauthner

Im Weltall schwebte eine Insel, sie sah aus wie die Erde. Auf der Insel lebten zweierlei Menschen, die Reichen und die Armen. Die Reichen gaben und die Armen nahmen. Wenn nur die Reichen so zu geben und die Armen so zu nehmen verstanden hätten, wie beides gelehrt wird im alten Sonnenlande nach dem Buch der Freude. Auf der Insel aber hatte man noch nicht daran gedacht, das Geben zu lehren oder das Nehmen.

O love, O love!
so goldenly beautiful,
like morning clouds
on yonder heights!

You bless gloriously
the fresh field,
the abundant world
in its haze of blossoms.

O maiden, maiden,
how I love you!
How your eye gleams!
how you love me!

So the lark loves
song and air,
and morning flowers [love]
the heavenly perfume,

as I love you
with warm blood,
[you] who give me youth
and joy and courage

to new songs
and dances.
Be eternally happy,
as you love me!

25. THE SCHOOL OF GIVING AND THE SCHOOL OF TAKING

Fritz Mauthner

In the universe there floated an island; it looked like the earth. On the island lived two sorts of people, the rich and the poor. The rich gave and the poor took. If only the rich had understood how to give and the poor to take, as both are taught in the ancient Land of the Sun according to the Book of Joy. But on the island no one had as yet thought of teaching giving or taking.

Da trat einmal ein junger König die Herrschaft an und beschloß in
seinem Herzen, das Buch der Freude zum Gesetze zu machen.
»Glück ist Pflicht«, so lautete dessen strengste Vorschrift. Und der
junge König wollte endlich lehren lassen, was zumeist not tat, das
Geben und das Nehmen. Er baute zwei weite, weite Schulen und
setzte Kanzeln hinein für die Lehrer der Weischeit, die not tat.

Die eine Schule war für die Reichen bestimmt, die das Geben lernen sollten. Einfach das Haus, bescheiden außen und innen. Über
dem niederen Eingang nur die Worte:»Bitten . . . Danken.« Mahnen
sollten sie den Reichen, zuerst zu bitten, daß der Arme die Gabe an-
nehme, und dann für die Annahme zu danken. Demut und Wehmut
sollte der Reiche erfahren, der einging in die Schule des Gebens.

Die andere Schule war für die Armen bestimmt, die das Nehmen
lernen sollten. Heiter und prächtig das Haus, ein Palast. Golden auf
Marmor der Spruch:»Dir wird gegeben, auf daß du glücklich machest.« Denn eine Entscheidung im Buche der Freude sagte:»Das
Nehmen ist noch seliger als das Geben.« Hoch und herrlich das
Portal, von nie welkenden Blumen umrankt. Stolz und froh sollte man
eingehen in die Schule des Nehmens.

Noch während des Bauens berief der junge König die Lehrer, um
sie zu unterweisen: daß Nehmen noch seliger sei als Geben, daß der
reiche Arme den armen Reichen schöner beglücken könne, als der
Reiche den Armen. Alles prägte er ihnen ein. Und als die Lehrer das
Buch der Freude nicht begriffen, weil sie unter dem anderen Gesetze
aufgewachsen waren, da grämte sich der junge König, und man begrub ihn in einem grünen Hügel. Der Todesengel lächelte seltsam.

Bald darauf wurden die Schulgebäude fertig. Das Volk pries das
Andenken des jungen Königs und strömte in die Schulen, wo das
Geben und das Nehmen zu lernen war. Weil jedoch die Lehrer das
Buch der Freude nicht begriffen hatten, weil den Armen die Inschrift
»Bitten . . . Danken« vertraut schien, den Reichen aber just die andere Inschrift »Dir wird gegeben, auf daß du glücklich machest«, und
weil die gewohnte Sitte die Reichen in den Palast einlud, die Armen
in das einfache Haus, darum gerieten die Reichen und die Armen in
die falsche Schule.

Die Reichen lernten das Geben nicht. Was für die Armen bestimmt
war, die Heiterkeit und der Stolz, das lernten sie; und es waren die
Bessern unter ihnen, die sich ihrer Heiterkeit schämten und die den
Stolz nicht in Hoffart ausarten ließen.

Then a young king once came to power and resolved in his heart to make the Book of Joy into law. "Happiness is a duty" read its sternest prescription. And the young king wanted at last to have taught what was most needed: giving and taking. He built two large, large schools and established chairs in them for the teachers of the wisdom that was needed.

The one school was designed for the rich, who were to learn [the art of] giving. The house [was] simple, modest outside and inside. Above the lowly portal only the words: "Please . . . Thanks." They were to admonish the rich to say please first, so that the poor man would accept the gift, and then to say thanks for the acceptance. The rich man who entered the school of giving was to learn humility and sadness.

The other school was designed for the poor, who were to learn [the art of] taking. The house [was] cheerful and splendid, a palace. In golden [letters] on a marble [background] the motto: "It is given to you that you may make happy." For a decision in the Book of Joy said, "Taking is even more blessed than giving." The portal [was] tall and splendid, wreathed in flowers that never faded. One was to enter the school of taking proud and happy.

While the building was still in progress, the young king summoned the teachers to instruct them that taking was even more blessed than giving, that the rich poor man could make the poor rich man more happy than the rich man [could make] the poor. He impressed everything on their minds. But when the teachers did not understand the Book of Joy, because they had grown up under the other law, the young king grieved and they buried him in a green mound. The angel of death smiled a strange smile.

Soon afterward the school buildings were finished. The people cherished the memory of the young king and streamed into the schools where giving and taking could be learned. But because the teachers had not understood the Book of Joy, because the inscription "Please . . . Thanks" seemed familiar to the poor, but the rich were familiar with the other inscription, "It is given to you that you may make happy," and because traditional custom invited the rich into the palace and the poor into the plain house, the rich and the poor got into the wrong schools.

The rich did not learn giving. They learned what was designed for the poor, cheerfulness and pride; and it was [only] the better ones among them who felt ashamed of their cheerfulness and who did not allow their pride to degenerate into arrogance.

Die Armen lernten das Nehmen nicht. Was für die Reichen bestimmt war, das lernten sie, die Wehmut und die Demut; und es waren die Bessern unter ihnen, deren Wehmut sich nicht in Haß, deren Demut sich nicht in Bettlersinn verkehrte.

Nach wie vor stehen die beiden Schulen auf der Insel im Weltall, welche aussieht wie die Erde. Nach wie vor besuchen die Reichen und die Armen die vertauschten Schulen und wissen es nicht. Das Buch der Freude ist verloren gegangen.

Gute Feen rüsten die Wiege für einen kommenden Königssohn. Dem wollen sie die Gnade einbinden, daß er das Buch der Freude wiederfinde, daß er die Menschen das richtige Nehmen lehre und das richtige Geben.

26. SEPTEMBERMORGEN

Eduard Mörike

Im Nebel ruhet° noch die Welt.
Noch träumen Wald und Wiesen:
Bald siehst du, wenn der Schleier fällt,
Den blauen Himmel unverstellt,
Herbstkräftig die gedämpfte° Welt
In warmem Golde fließen.

27. VON DEUTSCHER SPRACHE

Die deutsche Sprache gehört zu der westlichen Gruppe der germanischen Sprachen. Diese wieder sind Zweige des großen indogermanischen° Sprachbaums. Zwei oder dreitausend Jahre vor Christi° Geburt gab es vermutlich eine gemeinsame Sprache unter den Vorfahren der Griechen, Latiner,° Germanen, Kelten, Slaven, Iranier und anderer Völker. Diese gemeinsame Sprache nennen wir Indogermanisch. Aus dieser Ursprache haben sich dann die einzelnen Sprachen entwickelt: Griechisch, Lateinisch, Persisch, Urgermanisch.

Wir nehmen an, daß die germanischen Stämme vor der Völkerwanderung° eine mehr oder weniger einheitliche Sprache hatten, so daß sie einander verstehen konnten. Die Völkerwanderung hat diese Ursprache in Einzeldialekte aufgelöst; so entstanden die verschiedenen germanischen Sprachen: Gotisch, die nordgermanischen

The poor did not learn taking. They learned what was designed for the rich, sadness and humility; and it was [only] the better ones among them whose sadness did not turn into hatred, whose humility did not turn into obsequiousness.

Now as before, the two schools stand on the island in the universe which looks like the earth. Now as before the rich and the poor attend the wrong schools and do not know it. The Book of Joy has been lost.

Good fairies are preparing the cradle for a future prince. They intend to grant him the grace to find the Book of Joy again, that he may teach people proper taking and proper giving.

26. SEPTEMBER MORNING

Eduard Mörike

The world still rests in mist.
Forest and meadows are still dreaming:
soon you will see, when the veil falls,
the blue sky uncovered,
the subdued world with the vigor of autumn
flowing in warm gold.

27. ABOUT THE GERMAN LANGUAGE

The German language belongs to the Western group of the Germanic languages. These again are branches of the great Indo-Germanic speech tree. Two or three thousand years before the birth of Christ there was presumably a common language among the ancestors of the Greeks, Latins, Teutons, Celts, Slavs, Iranians and other peoples. This common language we call Indo-Germanic. From this original language the individual tongues developed: Greek, Latin, Persian, Proto-Germanic.

We assume that the Germanic tribes had a more or less unified language before the migration of the peoples, so that they were able to understand one another. The migration of the peoples dissolved this original language into individual dialects; in this way arose the different Germanic languages: Gothic, the

Sprachen (Isländisch, Norwegisch, Schwedisch, Dänisch), West-
germanisch (Angelsächsisch, Flämisch, und die Dialekte, die später
das Deutsche bildeten).

ENTWICKLUNG DES HOCHDEUTSCHEN

Den entscheidenden Einfluß auf die Entwicklung der deutschen
Schriftsprache* übte der Süden aus. Schon kurz nach der
Völkerwanderung war Oberdeutschland (d.h. der Süden) sprachlich
tätig. Die hochdeutsche oder zweite Lautverschiebung* ging wohl
von dem Alemannischen* aus. Seit ca. 700 verbreitete sich die
Kirchensprache des Südens nach Norden hin. Die Literatur des
Mittelalters war hauptsächlich in süddeutschen Mundarten verfaßt.
Aus verschiedenen Gründen entwickelte sich ein gemeinsames
Deutsch aus dem ostmitteldeutschen* Dialekt, den auch Martin
Luther gesprochen hat. Seine Bibelübersetzung und seine andern
Schriften waren von bedeutendem Einfluß auf die Entwicklung des
Hochdeutschen als Schriftsprache.

Der Begriff »Hochdeutsch« ist für den Nichtdeutschen verwirrend.
Hochdeutsch war ursprünglich die Sprache des Südens, während im
Norden Nieder- oder Plattdeutsch gesprochen wurde. Aus den oben
erwähnten Gründen wurde eine Mundart mit hochdeutschem
Charakter zur Standard-oder Schriftsprache. Das Wort »Hoch-
deutsch« hat demnach zwei Bedeutungen:

1. Es bezeichnet die Sprache von Ober- und Mitteldeutschland im
Gegensatz zu Nieder- oder Plattdeutsch.

2. Es bezeichnet die deutsche Schriftsprache im Gegensatz zu den
Mundarten und der Umgangssprache.

HAUPTMERKMALE DES DEUTSCHEN

Was die äußere Gestalt betrifft, so zeigt das Deutsche viel
Verwandtschaft mit anderen modernen Sprachen. Deutsch flektiert
mehr als Englisch, Französisch, Spanisch und Italienisch.
Substantive, Adjektive, Pronomina werden dekliniert, Verben kon-
jugiert. Aber die Verben sind nicht in verschiedene Konjugationen
eingeteilt wie bei den romanischen Sprachen. Mit Ausnahme einer
geringen Anzahl von starken (=alten) Verben werden alle Verben
nach einem einheitlichen Schema behandelt, wie im Englischen, mit
dem das Deutsche die engste Verwandtschaft aufweist.

north-Germanic languages (Icelandic, Norwegian, Swedish, Danish), West-Germanic (Anglo-Saxon, Flemish and the dialects which later formed German).

THE EVOLUTION OF HIGH GERMAN

The decisive influence on the development of the German literary language was exercised by the south. Shortly after the migration of the peoples Upper Germany (that is, the South) was already linguistically active. The High German, or second, sound shift probably took its start from Alemannic. Since about [the year] 700 the Church language of the South spread to the North. The literature of the Middle Ages was composed principally in South German dialects. For various reasons a common German developed out of the East Middle German dialect which was also spoken by Martin Luther. His translation of the Bible and his other writings were of significant influence on the development of High German as a literary language.

The concept "High German" is confusing to the non-German. High German was originally the speech of the South, while in the North Low German or Plattdeutsch was spoken. For the reasons mentioned above a dialect with a High German character became the standard or literary language. The word "High German" accordingly has two meanings:

1. It designates the language of Upper and Central Germany, in contrast with Low German or Plattdeutsch.

2. It designates the German literary language, in contrast with the dialects and with everyday speech.

CHIEF CHARACTERISTICS OF GERMAN

As far as its outer form is concerned, German shows much kinship with other modern languages. German is more inflected than English, French, Spanish and Italian. Nouns, adjectives, pronouns are declined, verbs conjugated. But the verbs are not divided into various conjugations as in the Romance languages. With the exception of a slight number of strong (=old) verbs, all verbs are treated according to one unified scheme, as in English, with which German reveals the closest relationship.

WORTSTELLUNG

Die Wortstellung ist im Deutschen ziemlich frei. Der Satz reiht sich um das Verb, das in einer normalen Aussage das zweite Element ist. An erster Stelle kommt das, was der Sprecher für besonders wichtig hält. Den folgenden Satz kann man z.B. auf vier verschiedene Weisen ausdrücken:

1. Er hat das vielleicht gesagt, aber er hat es gewiß nicht gemeint.
2. Das hat er vielleicht gesagt, aber er hat es gewiß nicht gemeint.
3. Vielleicht hat er das gesagt, aber gewiß hat er es nicht gemeint.
4. Gesagt hat er das vielleicht, aber gemeint hat er es gewiß nicht.

Jeder Satz, der ein Objekt hat, kann mit diesem Objekt eingeleitet werden, ohne daß man, wie im Englischen oder Französischen, das Passiv gebrauchen muß. Ein Beispiel bildet der obige Satz: »Den folgenden Satz kann man auf vier verschiedene Weisen ausdrücken.« Auch der Satz: »Ein Beispiel bildet der obige Satz« ist ein Beispiel davon.

Die Betonung liegt also am Anfang des Satzes, die Belehrung folgt im Nachfeld,* im Zentrum steht der Kern des Satzes, das Verb.

ORTHOGRAPHIE UND AUSSPRACHE

Im Gegensatz zum Englischen oder Französischen sind Orthographie und Aussprache im Deutschen sehr leicht. Deutsch ist zwar nicht so phonetisch wie Spanisch; aber Orthographie und Aussprache bieten dem Lernenden keine Schwierigkeit.

DYNAMIK

Wir haben gesehen, daß im deutschen Satz das Verb vorherrscht. Mit Recht, denn das Deutsche ist eine dynamische Sprache, in der das Wirken, das Werden und die Entwicklung mehr als der statische Zustand betont werden. Hugo von Hofmannsthal* schreibt: »Daß wir Deutschen das uns Umgebende als ein Wirkendes—die *Wirklich-keit*—bezeichnen, die lateinischen Europäer als die *Dinglichkeit—la réalité,* das zeigt die fundamentale Verschiedenheit des Geistes, und daß jene und wir in ganz verschiedener Weise auf dieser Welt zu Hause sind.«

In manchen deutschen Sätzen gibt es überhaupt kein Subjekt, es

Word Order

Word order is fairly free in German. The sentence is arranged about the verb, which is the second element in a normal assertion. In the first place comes what the speaker regards as especially important. The following sentence may, for example, be expressed in four different ways:

1. He said that perhaps, but he certainly did not mean it.
2. That he said perhaps, but he certainly did not mean it.
3. Perhaps he said that, but certainly he did not mean it.
4. Said that he has perhaps, but mean it he certainly did not.

Every sentence which has an object may be introduced by this object, without having to use the passive, as one must do in English or French. An example is provided by the above sentence, "The following sentence may be expressed in four different ways." The sentence "An example is provided by the above sentence" is also an example of it.

The emphasis is therefore in the beginning of the sentence, the information follows in the sequel, at the center stands the core of the sentence, the verb.

Spelling and Pronunciation

In contrast with English or French, spelling and pronunciation are very easy in German. German, it is true, is not as phonetic as Spanish; but the spelling and pronunciation offer no difficulty to the learner.

Dynamics

We have seen that in the German sentence the verb takes first place. Rightly so, for German is a dynamic language, in which activity, becoming, development are emphasized more than the static state. Hugo von Hofmannsthal writes: "[The fact] that we Germans designate what surrounds us as something that is active—*die Wirklichkeit*—the Latin peoples as thing-ness—*la réalité*—shows the fundamental difference in spirit [between us], and that they and we are at home in this world in a quite different way."

In many German sentences there is no subject at all, unless it

sei denn das farblose »es«: es klopft, es ruft, es rauscht, es dämmert.
Substantive werden mit Vorliebe aus dem Verb gebildet: werfen—der
Wurf, stehen—der Stand, greifen—der Griff, messen—das Maß.
Jeder Infinitiv dient zugleich als Substantiv und bezeichnet dann
einen Vorgang oder eine Tätigkeit: das Sein, das Werden, das
Wandern, das Dasein, das Alleinsein, das In-sich-hineinschauen, das
Aussich-herausgehen.

ANSCHAULICHKEIT

Neben der Dynamik wird das Deutsche durch starke Anschaulichkeit,
Konkretheit, Gedrängtheit und Ausdrucksfähigkeit gekennzeichnet.
Man kann im Deutschen sowohl die Tätigkeit als auch den Erfolg mit
demselben Verb ausdrücken: Das kann man nicht wegdenken. Er hat
sein Geld vertrunken. Das Publikum hat den Schauspieler ausgepfif-
fen. »Wir schwiegen einander an«, schreibt Hans Fallada. Was meint
er damit? Wohl: wir drückten unsere Gefühle für einander durch
Schweigen aus. Und Rilke schreibt in einem frühen Gedicht°: »Bis
aus einem Gestern/ die einsamste von allen Schwestern steigt,/ die,
anders lächelnd als die andern Schwestern/ dem Ewigen entgegen-
schweigt.« Der englische Dichter Coleridge übersetzte Schillers
Worte »Ich klügle nicht« mit folgender Umschreibung: »I do not
cheat my better soul with sophisms.« Kürzer könnte man es im
Englischen wohl nicht ausdrücken.

DAS BESONDERE

Als drittes Merkmal des Deutschen ist die Präzision zu erwähnen, die
durch das Betonen des Besonderen erzielt wird. Die Vorsilben hin
und her, heraus, herein, hinaus, hinein, hinauf, herunter, usw; die un-
nötigen Wiederholungen: in das Schloß hinein, um den Berg herum,
nach der Stadt zu—das alles ergibt eine Genauigkeit, die anderen
Sprachen fehlt. Im Englischen gebraucht man das Verb »put on« für
einen Hut, ein Kleid, eine Schürze. Im Deutschen dagegen setzt man
den Hut auf, zieht das Kleid an, bindet die Schürze oder die Krawatte
um.

is the colorless "*es*": someone knocks, someone calls, something rustles, twilight falls. There is a predilection for forming nouns from the verb: to throw—the thrust, to stand—the position, to grip—the grip, to measure—the measure. Every infinitive serves at the same time as a noun and designates a process or an activity: being, becoming, wandering, existence, being alone, looking into oneself, going out of oneself.

VIVIDNESS

Next to its dynamism German is characterized by strong vividness, concreteness, compactness and expressiveness. In German one can express both the activity and the success [of the activity] with the same verb: "One can't think that away." "He has drunk away his money." "The audience whistled the actor [off the stage]." "We were silent to each other," writes Hans Fallada. What does he mean by it? Probably: we expressed our feelings for each other through silence. And Rilke writes in an early poem: "Until out of some yesterday the most solitary of all hours arises, which, smiling differently from all her other sisters, meets eternity with silence." The English poet Coleridge translated Schiller's words "*Ich klügle nicht*" by the following paraphrase: "I do not cheat my better soul with sophisms." Probably one could not express it more briefly in English.

THE PARTICULAR

As a third characteristic of German one might mention the precision which is attained through emphasizing the specific. The prefixes *hin* and *her, heraus, herein, hinaus, hinein, hinauf, herunter,* and the like; the unnecessary repetitions—in into the castle, round about the mountain, toward the city—all this yields a precision which other languages lack. In English we use the verb "put on" for a hat, a dress, an apron. In German, on the other hand, one sets a hat on, draws a dress toward [one], ties the apron or necktie about [one].

ZUSAMMENSETZUNGEN

Was den Nichtdeutschen immer erstaunt und belustigt sind die vielen
meterlangen »Bandwörter«, die ihm begegnen. Wir haben oben das
Wort »Ausdrucksfähigkeit« getroffen; andere Beispiele sind:
Meinungsverschiedenheit, Entwicklungslehre, Lebensmittelpreise,
Unabhängigkeitsgefühl, Minderwertigkeitsgefühl. Im ersten Weltkrieg entstand das Wort »Schützengrabenvernichtungsautomobil«;
heute sagt man »Tank« und erzielt dasselbe. Ein Wort wie »Friedhofs-
wärterswitwenundwaisenrentenempfangsbescheinigung« ist wohl die
Erfindung eines Schalks; allein daß man so etwas überhaupt erfinden
kann . . . Man darf aber vor diesen Riesenwörtern nicht erschrecken;
sie sind oft nur drei oder vier Wörter in einem. Wenn man sie au-
seinanderzieht, so leuchtet ihr Sinn oft ganz einfach ein.

Dazu kommen noch die vielen Vor- und Nachsilben, die eine um-
fangreiche Abstufung des Ausdrucks ermöglichen; z.B. bei dem Verb
fallen: hin-, nieder-, ab-, aus, herab-, um-, zusammen-, herunter-,
hinunter-, heraus-, hinaus-, usw.°

WURZELGEBUNDENHEIT

Die deutsche Wortbildung ist eng an die Wurzel gebunden. Es gibt
große Wortfamilien, die aus derselben Wurzel stammen. Im
Wörterbuch° der Brüder Grimm findet man fast neunhundert
Zusammensetzungen zu Liebe, über fünfhundert zu Geist, über vier-
hundert zu Mensch, mehrere hundert zu Traum und Trauer. Dieses
Gebundensein an die Wurzel ist ein weiterer Ausdruck der
Einfachheit und Konkretheit, die das Deutsche kennzeichnen. Auch
der deutsche Purismus (d.h. die Abneigung gegen die Fremdwörter)
ist ein Zeichen desselben Geistes. Während z.B. das Englische aus
dem Französischen, Griechischen, Lateinischen neue Wörter
schöpft, bildet das Deutsche ähnliche Begriffe aus deutschen
Stammwörtern: circumstance = Umstand, uniqueness = Einmaligkeit, immortality = Unsterblichkeit, misogynist = Weiberfeind, insolvency = Zahlungsunfähigkeit, generous = freigebig, prejudice =
Vorurteil, edify = erbauen.

Compounds

What always astonishes and amuses the non-German is the many meter-long "tape words" that he encounters. We met the word "power of expression" above; other examples are: differences of opinion, theory of evolution, cost of provisions, feeling of inferiority. In World War I there arose the word "defense trench destroying automobile"; today one says "tank" and achieves the same goal. A word like "certificate for the receipt of income [due to] the widow and orphans of a cemetery attendant" is probably the invention of a joker; but [the fact] that one can invent such a thing at all. . . . But one must not be terrified by these giant words; they are often only three or four words in one. When you pull them apart, their sense often becomes quite simply clear.

To this must be added also the many prefixes and suffixes which make possible an extensive gradation of expression: for example, with the verb fall: [prefixes to mean fall] down, down, away, out, down, over, together (coincide), down, down, out, out, and so forth.

Attachment to Roots

German word formation is closely tied to the root. There are great word families which derive from the same root. In the dictionary of the Brothers Grimm we find almost nine hundred compounds for *Liebe,* more than five hundred for *Geist,* more than four hundred for *Mensch,* several hundred for *Traum* and *Trauer* (sadness). This attachment to the root is a further expression of the simplicity and concreteness which characterize German. German purism (that is, the dislike of foreign words) is also a mark of the same spirit. While English, for example, derives new words from French, Greek, Latin, German forms similar concepts from German base words: circumstance = *Um-stand,* uniqueness = *Einmaligkeit,* immortality = *Unster-blichkeit,* misogynist = *Weiberfeind,* insolvency = *Zahlungsun-fähigkeit,* generous = *freigebig,* prejudice = *Vorurteil,* edify = *erbauen.*

FREIHEIT DER SPRACHE

Die Regelung der deutschen Sprache wird von keiner Akademie durchgeführt. Der Sprachgebrauch schwankt von Land zu Land; nur die Schriftsprache ist allgemein. Der Sprachgeist entfaltet sich frei und ermöglicht eine lebendige Fortentwicklung. Von der sprachlichen Freiheit wird besonders in der Wortbildung Gebrauch gemacht; auf diesem Gebiet ist der Deutsche gern schöpferisch. Aber auch Grammatik, Wortschatz, Stil, Aussprache werden fortwährend weiterentwickelt. Allerdings geht es nicht so radikal zu wie in Amerika; denn nicht der Massenmensch bestimmt, wie man spricht oder sogar schreibt, sondern höchstens die Zeitung und der Rundfunk; und die sind weit »gebildeter« als bei uns.

28. KANT

Walter Bauer

Sein Leben war ohne Ereignisse. Seine Tage liefen mit der Präzision einer Maschine ab, und er verließ selten die Stadt, in der er lebte, nie das Land. Aber von den langen Reisen, die er in das unsichtbare und grenzenlose Reich menschlichen Denkens unternahm, brachte er etwas Unvergängliches mit: seine philosophischen Werke, die zu den großen Büchern der Philosophie gehören.

Immanuel Kant, im Januar 1724 in Königsberg° in Preußen geboren, war eins von elf Kindern in einer Familie, in der die Armut täglicher Gast war und Frömmigkeit das Leben bestimmte. Es war der Traum des Vaters, daß sein Sohn Prediger würde; das bedeutete Sicherheit des Lebens. Aber Kant studierte an der Universität Königsberg Philosophie, um die Wahrheit über die Welt und Gott zu finden. »Nichts«, sagte er, »wird mich von diesem Wege abbringen.«

Neun Jahre lang war er Hauslehrer in adligen Familien von Preußen. Dann hielt er für viele Jahre als Privatdozent° Vorlesungen an der Universität Königsberg, um endlich, 1770, Professor für Logik und Metaphysik zu werden. Er starb, neunundsiebzig Jahre alt, im Jahre 1804. In allen diesen Jahren änderte sich sein Leben nicht. Er war, so schrieb einer seiner Biographen, wie das regelmäßigste der regelmäßigen Verben, und wenn er sein Haus zum täglichen Spaziergang verließ, wußten die Nachbarn, daß es halb vier war. Bei

FREEDOM OF THE LANGUAGE

The regulation of the German language is not carried out by an academy. Linguistic usage varies from state to state; only the literary language is general. The spirit of the language develops freely and makes possible a living continuous evolution. Special use is made of linguistic freedom in word formation; in this sphere the German likes to be creative. But grammar, vocabulary, style, pronunciation, too, are continually undergoing development. True, things are not done as radically as in America; for it is not mass man who determines how one speaks or even writes, but at most the newspaper and the radio; and these are far more "cultured" than they are with us.

28. KANT

Walter Bauer

His life was uneventful. His days proceeded with the precision of a machine, and he seldom left the city in which he lived, [and] never his country. But from the long journeys which he undertook into the invisible and boundless realm of human thinking, he brought back something imperishable: his philosophical works, which are among the great books of philosophy.

Immanuel Kant, born in Königsberg, Prussia, in January, 1724, was one of eleven children in a family in which poverty was a daily guest and piety determined [the way of] life. It was his father's dream that his son should become a preacher; this meant security in life. But Kant studied philosophy at the University of Königsberg, in order to find the truth about the world and God. "Nothing," he said, "will deflect me from this road."

For nine years he was a private tutor in aristocratic families of Prussia. Then for many years he gave lectures at the University of Königsberg as a *Privatdozent,* and finally, in 1770, became professor of Logic and Metaphysics. He died, aged seventy-nine, in the year 1804. In all these years his life did not change. He was, so one of his biographers wrote, like the most regular of regular verbs, and when he left his house for his daily walk, the neighbors knew that it was half past three o'clock. In bad

schlechtem Wetter begleitete ihn sein alter Diener Lampe mit einem Regenschirm, wie ein Bild der Vorsehung.

Ehe Kant sich der Metaphysik zuwandte, schrieb er naturwissenschaftliche Bücher. In der »Allgemeinen Naturgeschichte und Theorie des Himmels« (1755) versuchte er die Entstehung des Planetensystems und des Himmels der Fixsterne zu erklären. Seine Theorie, die sich auf Newton stützte, wurde später als Kant-Laplace'sche° Theorie bekannt.

Von seinen Reisen in die Metaphysik, die ihm wie ein schwarzer Ozean ohne Ufer und Leuchtturm erschien, brachte er drei monumentale Werke° mit: »Die Kritik der reinen Vernunft«, »Die Kritik der praktischen Vernunft«, und »Die Kritik der Urteilskraft«.

Im ersten Buche vernichtete er die Beweise der Theologie für die Existenz Gottes, denn die Begrenztheit unserer Sinne mache° es uns unmöglich, die Existenz Gottes nachzuweisen. »Die Kritik der praktischen Vernunft« setzte Gott, Seele, Unsterblichkeit wieder in ihre Stellung ein, weil der Mensch sie haben muß, um in der Welt glücklich zu sein. Die Grundlage der Religion ist die Moral. Der Mensch besitzt den Willen, dem moralischen Gesetz zu folgen. Tu deine sittliche Pflicht—das ist Kants kategorischer Imperativ. Kant fand Gott in dem Sternenhimmel über uns und in dem moralischen Gesetz in uns. Aber das Rätsel der menschlichen und göttlichen Existenz ist trotz allem nicht lösbar.

Friedrich II,° in dessen Land der kleine, pedantische Professor schrieb und unterrichtete, ließ ihn in Ruhe, aber sein Nachfolger verbot es ihm, seine Philosophie zu mißbrauchen, um die wichtigsten Lehren der Heiligen Schrift zu untergraben. Kant hatte ohnehin über Religion gesagt, was er sagen wollte, und von nun an drückte er seine politischen Ansichten aus. Er war einundsiebzig Jahre alt, als er seine Abhandlung »Zum ewigen Frieden« schrieb und die Französische Revolution begrüßte. Er hoffte, daß überall Republiken entstehen würden und glaubte an eine Zukunft, in der der Staat die Würde des Menschen nicht mehr mißbrauchen würde. Aus der Metaphysik war der Philosoph von Königsberg zurück zur Erde gekommen, auf der die Menschen leben, leiden und kämpfen.

weather his old servant Lampe accompanied him with an umbrella, like a picture of providence.

Before Kant applied himself to metaphysics, he wrote books on natural science. In his *General Natural History and Theory of Heaven* (1755) he attempted to explain the origin of the planetary system and of the fixed stars in the heavens. His theory, which based itself on Newton, later became known as the Kant-Laplace theory.

From his journeys into metaphysics, which appeared to him like a black ocean without shores or beacon, he brought back three monumental works: *The Critique of Pure Reason, The Critique of Practical Reason* and *The Critique of Judgment.*

In the first book he destroyed the theological proofs of the existence of God, for the limitation of our senses makes it impossible for us to demonstrate the existence of God. *The Critique of Practical Reason* reinstated God, the soul, immortality in their [former] place, because man must have them in order to be happy in the world. The basis of religion is ethics. Man possesses the will to follow the moral law. Do your ethical duty—that is Kant's categorical imperative. Kant found God in the starry heaven above us and in the moral law within us. But the riddle of human and divine existence is not solvable, in spite of everything.

Frederick II, in whose country the little pedantic professor wrote and taught, left him in peace, but his successor forbade him to misuse his philosophy for undermining the most important teachings of Holy Scripture. Kant had in any case said about religion what he wanted to say, and from now on he expressed his political views. He was seventy-one years old when he wrote his treatise *On Eternal Peace* and hailed the French Revolution. He hoped that republics would arise everywhere and believed in a future in which the state would no longer abuse the dignity of man. From metaphysics the philosopher from Königsberg had come back to the earth on which men live, suffer and struggle.

29. DER UNENTBEHRLICHE

Wilhelm Busch

Wirklich, er war unentbehrlich!
Überall, wo was° geschah
Zu dem Wohle der Gemeinde,
Er war tätig, er war da.

Schützenfest, Kasinobälle,
Pferderennen, Preisgericht,
Liedertafel, Spritzenprobe,°
Ohne ihn da ging es nicht.

Ohne ihn war nichts zu machen,
Keine Stunde hat er frei.
Gestern, als sie ihn begruben,
War er richtig auch dabei.

30. ÜBER DEUTSCHLAND

5. KUNST

Deutschland hat seit jeher eine große Rolle im kulturellen Leben des Abendlandes gespielt. Hier läßt sich natürlich nicht quantitativ messen, aber sicher ist, daß deutsche Kunst und Kultur zu den führenden im Abendlande gehören. Der geographischen Offenheit des Landes entspricht eine geistige: die deutsche Kultur hat immer in enger Berührung und gegenseitigem Austausch mit den großen europäischen Kulturen gestanden. Sie war denselben geistigen Strömungen ausgesetzt wie das ganze Abendland: der Antike, der Bibel, der Kirche und den einheimischen kulturellen Einflüssen.

Was Deutschland in der Musik geleistet hat, ist allgemein bekannt; nur der Kenner weiß, daß sich die deutsche Dichtung, vom anonymen Verfasser des Nibelungenlieds bis zu Thomas Mann, neben die französische, englische und italienische stellen darf. Auch die deutsche Baukunst, von der Romanik bis zur Neuen Sachlichkeit,° weist zahlreiche Denkmäler geistlicher und weltlicher Meisterwerke in jedem Stil auf. Auch auf dem Gebiet des Kunstgewerbes gebührt Deutschland eine führende Stelle. Deutsche Möbel, deutsches Porzellan, deutsches Glas, deutsches Besteck, Teppiche und Textilien können es

29. THE INDISPENSABLE ONE

Wilhelm Busch

Really, he was indispensable!
Everywhere where something happened
for the welfare of the community,
he was active, he was there.

Shooting meet, officers' dances,
horse-races, competition,
glee club, fire drill,
without him nothing worked.

Without him nothing could be done.
He hasn't a free hour.
Yesterday, when they buried him,
sure enough, he was present too.

30. ON GERMANY

5. ART

Germany has at all times played a large role in the cultural life
of the West. Here of course one cannot make quantitative mea-
surements, but it is certain that German art and culture are
among the leading ones in the West. To the geographical receptiveness of the country there corresponds a spiritual one:
German civilization has always stood in close contact and mutual
exchange with the great European civilizations. It was exposed
to the same intellectual currents as the whole West: classical an-
tiquity, the Bible, the Church and the native cultural influences.
   What Germany has achieved in music is generally known;
only the expert knows that German literature, from the anony-
mous author of the *Nibelungenlied* to Thomas Mann, may take
its place beside French, English and Italian. German architecture too, from Romanesque to the New Factualism, exhibits
numerous monuments of ecclesiastical and secular master-
pieces in every style. A leading position is also due to Germany
in the field of handicrafts. German furniture, German china,
German glass, German tableware, carpets and textiles can com-

mit den schönsten der Welt aufnehmen. Das berühmte Bauhaus, das
Walter Gropius 1919 gegründet hat und das von den Nazis aufgelöst
wurde, wurde 1946 in Berlin wieder gegründet. In Ulm entstand die
Hochschule für Gestaltung,° die wesentliche Gedanken des
Bauhauses fortführt. Ihr Ziel ist es, selbst den Gegenständen des
alltäglichen Gebrauchs eine künstlerische Form zu geben.

6. BILANZ

Die zwölf Jahre der Naziherrschaft haben für den deutschen Geist
und die deutsche Entwicklung überhaupt unübersehbares Unheil
gestiftet. Man ist versucht, von tödlichen oder unheilbaren Wunden
zu sprechen; aber die Wunden waren nicht tödlich, und sie sind hof-
fentlich nicht unheilbar. Was sich seit 1945 in Westdeutschland
ereignet hat, ist viel mehr als ein »Wirtschaftswunder«; es ist ein
Wunder des menschlichen Geistes. Man denkt an Hölderlins Vers:°

Wo aber Gefahr ist, wächst das Rettende auch.

Aus den physischen und geistigen Trümmern, die ihnen Hitler hinterlassen hatte, haben die Deutschen ihre Städte, ihre Kirchen, ihre
Universitäten und Opernhäuser wieder aufgebaut. Sie versuchen, das
Leben des Volkes im Geiste der besten christlichen und abendlän-
dischen Tradition zu gestalten. Es fehlt nicht an Problemen,
Spannungen, Gefahren und Versuchungen: Probleme einer hochin-
dustrialisierten Gesellschaft; die Spaltung einer Nation in zwei
feindliche Lager; das psychologische Trauma der Berliner Mauer°,
die Schatten, die die Nazizeit noch heute über das deutsche Leben
wirft; die Versuchungen, die dem raschen wirtschaftlichen
Aufschwung und dem materiellen Wohlstand entwachsen.

Es fehlt auch nicht in Kritikern, innerhalb und außerhalb Deutsch-
lands, welche die bedenklichen Seiten des deutschen Bildes tadeln.
In der Bundesrepublik soll es in der Regierung zu viele diktatorische
Naturen geben, die wenig vom Geiste der liberalen Demokratie wis-
sen wollen. Es sollen noch immer zuviele schwerbelastete ehemalige
Nazis in hohen Ämtern sitzen. Es soll bei der älteren Generation des
Volkes zuviele geben, die an der Nazizeit nur bereuen, daß Hitler den
Krieg verloren hat. Oder man will diese schreckliche Vergangenheit
vollkommen vergessen haben. Der Geist des »preußischen«
Militarismus soll wieder rege sein. Im Auslande äußern wohlwollende
Stimmen Bedenken über die neue Rolle, die Westdeutschland in der
Weltpolitik jetzt spielt. Wie wird es die neue strategische Macht

pete with the finest in the world. The famous Bauhaus, which
Walter Gropius founded in 1919 and which was dissolved by
the Nazis, was re-established in Berlin in 1946. In Ulm the
Institute for Design originated, continuing the basic ideas of
the Bauhaus. Its goal is to give artistic form even to objects of
daily use.

6. BALANCE SHEET

The twelve years of Nazi rule produced incalculable disaster for
the German spirit and for German development in general. One
is tempted to speak of mortal or incurable wounds; but the
wounds were not mortal and they are, one hopes, not incurable.
What has happened in West Germany since 1945 is much more
than an "economic miracle"; it is a miracle of the human spirit.
One thinks of Hölderlin's verse:

> But where there is danger, rescue grows too.

Out of the physical and spiritual ruins which Hitler bequeathed
them, the Germans have rebuilt their cities, their churches,
their universities and opera houses. They are attempting to
shape the life of the people in the spirit of the best Christian and
Western tradition. There is no lack of problems, tensions,
dangers and temptations: problems of a highly industrialized
society; the division of a nation into two hostile camps; the psychological trauma of the Berlin Wall; the shadows [of evil com-
mitted], which the Nazi period even today casts over German
life; the temptations which grow out of the swift economic upsurge and the material prosperity.

Nor is there a lack of critics, in and outside of Germany, who
censure the dubious sides of the German picture. In the Federal
Republic there are supposedly too many dictatorial natures in
the government, who want to know little of the spirit of liberal
democracy. There are supposedly still too many deeply incriminated former Nazis sitting in high offices. Among the older generation of the people there are supposedly too many whose only
regret about the Nazi period is that Hitler lost the war. Or
people want to have this terrible past wholly forgotten. The
spirit of "Prussian" militarism is supposedly stirring again.
Benevolent voices abroad express concern about the new role
which West Germany is now playing in world politics. How will

ausnutzen, die das Schicksal ihm in die Hand gegeben hat? Man
fürchtet ein neues Rapallo.° Und schließlich sind die Tausende, die
die »Deutsche Demokratische Republik« mit den Mitteln der Lüge,
des Hasses, der Unterdrückung regieren, auch Deutsche.
    Wenn man an die »tränenreiche Geschichte Deutschlands« zurück-
denkt, so muß man zugeben, daß diese Fragen berechtigt sind, wenn
man sie auch nicht nur über Deutschland stellen könnte. Die Mängel
und Unzulänglichkeiten sind da; es fragt sich nur, in welchem Ausmaß?
Das allein kann entscheiden, ob man Grund hat, über das künftige
Deutschland pessimistisch zu sein. Der unvoreingenommene
Beobachter sieht überall den Willen, die unglückselige Vergangenheit
zu überwinden. Daß die Bundesregierung und die Länder es von sich
aus unternommen haben, die Geldverluste, die die Juden und die politisch Verfolgten der Hitlerzeit erlitten, wieder gutzumachen, ist wohl
unerhört im internationalen Leben. Dieses Programm der
Wiedergutmachung soll das deutsche Volk 40 Milliarden DM kosten.
Man darf mit gutem Gewissen behaupten, daß der deutsche Kern
gesund ist; auch die Frucht ist, trotz einiger morscher Stellen, gesund.
Es gibt in Deutschland weniger Nihilismus als in anderen demokratischen Ländern. Weder bei der älteren noch bei der jüngeren
Generation der Künstler und Denker mangelt es an Verantwortungsgefühl oder an humanitärem Geist. Man ist sich der Krise unserer
Zeit wohl bewußt, aber dieses Bewußtsein hat eher positivi als negativ
auf die Psyche des Volkes gewirkt. Wie die abendländische Kultur
überhaupt, steht auch die deutsche unter dem Einfluß verschiedener
geistiger Richtungen: des Christentums, des Marxismus, des liberalen
Humanismus, der fortschreitenden »Amerikanisierung« des Lebens.
Was für eine Synthese der deutsche Geist aus diesen Elementen
herstellen wird, kann nur die Zukunft lehren.

31. VERBORGENHEIT

Eduard Mörike

Laß, o Welt, o laß mich sein!
Locket nicht mit Liebesgaben,
Laßt dies Herz alleine haben
Seine Wonne, seine Pein!

it exploit the new strategic power which fate has put into its hand? A new Rapallo is feared. And, after all, the thousands who rule the "German Democratic Republic" with the instruments of the lie, hatred, oppression, are also Germans.

When one thinks back to "German history, rich in tears" one must admit that these questions are justified, although one might ask them not only about Germany. The defects and inadequacies are there; the question is only: in what measure? That alone can decide whether there is reason for being pessimistic about the coming Germany. The unprejudiced observer sees everywhere the will to overcome the unhappy past. The fact that the Federal Republic and the states have undertaken of their own accord to make good the financial losses suffered by the Jews and the political victims of persecution during the Nazi era is probably unheard of in international life. This program of indemnification is to cost the German people forty billion marks. One dare assert with a good conscience that the German core is healthy; the fruit too is healthy, in spite of some rotten spots. There is less nihilism in Germany than in other democratic lands. Neither among the older nor among the younger generation of artists and thinkers is there a lack of feeling of responsibility or of humanitarian spirit. They are well aware of the crisis of our age, but this awareness has had a positive rather than a negative effect on the psyche of the people. German civilization, like Western civilization in general, stands under the influence of various intellectual trends: that of Christianity, of Marxism, of liberal humanism, of the progressive "Americanization" of life. What sort of synthesis the German mind will produce from these elements the future alone can teach us.

31. SECLUSION

Eduard Mörike

Leave, o world, o leave me alone!
Do not lure [me] with the gifts of love,
let this heart have
its bliss, its anguish alone!

Was° ich traure, weiß ich nicht,
Es ist unbekanntes Wehe;
Immerdar° durch Tränen sehe
Ich der Sonne liebes Licht.

Oft bin ich mir kaum bewußt,°
Und die helle Freude zücket°
Durch die Schwere, so° mich drücket,
Wonniglich in meiner Brust.

Laß, o Welt, o laß mich sein!
Locket nicht mit Liebesgaben,
Laßt dies Herz alleine haben
Seine Wonne, seine Pein!

32. GEDANKEN III

13. Johann Wolfgang von Goethe:

Jedem Alter des Menschen antwortet eine gewisse Philosophie. Das Kind erscheint als Realist; denn es findet sich so überzeugt von dem Dasein der Birnen und Äpfel als von dem seinigen. Der Jüngling, von innern Leidenschaften bestürmt, muß auf sich selbst merken, sich vorfühlen; er wird zum Idealisten umgewandelt. Dagegen ein Skeptiker zu werden hat der Mann alle Ursache; er tut wohl zu zweifeln, ob das Mittel, das er zum Zwecke gewählt hat, auch das rechte sei. Vor dem Handeln, im Handeln hat er alle Ursache, den Verstand beweglich zu erhalten, damit er nicht nachher sich über eine falsche Wahl zu betrüben habe. Der Greis jedoch wird sich immer zum Mystizismus bekennen. Er sieht, daß so vieles vom Zufall abzuhängen scheint: das Unvernünftige gelingt, das Vernünftige schlägt fehl, Glück und Unglück stellen sich unerwartet ins Gleiche°; so ist es, so war es, und das hohe Alter beruhigt sich in dem, der da ist, der da war, und der da sein wird.

14. Johann Wolfgang von Goethe:

Das Gewebe dieser Welt ist aus Notwendigkeit und Zufall gebildet; die Vernunft des Menschen stellt sich zwischen beide, und weiß sie zu beherrschen; sie behandelt das Notwendige als den Grund ihres Daseins; das Zufällige weiß sie zu lenken, zu leiten und zu nutzen, und nur, indem sie fest und unerschütterlich steht, verdient der

Why I mourn I know not,
it is an unknown pain;
always through tears I see
the precious light of the sun.

Often I scarcely recognize myself,
and bright joy flashes
through the heaviness which oppresses me,
blissfully in my breast.

Leave, o world, o leave me alone!
Do not lure [me] with the gifts of love,
let this heart have
its bliss, its anguish alone!

32. THOUGHTS III

13. Johann Wolfgang von Goethe:

Every age of man has its own appropriate philosophy. The child
appears as a realist; for he finds himself as much convinced of
the existence of pears and apples as of his own. The youth, over-
whelmed by inner passions, must observe himself, feel his way
forward; he is transformed into an idealist. On the other hand,
the man has every reason for becoming a skeptic; he does well
to doubt whether the means he has chosen for the purpose is indeed the right one. Before acting, in acting, he has every reason
for keeping his intelligence mobile, so that he need not subse-
quently be sorry for having made a wrong choice. The old man,
however, will always espouse mysticism. He sees that so much
seems to depend on chance: the irrational is successful, the rational fails, fortune and misfortune unexpectedly coincide; so it
is, so it was, and old age finds comfort in Him who is, who was
and who will be.

14. Johann Wolfgang von Goethe:

The tissue of this world is formed of necessity and chance; man's
reason takes its position between both and knows how to control
them; it treats the necessary as the basis of its existence; it is able
to guide, lead and make use of the accidental; and only when it
stands firm and unshakable does man deserve to be called a god

Mensch ein Gott der Erde genannt zu werden. Wehe dem, der sich von Jugend auf gewöhnt, in dem Notwendigen etwas Willkürliches finden zu wollen, der dem Zufälligen eine Art von Vernunft zuschreiben möchte, welcher zu folgen sogar eine Religion sei. Heißt das etwas weiter, als seinem eigenen Verstande entsagen, und seinen Neigungen unbedingten Raum geben? Wir bilden uns ein, fromm zu sein, indem wir ohne Überlegung hinschlendern, uns durch angenehme Zufälle determinieren lassen, und endlich dem Resultate eines solchen schwankenden Lebens den Namen einer göttlichen Führung geben.

Mit diesen Gesinnungen könnte kein Mädchen ihre Tugend, niemand sein Geld im Beutel behalten; denn es gibt Anlässe genug, beides los zu werden. Ich kann mich nur über den Menschen freuen, der weiß, was ihm und andern nütze ist, und seine Willkür zu beschränken arbeitet. Jeder hat sein eigen* Glück unter den Händen, wie der Künstler eine rohe Materie, die er zu einer Gestalt umbilden will. Aber es ist mit dieser Kunst wie mit allen; nur die Fähigkeit dazu wird uns angeboren, sie will gelernt und sorgfältig ausgeübt sein.

15. Immanuel Kant:

Handle so, daß du die Menschheit sowohl in deiner Person, als in der Person eines jeden anderen, jederzeit zugleich* als Zweck, niemals bloß als Mittel brauchst.

16. Immanuel Kant:

Handle so, daß die Maxime deines Willens jederzeit zugleich als Prinzip einer allgemeinen Gesetzgebung gelten könne.*

33. GOETHE

Im Jahre 1775 verließ Goethe seine Heimatstadt Frankfurt am Main und zog nach Weimar.* Er folgte einer Einladung des jungen Herzogs Karl August* von Weimar, dem er als Gesellschafter dienen sollte. Seine Aufgabe war, den jungen Herzog von der Langweile des höfischen Lebens zu befreien. Die zwei jungen Männer wurden bald sehr eng befreundet und Goethe blieb in Weimar bis zu seinem Tode im Jahre 1832.

Wer war dieser junge Mann und was hatte er bisher geleistet? Er war das älteste Kind wohlhabender Eltern aus bürgerlichem Stande.

of the earth. Woe to him who becomes accustomed, from his youth, to want to find something arbitrary in the necessary, who would like to ascribe a kind of reason to the accidental, to follow which might even be a religion. Does this mean anything more than to renounce one's own understanding and to give absolute room to one's inclinations? We imagine we are religious when we stroll along unreflectively, allow ourselves to be determined by pleasant accidents, and finally give the name of divine guidance to the result of such an unstable life.

With these attitudes no girl could preserve her virtue, and no one keep his money in his purse; for there are enough occasions for getting rid of both. I can only be happy about the man who knows what is useful to himself and others and works to limit his capriciousness. Everyone has his own fortune in his hands, as the artist has the raw material which he intends to transmute into some form. But it is the same with this art as with any other: only the aptitude for it is innate, it must be learned and carefully practiced.

15. Immanuel Kant:

Act in such a way that you will always use humanity, both in your own person and in the person of everyone else, as an end, never as a mere means.

16. Immanuel Kant:

Act in such a way that the maxim of your will may at all times also have validity as the principle of a universal law.

33. GOETHE

In the year 1775 Goethe left his native city of Frankfort on the Main and went to Weimar. He accepted an invitation of the young Duke Karl August of Weimar, whom he was to serve as a companion. It was his task to free the young duke from the boredom of court life. The two young men soon became close friends and Goethe remained in Weimar until his death in 1832.

Who was this young man and what had he accomplished until this time? He was the oldest child of well-to-do parents of the

Er wurde im Elternhaus unter der Aufsicht des strengen Vaters erzogen, im Geiste der Aufklärung,° die zu dieser Zeit in Europa
herrschte. Schon im Alter von acht Jahren fing er an zu dichten. Er
schrieb deutsche, französische und englische Gedichte, übersetzte
aus dem Lateinischen, Griechischen, Hebräischen. Er machte
chemische (d.h. alchimistische) Versuche, vertiefte sich in die Bibel
und zeigte ein reges Interesse an allem, was um ihn her geschah.

Mit sechzehn Jahren ging er nach Leipzig,° wo er auf der
berühmten Universität die Rechte studierte. Aber nur angeblich;
denn er verwendete seine Zeit auf Kunst und Literatur. Von Leipzig
ging er nach Straßburg,° wo er sich unter Herders Einfluß zu geistiger
Selbständigkeit entwickelte. Er lernte gotische Baukunst, das
deutsche Volkslied und Shakespeares Kunst schätzen und verwarf den
französischen Klassizismus,° aus dessen Geist er bisher geschaffen
hatte.

Nach Abschluß der juristischen Studien lebte er in Darmstadt,°
Wetzlar und Frankfurt, angeblich als Advokat, aber eigentlich
beschäftigte er sich fast ausschließlich mit Dichten. Viele seiner
schönsten lyrischen Gedichte wurden zu dieser Zeit geschaffen, wie
auch sein Drama »Götz von Berlichingen«, sein Roman «Die Leiden
des jungen Werther«, der ihn in ganz Deutschland bekannt machte,
und die erste (unveröffentlichte) Fassung des »Faust«. Und er wurde
in Liebesbeziehungen verwickelt, die ihn tief erschütterten und sich
in seinen Dichtungen abspiegeln.

Das war also der Gesellschafter des jungen Herzogs. Die ersten
Monate wurden von den zwei jungen Freunden auf eine Art ver-
bracht, die bei den Hofleuten und Beamten nur Kopfschütteln her-
vorrief. Aber nach und nach fing der junge Dichter an, das Leben
ernst zu nehmen. Er nahm an der Regierung des Herzogtums teil. Er
erhielt einen Sitz im geheimen Rat; er wurde Kriegs- und Finanz-
minister; er leitete die wichtigsten Zweige der Verwaltung. Jahrelang
war er der Leiter des Hoftheaters, inszenierte persönlich viele der
Schauspiele, die auf dieser Bühne gegeben wurden.

Außerdem fand Goethe noch Zeit, sich mit allerlei wissenschaft-
lichen Forschungen zu beschäftigen. Er forschte auf dem Gebiete der
Physik, der Geologie, der Botanik, der vergleichenden Anatomie, der
Metereologie, der Entomologie, und verfaßte Abhandlungen über das
Ergebnis dieser Forschungen. Seine Entdeckungen haben ihm einen
bescheidenen Platz in der Geschichte der Biologie verschafft und die
Geologen haben ein Mineral nach ihm benannt. Er sammelte viele
Arten von Kunstgegenständen und malte und zeichnete selbst.

middle class. He was educated under the supervision of his stern father, in the spirit of the Enlightenment, which reigned in Europe at the time. From the age of eight he began to write. He wrote German, French and English poems, translated from the Latin, Greek and Hebrew. He did chemical (that is, alchemistic) experiments, steeped himself in the Bible and showed a lively interest in everything that happened about him.

At the age of sixteen he went to Leipzig, where he studied law at the famous university. But only ostensibly; for he spent his time on art and literature. From Leipzig he went to Strasbourg, where, under Herder's influence, he developed intellectual independence. He learned to appreciate Gothic architecture, the German folksong and Shakespeare's art and rejected French classicism, in whose spirit he had created until then.

After the conclusion of his legal studies he lived in Darmstadt, Wetzlar and Frankfort, ostensibly as a lawyer, but actually he occupied himself exclusively with writing. Many of his most beautiful lyrical poems were written at this time, as well as his drama *Götz von Berlichingen,* his novel *The Sorrows of Young Werther,* which made him known in the whole of Germany, and the first (unpublished) version of *Faust.* And he became entangled in love affairs which stirred him to the depths and are reflected in his writings.

This then was the young duke's companion. The first months were spent by the two young friends in a fashion that evoked nothing but head-shaking among the courtiers and [government] officials. But gradually the young writer began to take life seriously. He participated in the government of the Duchy. He was given a seat on the Privy Council; he became minister of war and finance; he directed the most important branches of the administration. For years he was the director of the Court theater and personally produced many of the plays that were presented on this stage.

Besides this Goethe found time to busy himself with all sorts of scientific research. He made investigations in the fields of physics, geology, botany, comparative anatomy, meteorology and entomology and composed treatises on the results of these investigations. His discoveries have procured him a modest place in the history of biology, and mineralogists have named a mineral after him. He collected many types of art objects and painted and sketched himself. During his first Italian journey

Während seiner ersten italienischen Reise (1786–1788) malte er über tausend Landschaften. Zusammen mit Schiller wirkte er als Herausgeber mehrerer literarischer Zeitschriften. Und nebenbei führte er eine enorme Korrespondenz mit Staatsmännern, Gelehrten und Künstlern aus verschiedenen Ländern. Er war auf den verschiedensten geistigen Gebieten ungemein belesen und hatte an allem Geschehen ein reges Interesse.

Ja, und er war auch ein Dichter. Er schrieb lyrische Gedichte, Dramen, Epen, Romane, Reiseschilderungen, eine berühmte Autobiographie, Hunderte von Abhandlungen über Themen der Kunst und Wissenschaft. Die Weimarer Ausgabe seiner Schriften und Briefe umfaßt 143 Bände.

Der Freiherr von Biedermann hat eine kleine »Chronik von Goethes Leben« zusammengestellt, die als »Inselbuch«° erschienen ist. Diese trockene, sachliche Aufzählung der äußeren Begebenheiten von Goethes Leben, zusammen mit einem Verzeichnis seiner Schriften, umfaßt 82 Seiten des Bändchens!

In Jahre 1949 feierte die ganze Welt Goethes zweihundertsten Geburtstag. Jeder, der sich für einen Goethekenner oder -liebhaber hielt, schrieb etwas über ihn oder hielt einen Vortrag zu seiner Ehre. Die UNESCO veröffentlichte eine Sammlung von Aufsätzen über den Dichter. In Aspen, Colorado, wurde eine prachtvolle Feier veranstaltet, an der viele berühmte Männer teilnahmen. Der große Deutsche Albert Schweitzer kam nach Aspen aus Afrika, um einen Vortrag über Goethe zu halten. Dieses einzigartige Jubiläum bewies, wie sehr lebendig Goethe noch heute ist.

Als Einführung in Goethes Dichtung könnte man folgende Werke empfehlen: eine Auswahl aus der Lyrik; die Romane »Die Leiden des jungen Werther«, »Wilhelm Meister«, »Die Wahlverwandtschaften«; die Dramen »Götz von Berlichingen«, »Egmont«, »Iphigenie«, »Tasso«, »Faust«; das Epos »Hermann und Dorothea«; die »Italienische Reise« und die Selbstbiographie, »Dichtung und Wahrheit«.

34. WENN DER WINTER KOMMT

Peter Rosegger

Das Landvolk weiß von keinem Schlafengehen der Natur. Im Winter wird's auf dem Lande erst recht° lebendig. Die Natur ist nie so übermütig wie im Winter, wenn sie, anstatt in Halmen aufwärts zu

(1786–1788) he painted more than a thousand landscapes. Together with Schiller he was active as the editor of several literary journals. And on the side he carried on an enormous correspondence with statesmen, scholars and artists from various countries. He was uncommonly well-read in the most diverse intellectual fields and had a lively interest in everything that happened.

Yes, and he was a writer too. He wrote lyrical poems, dramas, epics, novels, travel books, a famous autobiography, hundreds of essays on themes from art and science. The Weimar edition of his writings and letters comprises 143 volumes.

Baron von Biedermann has compiled a little *Chronicle of Goethe's Life,* which appeared as an "Insel Book." This dry, factual enumeration of the external events in Goethe's life, together with a list of his writings, comprises eighty-two pages of the little volume!

In the year 1949 the whole world celebrated Goethe's two-hundredth birthday. Everyone who considered himself a Goethe connoisseur or amateur Goethe scholar wrote something about him or gave an address in his honor. UNESCO published a collection of essays on the poet. In Aspen, Colorado, a splendid festival was arranged in which many famous men participated. The great German Albert Schweitzer came to Aspen from Africa to give a lecture on Goethe. This unique anniversary demonstrated how very much alive Goethe still is today.

One might recommend the following works as an introduction to Goethe's writings: a selection of poems; the novels *The Sorrows of Young Werther, Wilhelm Meister, Elective Affinities;* the dramas *Götz von Berlichingen, Egmont, Iphigenia, Tasso, Faust;* the epic *Hermann and Dorothea; The Italian Journey;* and the autobiography, *Fiction and Truth.*

34. WHEN WINTER COMES

Peter Rosegger

The country folk know nothing about nature's going to sleep. In the winter things really become alive in the country. Nature is never so high-spirited as in winter when, instead of growing

wachsen, in langen, dicken Eiszapfen niederwärts wächst. Sie ist nie
so ungestüm wie im Winter, wenn der Wind in den trotzigen Bäumen
tost. Sie ist nie so blendend hell wie im Winter, wenn die Schneefelder funkeln wie ungeheure Silberschilder, wenn die Feuchtigkeit
der Luft uns umgaukelt in wunderbaren Schneeflockengebilden, die
an Schönheit keiner Frühlingsblume nachstehen. Und die Landleute?
Nie sind sie so frisch wie im Winter. Nie arbeiten sie munterer als
unter dem Scheunendach oder im Walde unter schneebelasteten
Bäumen, wenn der Frost an den Wangen prickelt. Nie ruhen sie so
gottesfriedlich wie unter der Wolldecke, wenn draußen der Uhu
kreischt und der Schneestaub um die Dachgiebel tanzt. Ich glaube
sogar: Die Menschen sind nie so gut wie im Winter, wenn nebeltrübe
Tage und lange Nächte sie veranlassen, in sich selbst einzukehren.
Und nichts bittet so eindringlich für die Armen wie das Gestöber, das
an den Toren der Wohlhabenden rüttelt, wie der Frost, der geheim-
nisvolle Zeichen meißelt aufs Fensterglas.

35. MARTIN LUTHER

Walter Bauer

Das sechzehnte Jahrhundert in England ist mit den Namen
Shakespeare und Marlowe verbunden. Spaniens große Namen im
gleichen Jahrhundert heißen Calderon, Cervantes, Lope de Vega.
Italien besitzt Tasso und Ariost, Frankreich hat Rabelais und
Montaigne. In Deutschland explodieren die geistigen Kräfte in
Luther. Die Hammerschläge, mit denen er am 31. Oktober 1517
seine fünfundneunzig Thesen an die Tür der Schloßkirche in
Wittenberg annagelte, bedeuteten nicht nur den Beginn einer re-
ligiösen Auseinandersetzung, sondern den Anfang einer geistigen
Revolution. Diese Revolution wurde durch Kopernikus unterstützt,
der das alte Weltgebäude zerstörte. Als Luther kam, war die Zeit reif.
   Der Sohn eines Bergmanns in Eisleben, im November 1483 geboren, wurde er nach harter Jugend und Schulzeit Mönch im Orden
der Augustiner und suchte verzweifelt und ohne Lösung, wie er seine
Seele retten könnte. Aus dem Mönch wurde ein Pfarrer und Lehrer
der Philosophie an der Universität Wittenberg. Auf einer Reise nach
Italien, 1510, sah er in Rom den Verfall der Kirche zu korruptem
Materialismus. (Der Prediger aus dem Norden hatte kein Auge für
die Größe und Schönheit der italienischen Kunst.) Dem Streit° um

upward in blades, she grows downward in long, thick icicles. She is never so impetuous as in winter, when the wind rages in the defiant trees. She is never so dazzling bright as in winter, when the snowfields glitter like enormous silver shields, when the moisture in the air surrounds us in wonderful snowflake constructions, which are second in beauty to no spring flower. And the country folk? Never are they as brisk as in winter. Never do they work more cheerfully than under the barn roof or in the forest under snow-laden trees, when the frost tingles on their cheeks. They never rest in such divine peace as under their woolen blankets, when the owl hoots outside and the drifting snow dances about the gables of the roof. I actually believe: people are never as good as in winter, when dull foggy days and long nights induce them to turn in on themselves. And nothing begs so urgently for the poor as the blizzard which rattles at the gates of the prosperous, as the frost which chisels mysterious signs on the window-glass.

35. MARTIN LUTHER

Walter Bauer

The 16th century in England is linked with the names of Shakespeare and Marlowe. Spain's great names in the same century are Calderon, Cervantes, Lope de Vega. Italy possesses Tasso and Ariosto, France has Rabelais and Montaigne. In Germany the spiritual forces explode in Luther. The hammer blows with which he nailed his ninety-five theses on the door of the Castle Church in Wittenberg on October 31, 1517, signified not only the beginning of a religious controversy, but the beginning of a spiritual revolution. This revolution was supported by Copernicus, who destroyed the old world structure. When Luther came, the time was ripe.

The son of a miner in Eisleben, born in November, 1483, he became a monk in the Order of the Augustinians after a hard youth and schooling and sought desperately and without solution for ways to save his soul. The monk became a pastor and teacher of philosophy at the University of Wittenberg. On a journey to Italy in 1510 he saw in Rome the decline of the church into corrupt materialism. (The preacher from the North had no eye for the greatness and beauty of Italian art.) The quarrel about indul-

den Ablaß, durch den der Gläubige° Vergebung seiner Sünden
erkaufen konnte, folgten Steitgespräche mit Vertretern der Kirche,
deren Hall durch Deutschland klang, und der Anschlag der Thesen.
Eine päpstliche Bulle verdammte 1520 Luthers kritische
Anschauungen und forderte ihn auf, innerhalb von sechzig Tagen
zu widerrufen, oder er würde exkommuniziert. Luther verbrannte
öffentlich die Bulle. Damit begann seine Trennung von der Mutter-
kirche, von nun an handelte er vor den Augen des Volkes und wurde
zum Führer einer religiösen Bewegung, der noch nicht wußte, wohin
ihn die mächtige Woge tragen würde. Auf dem Reichstag in Worms,°
1521, den Karl V einberufen hatte, weigerte er sich, zu widerrufen—
»Hier stehe ich, ich kann nicht anders.« Auf dem Rückweg nach
Wittenberg wurde er von Beauftragten des Kurfürsten° von Sachsen,
der sein Freund und Gönner war, auf die Wartburg in Thüringen ent-
führt. Hier, in der Stille der Wälder, lebte er fast ein Jahr, und auf der
Wartburg übersetzte er das Neue Testament aus dem Griechischen in
das Deutsche. Damit—und mit der späteren Übersetzung des Alten
Testamentes—gab er seinem Volk die deutsche Bibel und übte einen
entscheidenden Einfluß auf die Gestaltung und Entwicklung der
neuhochdeutschen Schriftsprache aus. Er schuf die Grundlagen für
eine allgemeine Sprache der deutschen Literatur und für die sprach-
liche Einheit der Deutschen. Er selber war aus dem Volke gekommen
und wußte, wie der Herzschlag des Volkes sich in der Sprache aus-
drückt. Er war ein großer Schriftsteller, fähig der Wucht und des
Zornes wie der Zartheit und Demut. Seine Lieder—darunter »Ein'
feste Burg ist unser Gott« und »Vom Himmel hoch da komm' ich
her«—bedeuten den Anfang des protestantischen Kirchenliedes.

Von der Wartburg ging er nach Wittenberg zurück, und Wittenberg
und Luther wurden Zentrum und Kraftquelle der Reformation, die
Europa zerbrach. Seine Flugschriften, geschrieben in kräftiger, lei-
denschaftlicher Prosa, waren von ungeheurer Wirkung. Im Bauernkrieg von 1525 nahm er eine zwiespältige Haltung ein und hielt zu
den Mächten der alten Ordnung. Im gleichen Jahr heiratete er
Katharina von Bora, eine adlige Nonne, und gründete damit das evan-
gelische Pfarrhaus. Auf dem Reichstag von Speyer tolerierte der
Kaiser die Grundsätze der Reformation. Als er seine Anerkennung
der neuen Lehre zurückzog, protestierten Luthers Anhänger, und das
Wort »Protestant« war geboren. Die Reformation breitete sich wie
eine Flut aus, und Luther mußte sich mit Zwingli° und Calvin, den
Gründern der evangelischen Kirchen in der Schweiz und Frankreich,
auseinandersetzen.

gences, through which the faithful could buy forgiveness for their sins, was followed by polemical conversations with representatives of the Church, the echo of which reverberated through Germany, and the nailing up of the theses. A papal bull condemned Luther's critical views in 1520 and ordered him to recant within sixty days or he would be excommunicated. Luther publicly burned the bull. Therewith began his separation from the Mother Church; from now on he acted before the eyes of the people and became the leader of a religious movement who did not yet know where the mighty wave would carry him. At the Diet of Worms in 1521, which Charles V had convoked, he refused to recant—"Here I stand, I cannot [act] otherwise." On the way back to Wittenberg he was abducted to the Wartburg in Thuringia by emissaries of the Elector of Saxony, who was his friend and patron. Here, in the stillness of the forests, he lived for nearly a year, and in the Wartburg he translated the New Testament from Greek into German. Thereby—and with his later translation of the Old Testament—he gave his people the German Bible and exercised a decisive influence on the shaping and development of the New High German literary language. He created the basis for a universal language for German literature and for the linguistic unity of the Germans. He himself had come from the people and knew how the heartbeat of the people expresses itself in the language. He was a great man of letters, capable of force and anger as well as of tenderness and humility. His songs—among them "A mighty fortress is our God" and "From Heaven on high I come hither"—signify the beginning of the Protestant hymn.

From the Wartburg he went back to Wittenberg, and Wittenberg and Luther became the center and the source of energy for the Reformation, which shattered Europe. His pamphlets, written in vigorous, passionate prose, were enormously effective. In the Peasant War of 1525 he took an ambiguous position and supported the powers of the old order. In the same year he married Katherine Von Bora, an aristocratic nun, and thereby founded the Protestant parsonage. At the Diet of Speyer the Emperor tolerated the principles of the Reformation. When he withdrew his recognition of the new teaching, Luther's adherents protested, and the word "Protestant" was born. The Reformation spread like a flood, and Luther had to carry on a controversy with Zwingli and Calvin, the founders of Protestant churches in Switzerland and France.

1546, dreiundsechzig Jahre alt, fuhr Luther von Wittenberg nach Eisleben, um einen Streit zu schlichten. Unterwegs wurde er krank, am 18. Februar starb er und wurde in der Schloßkirche von Wittenberg beigesetzt. Als er auf dem Sterbebett lag, fragte ihn jemand, ob er bei dem Glauben bleiben wollte, den er gelehrt hatte; er sagte mit leiser Stimme: »Ja.«

36. SCHLIESSE MIR DIE AUGEN BEIDE

Theodor Storm

Schließe mir die Augen beide
Mit den lieben Händen zu!
Geht doch alles, was ich leide,
Unter deiner Hand zur Ruh.

Und wie leise sich der Schmerz
Well' um Welle schlafen leget,
Wie der letzte Schlag sich reget,
Füllest du mein ganzes Herz.

37. WORAUF MAN IN EUROPA STOLZ IST

Kurt Tucholsky

Dieser Erdteil ist stolz auf sich, und er kann auch stolz auf sich sein. Man ist stolz in Europa:
  Deutscher zu sein.
  Franzose zu sein.
  Kein Deutscher zu sein.
  Kein Franzose zu sein.
  Kein Engländer zu sein.
  An der Spitze der 3. Kompanie zu stehn.
  Eine deutsche Mutter zu sein. Am deutschen Rhein° zu stehn. Und überhaupt.°
  Ein Autogramm von Otto Gebühr° zu besitzen.
  Eine Fahne zu haben. Ein Kriegsschiff zu sein. (»Das stolze Kriegsschiff . . .«)
  Im Kriege Proviantamtsverwaltersstellvertreter gewesen zu sein.

In 1546, at the age of sixty-three, Luther went from Witten-berg to Eisleben, to mediate a quarrel. On the way he fell sick, on February 18 he died and was buried in the Castle Church of Wittenberg. As he lay on his deathbed someone asked him whether he intended to keep to the faith which he had taught; in a soft voice he said, "Yes."

36. CLOSE BOTH MY EYES

Theodor Storm

Close both my eyes
with your beloved hands!
For everything I suffer
comes to rest under your hand.

And as the pain,
wave upon wave, gently lies down to sleep,
as the last heartbeat stirs,
you fill my whole heart.

37. WHAT WE ARE PROUD OF IN EUROPE

Kurt Tucholsky

This continent is proud of itself, and it may well be proud of it-self. We are proud in Europe:
Of being a German.
Of being a Frenchman.
Of not being a German.
Of not being a Frenchman.
Of not being an Englishman.
Of being at the head of the Third Company.
Of being a German mother. Of standing at the German Rhine. And in general.
Of possessing an autograph of Otto Gebühr.
Of having a flag. Of being a battleship. ("The proud battle-ship . . .")
Of having been Deputy Quartermaster in the War.

Bürgermeister von Eistadt a.d. Dotter zu sein.

In der französischen Akademie zu sitzen. (Schwer vorstellbar.) In der preußischen Akademie für Dichtkunst zu sitzen. (Unvorstellbar.)

Als deutscher Sozialdemokrat Schlimmeres verhütet zu haben.*

Aus Bern zu stammen. Aus Basel zu stammen. Aus Zürich zu stammen. (Und so für alle Kantone der Schweiz.)

Gegen Big Tilden* verloren zu haben.

Deutscher zu sein. Das hatten wir schon.

Ein jüdischer Mann sagte einmal:»Ich bin stolz darauf, Jude zu sein. Wenn ich nicht stolz bin, bin ich auch Jude—da bin ich schon lieber gleich stolz!«

38. DIE SCHLESISCHEN WEBER

Heinrich Heine

Im düstern Auge keine Träne,
Sie sitzen am Webstuhl und fletschen die Zähne:
Deutschland, wir weben dein Leichentuch,
Wir weben hinein den dreifachen Fluch—
    Wir weben, wir weben!

Ein Fluch dem Gotte, zu dem wir gebeten*
In Winterskälte und Hungersnöten;
Wir haben vergebens gehofft und geharrt,*
Er hat uns geäfft und gefoppt und genarrt—
    Wir weben, wir weben!

Ein Fluch dem König, dem König der Reichen,
Den unser Elend nicht konnte erweichen,
Der den letzten Groschen* von uns erpreßt
Und uns wie Hunde erschießen läßt—
    Wir weben, wir weben!

Ein Fluch dem falschen Vaterlande,
Wo nur gedeihen Schmach und Schande,
Wo jede Blume früh geknickt,
Wo Fäulnis und Moder den Wurm erquickt—
    Wir weben, wir weben!

Of being Mayor of Egg City on the Yolk.

Of having a seat in the French Academy. (Hard to conceive.) Of having a seat in the Prussian Academy of Literature. (Inconceivable.)

As a German Social Democrat, of having prevented worse things from happening.

Of coming from Bern. Of coming from Basel. Of coming from Zurich. (And so on for all the cantons of Switzerland.)

Of having lost to Big Tilden.

Of being a German. But we've had that one already.

A Jewish man once said: "I'm proud of being a Jew. If I'm not proud of it, I'm still a Jew—so I may as well be proud of it."

38. THE SILESIAN WEAVERS

Heinrich Heine

Not a tear in their dim eyes,
they sit at the loom and gnash their teeth.
Germany, we are weaving your shroud,
we weave into it the triple curse—
    we weave, we weave!

A curse for the God, to whom we prayed
in the cold of winter and in the distress of hunger:
we have in vain hoped and waited,
He has aped, mocked and fooled us—
    we weave, we weave!

A curse for the King, the king of the rich,
whom our misery could not soften,
who squeezes the last dime out of us
and has us shot down like dogs—
    we weave, we weave!

A curse for the false fatherland,
where only shame and disgrace thrive,
where every flower is nipped in the bud,
where rottenness and mold nourish the worm—
    we weave, we weave!

Das Schiffchen fliegt, der Webstuhl kracht,
Wir weben emsig Tag und Nacht—
Altdeutschland, wir weben dein Leichentuch,
Wir weben hinein den dreifachen Fluch,
Wir weben, wir weben!

39. KANNITVERSTAN

Johann Peter Hebel

Der Mensch hat wohl täglich Gelegenheit, in Emmendingen° oder
Gundelfingen so gut als° in Amsterdam, Betrachtungen über den
Unbestand aller irdischen Dinge anzustellen, wenn er will, und
zufrieden zu werden mit seinem Schicksal, wenn auch nicht viel ge-
bratene Tauben° für ihn in der Luft herumfliegen. Aber auf dem selt-
samsten Umweg kam ein deutscher Handwerksbursche in
Amsterdam durch den Irrtum zur Wahrheit und ihrer Erkenntnis.
Denn als er in diese große und reiche Handelsstadt voll prächtiger
Häuser, wogender Schiffe und geschäftiger Menschen gekommen
war, fiel ihm sogleich ein großes und schönes Haus in die Augen,° wie
er° auf seiner ganzen Wanderschaft von Tuttlingen bis nach
Amsterdam noch keines erlebt hatte. Lange betrachtete er mit
Verwunderung dies kostbare Gebäude, die sechs Kamine auf dem
Dach, die schönen Gesimse und die hohen Fenster, größer als lan des
Vaters Haus daheim die Tür. Endlich konnte er sich nicht entbrechen,
einen Vorübergehenden anzureden. »Guter Freund«, redete er ihn
an, »könnt Ihr° mir nicht sagen, wie der Herr heißt, dem dieses wun-
derschöne Haus gehört mit den Fenstern voll Tulipanen,°
Sternenblumen und Levkoien?«—Der Mann aber, der vermutlich
etwas Wichtigeres zu tun hatte und zum Unglück gerade so viel von
der deutschen Sprache verstand, als der Fragende von der holländischen, nämlich nichts, sagte kurz und schnauzig: »Kannitverstan«,
und schnurrte vorüber. Dies war nun ein holländisches Wort, oder
drei, wenn man's recht betrachtet, und heißt auf deutsch soviel als:
»Ich kann Euch nicht verstehn.« Aber der gute Fremdling glaubte, es
sei der Name des Mannes, nach dem er gefragt hatte. Das muß ein
grundreicher Mann sein, der Herr Kannitverstan, dachte er und ging
weiter. Gaß'° aus Gaß' ein kam er endlich an den Meerbusen, der da
heißt: Het Ey oder auf deutsch: das Ypsilon. Da stand nun Schiff an
Schiff und Mastbaum an Mastbaum, und er wußte anfänglich nicht,

The shuttle flies, the loom groans,
we weave busily day and night—
Old Germany, we are weaving your shroud,
we weave into it the triple curse,
we weave, we weave!

39. KANNITVERSTAN

Johann Peter Hebel

Man indeed has the opportunity every day, in Emmendingen or
Gundelfingen as well as in Amsterdam, to speculate, if he wants
to, on the inconstancy of all earthly things and to become satisfied with his fate, even though there aren't many roast pigeons
flying about in the air for him. But, through an error, a German
artisan in Amsterdam arrived at the truth and its recognition by
the strangest roundabout way. For when he had come to this
great and rich commercial city full of splendid houses, swaying
ships and busy people, his eye was at once caught by a large and
handsome house, such as he had never yet experienced on all his
wanderings from Tuttlingen to Amsterdam. For a long time he
contemplated this luxurious building in astonishment, the six
chimneys on its roof, its beautiful cornices and its tall windows,
larger than the door of his father's house at home. Finally he
could not refrain from addressing a passer-by. "My good friend,"
he said to him, "couldn't you tell me the name of the gentleman
who owns this wonderfully beautiful house with its windows full
of tulips, daisies and stocks?" But the man, who presumably had
something more important to do and unfortunately understood
just as much of the German language as the questioner of
Dutch, that is to say nothing, said shortly and brusquely,
"Kannitverstan" and buzzed past. Now this was a Dutch word,
or three if you want to be exact, and means in German as much
as "I can't understand you." But the good stranger believed that
this was the name of the man he had asked about. He must have
been an awfully rich man, this Herr Kannitverstan, he thought
and went on. Out one street, in another, he finally came to the
bay they call there Het Ey, or in German, the Y. There stood
ship beside ship and mast beside mast, and at first he didn't
know how he would manage to see and contemplate his fill of all

wie er es mit seinen zwei einzigen Augen durchfechten* werde, alle diese Merkwürdigkeiten genug zu sehen und zu betrachten, bis endlich ein großes Schiff seine Aufmerksamkeit an sich zog, das vor kurzem aus Ostindien angelangt war und jetzt eben ausgeladen wurde. Schon standen ganze Reihen von Kisten und Ballen auf- und nebeneinander am Lande. Noch immer wurden mehrere* herausgewältzt, und Fässer voll Zucker und Kaffee, voll Reis und Pfeffer und salveni* Mausdreck darunter. Als er aber lange zugesehen hatte, fragte er endlich einen, der eben eine Kiste auf der Achsel heraustrug, wie der glückliche Mann heiße, dem das Meer all diese Waren an das Land bringe. »Kannitverstan«, war die Antwort. Da dachte er: Haha, schaut's da heraus? Kein Wunder, wem das Meer solche Reichtümer an das Land schwemmt, der hat gut solche Häuser in die Welt stellen, und solcherlei Tulipanen vor die Fenster in vergoldeten Scherben. Jetzt ging er wieder zurück und stellte eine recht traurige Betrachtung bei sich selbst an, was er für* ein armer Mensch sei unter so vielen reichen Leuten in der Welt. Aber als er eben dachte: wenn ich's doch nur auch einmal so gut bekäme, wie dieser Herr Kannitverstan es hat, kam er um eine Ecke und erblickte einen großen Leichenzug. Vier schwarzvermummte Pferde zogen einen ebenfalls schwarz überzogenen Leichenwagen langsam und traurig, als ob sie wüßten, daß sie einen Toten in seine Ruhe führten. Ein langer Zug von Freunden und Bekannten des Verstorbenen folgte nach, Paar um Paar, verhüllt in schwarze Mäntel und stumm. In der Ferne läutete ein einsames Glöcklein.* Jetzt ergriff unsern Fremdling ein wehmütiges Gefühl, das an keinem guten Menschen vorübergeht, wenn er eine Leiche sieht, und er blieb mit dem Hut in den Händen andächtig stehen, bis alles vorüber war. Doch machte er sich an den Letzten vom Zug, der eben in der Stille ausrechnete, was er an seiner Baumwolle gewinnen könnte, wenn der Zentner um 10 Gulden* aufschlüge, ergriff ihn sachte am Mantel und bat ihn treuherzig um Exküse. »Das muß wohl auch ein guter Freund von Euch gewesen sein«, sagte er, »dem das Glöcklein läutet, daß Ihr so betrübt und nachdenklich mitgeht.«—»Kannitverstan!« war die Antwort. Da fielen unserm guten Tuttlinger ein paar große Tränen aus den Augen, und es ward ihm auf einmal so schwer und wieder leicht ums Herz. »Armer Kannitverstan«, rief er aus, »was hast du nun von allem deinem Reichtum? Was ich einst von meiner Armut auch bekomme: ein Totenkleid und ein Leintuch, und von allen deinen schönen Blumen vielleicht einen Rosmarin auf die kalte Brust oder eine Raute.« Mit diesen Gedanken begleitete er die Leiche, als wenn er

these marvels with his two eyes alone, until finally his attention was caught by a large ship which had recently arrived from East India and was now being unloaded. Whole rows of boxes and bales were already standing on and beside one another on land. But more kept being rolled out, and barrels full of sugar and coffee, full of rice and pepper and, pardon the expression, mouse droppings too. But when he had looked for a long time, he finally asked a fellow who was just carrying a chest on his shoulder for the name of the lucky man for whom the sea was bringing all these goods to shore. "Kannitverstan" was the reply. At this he thought, Aha, is that it? No wonder, a man for whom the sea floats such treasures ashore can well afford to put such houses into the world and such breeds of tulips in front of his windows in gilded flower pots. Now he went back again and began a really sad speculation in his mind, what a poor man he was among so many rich people in the world. But just as he was thinking, If I had it as good as this Herr Kannitverstan, only once——he turned a corner and saw a long funeral procession. Four horses, draped in black, were drawing a hearse, which was likewise draped in black, slowly and mournfully, as if they knew that they were taking a dead man to his rest. A long train of friends and acquaintances of the deceased followed, pair by pair, enveloped in black coats and silent. In the distance a lonely bell was tolling. Now our stranger was seized by a melancholy feeling, which never passes a good man by when he sees a corpse, and he stood there devoutly with his hat in his hands until they had all passed by. However he went up to the last man in the procession, who was just then calculating silently how much he would profit from his cotton if it went up ten guldens a hundredweight, gently took hold of his cloak and innocently begged his pardon. "That must have been a good friend of yours," he said, "for whom the bell is tolling, that you are following the procession so sadly and pensively." "Kannitverstan!" was the reply. At this a few big tears fell from the eyes of our man from Tuttlingen, and he suddenly felt heavy and then again light about his heart. "Poor Kannitverstan," he exclaimed, "what profit do you get from all your wealth now? What I will get from my poverty some day too: a shroud and a sheet, and from all your beautiful flowers—perhaps a sprig of rosemary on your cold chest or a rue." With these thoughts he accompanied the corpse to the grave as if he belonged to the party, saw the sup-

dazugehörte, bis ans Grab, sah den vermeinten Herrn Kannitverstan hinabsenken in seine Ruhestätte und ward° von der holländischen Leichenpredigt, von der er kein Wort verstand, mehr gerührt als von mancher deutschen, auf die er nicht achtgab. Endlich ging er leichten Herzens mit den anderen wieder fort, verzehrte in einer Herberge, wo man Deutsch verstand, mit gutem Appetit ein Stück Limburger Käse, und wenn es ihm wieder einmal schwer fallen° wollte, daß so viele Leute in der Welt so reich seien und er so arm, so dachte er nur an den Herrn Kannitverstan in Amsterdam, an sein großes Haus, an sein reiches Schiff und an sein enges Grab.

40. DEUTSCHE PHILOSOPHIE

Heine bemerkt einmal in der »Harzreise«: »Es hat doch gewiß seine Bedeutung, da die Deutschen die merkwürdige Gewohnheit haben, daß sie bei allem, was sie tun, sich auch etwas denken.« Und Goethe sagt von Serlo im »Wilhelm Meister«: »Er war ein Deutscher, und diese Nation gibt sich gern Rechenschaft von dem, was sie tut.« Man hat die Deutschen oft »das Volk der Dichter und Denker« genannt. Tatsächlich: wo sonst findet man eine Gesellschaft von großen Namen wie: Leibniz, Kant, Fichte, Schelling, Schopenhauer, Hegel, Nietzsche, Freud, Heidegger, die so tief und dauernd auf das abendländische Denken gewirkt haben?

Nietzsche behauptet, Philosophieren sei Sache des persönlichen Temperaments. Und Wilhelm Dilthey° hat in gleichem Sinne drei Typen von Weltanschauung unterschieden, die sich aus der geistigen Situation einer Kultur oder einer bestimmten Epoche entwickeln und durch den Zeitgeist bedingt sind. Wenn man an das »deutsche Wesen« denkt, so begreift man, warum deutsche Philosophie überwiegend idealistisch ist. (Das Wort »Idealismus« ist hier im philosophischen Sinne gebraucht; es bezeichnet eine besondere Stellung zum Problem vom Verhältnis zwischen dem Menschen (dem Subjekt) und der ihn umgebenden Welt (dem Objekt).) Der Idealismus verwirft die naive Auffassung des gesunden Menschenverstandes, daß die objektive Welt unabhängig vom menschlichen Denken ist. Er behauptet dagegen, daß die Welt der Erscheinungen° nur durch die Tätigkeit des menschlichen Geistes zustande kommt. Über den Charakter und den Grad dieser Zusammenarbeit zwischen Natur und Geist gehen die Meinungen der Idealisten auseinander. Aber darüber sind sie sich einig: »die Welt ist meine Vorstellung«,° d.h. die Natur erhält wichtige Elemente ihrer Erscheinungsformen vom menschlichen Geiste.

posed Herr Kannitverstan lowered to his rest and was more moved by the Dutch funeral oration, of which he did not understand a word, than by many a German one to which he paid no attention. Finally he went away with the others with a light heart and ate a piece of Limburger cheese with a good appetite at an inn where they understood German, and whenever he was again threatened by [the sad thought that] so many people in the world were so rich and he so poor, he merely thought of Herr Kannitverstan in Amsterdam, of his great house, his rich ship and his narrow grave.

40. GERMAN PHILOSOPHY

Heine once remarks in the *Harzreise*: "It surely must have a meaning, as the Germans have the curious habit of always thinking something with everything they do." And Goethe says of Serlo in *Wilhelm Meister*: "He was a German, and this nation likes to take stock of what it does." The Germans have often been called "the people of poets and thinkers." Truly so: where else does one find a company of such great names as Leibniz, Kant, Fichte, Schelling, Schopenhauer, Hegel, Nietzsche, Freud, Heidegger, who have influenced Western thought so deeply and abidingly?

Nietzsche states that philosophizing is a matter of personal temperament. And in the same spirit Wilhelm Dilthey distinguished three types of Weltanschauung which develop from the spiritual situation of a culture or a definite epoch and are conditioned by the Zeitgeist. When one thinks of the "German character" one realizes why German philosophy is predominantly idealistic. (The word "idealism" is used here in the philosophical sense; it designates a special attitude to the problem of the relationship between man—the subject—and the world which surrounds him—the object.) Idealism rejects the naive view of common sense, that the objective world is independent of human thinking. It asserts, on the contrary, that the world of phenomena only comes into being through the activity of the human mind. About the character and the degree of this cooperation between nature and the mind opinions among idealists differ. But on this they are at one: "the world is my representation"—that is, nature receives important elements of its phenomenal forms from the human mind.

Der erste große deutsche Idealist ist Gottfried Wilhelm Leibniz (1646–1716). Nach Leibniz ist das Weltall aus zahllosen geistigen Partikelchen von Energie zusammengesetzt, die er Monaden,* d.h. Einheiten, nennt. Die Monade ist keine Materie, sondern eine geistige Substanz, eine Energie (man denke* an die Elektrizität), die man weder sehen noch greifen kann, deren Wirkung aber nicht zu leugnen ist. Jede Monade besitzt mehr oder weniger Bewußtsein. Jede Monade ist eine Individualität, von allen andern radikal verschieden. Und doch hat Gott die Monaden so konstruiert, daß sie miteinander in vollkommener Harmonie zusammenwirken in dieser besten aller möglichen Welten.

Der »kritische* Idealismus« Immanuel Kants (1724–1804) wendet sich gegen die im 18. Jahrhundert herrschende Erfahrungsphilosophie (Empirismus). Diese hatte behauptet, daß alle unsere Gedanken aus der Erfahrung stammen. Wir empfangen Sinneseindrücke, Empfindungen von der Außenwelt, und verarbeiten sie zu Gedanken und Ideen. »Nichts ist im Verstande«, sagt John Locke,* »was nicht zuvor im Sinneswahrnehmen wäre.«* Dagegen behauptet Kant, daß es Erkenntnisse* gibt, die logisch vor der Erfahrung stehen, *a priori** sind. Ohne diese Erkenntnisse* wäre die Erfahrung gar nicht möglich. Wir können uns z.B. keinen Gegenstand vorstellen, ohne daß wir ihn uns im Raum und in der Zeit vorstellen, als Einheit oder Vielheit, als Wirkung einer Ursache, als seiend oder nichtseiend, als notwendig oder zufällig, usw. Diese Ordnungsbegriffe oder Kategorien des Denkens liegen nicht im Gegenstand der Erfahrung, wir tragen sie in den Gegenstand hinein. Die Kategorien sind keine Dinge, sondern Formen des Schauens und Denkens, subjektive Hilfsbegriffe, die es ermöglichen, daß wir uns in der Erfahrungswelt zurechtfinden. Diese a priorische Erkenntnis bedingt unser Wissen überhaupt*; alle unsere Ideen, die wir nicht kraft der Kategorien haben, sind nicht Wissen, sondern Spekulation, Metaphysik, für die Kant nicht viel übrig hat.

Nachdem Kant in seiner »Kritik der reinen Vernunft« seine idealistische Erkenntnistheorie ausgearbeitet hatte, wandte er sich dem Gebiete der Ethik zu. Er folgt da einem analogen Verfahren wie in der ersten Kritik. Wieder geht er von a priorischen Begriffen aus. Wie es im Bereich des Erkennens Kategorien gibt, ohne die die Erfahrung unmöglich wäre, die daher logisch vor aller Erfahrung stehen, so gibt es im Bereiche der Ethik Postulate, ohne die ein Zusammenleben in der menschlichen Gesellschaft undenkbar wäre. Solche a priorische Begriffe sind: Gott, Unsterblichkeit, Freiheit des Willens. Kant gibt

The first great German idealist is Gottfried Wilhelm Leibniz (1646–1716). According to Leibniz the universe is composed of countless tiny mental particles of energy which he calls monads—that is, units. The monad is not matter but a mental substance, an energy (one might think of electricity), which one can neither see nor grasp, but the effect of which is not to be denied. Every monad possesses more or less consciousness. Every monad is an individuality, radically different from all others. And yet God has so constructed the monads that they cooperate with each other in perfect harmony in this best of all possible worlds.

The "critical idealism" of Immanuel Kant (1724–1804) turns against the philosophy of experience (empiricism) that was dominant in the eighteenth century. The latter had asserted that all our thoughts derive from experience. We receive sense impressions, sensations, from the external world and convert them into thoughts and ideas. "There is nothing in the understanding," says John Locke, "that is not first in sense perception." Kant, on the other hand, asserts that there is knowledge which logically stands before experience, is *a priori*. Without this knowledge experience would not be possible at all. We cannot, for example, imagine an object without representing it to ourselves in space and in time, as a unity or plurality, as the effect of a cause, as being or not being, as necessary or contingent, and so forth. These regulative concepts or categories of thought are not in the object of experience, we bring them to the object. The categories are not things, but forms of perception and thinking, subjective conceptual aids, which make it possible for us to find our way about in the world of experience. This *a priori* knowledge conditions our knowledge as such; all our ideas which we do not have by virtue of the categories are not knowledge but speculation, metaphysics, for which Kant does not have much respect.

After Kant had worked out his idealist theory of knowledge in his *Critique of Pure Reason,* he turned to the sphere of ethics. He follows a procedure analogous to that of his first critique. Again he takes his point of departure from *a priori* concepts. Just as in the sphere of knowledge there are categories without which experience would be impossible, which therefore stand logically before all experience, so there are in the sphere of ethics postulates without which living together in human society would be unthinkable. Such *a priori* concepts are God, immor-

zu, daß man diese Begriffe logisch nicht beweisen kann. Im Gegenteil: logisch kann man beweisen, daß der menschliche Wille nicht frei ist; logisch kann man alle Beweise für die Existenz Gottes widerlegen. Aber das Leben braucht diese Begriffe; daher müssen sie wahr sein. Das ist eine neue Art von philosophischer Beweisführung, die für das moderne Denken von größter Bedeutung wurde.

Kant ist auch der erste Philosoph der Neuzeit, der eine Begründung unserer Ideen über das Schöne in sein System der Philosophie einverleibt hat. Zu diesem Zweck verfaßte er seine dritte Kritik, die »Kritik der Urteilskraft«. Dieses Werk bietet eine logische Analyse der Elemente, aus denen ein ästhetisches Urteil besteht. Wieder wird das idealistische oder subjektive Moment betont. Kant fragt nicht: was macht einen Gegenstand schön? sondern: unter welchen Umständen finden wir ihn schön? Mit anderen Worten: was geht *in uns* vor, wenn wir ein ästhetisches Urteil fällen? Seine große Leistung auf dem Gebiet der Ästhetik ist, daß er den subjektiven Charakter des ästhetischen Erlebnisses behauptet und ihm doch Anspruch auf Allgemeinheit und Notwendigkeit zuläßt. Das ästhetische Urteil betrifft die Form, nicht den Inhalt des betrachteten Gegenstandes, d.h. Schönheit liegt im genießenden Subjekt, nicht im genossenen Objekt. Kant befreit auch das ästhetische Erlebnis vom Begrifflichen, Moralischen und Praktischen. Schönheit besteht nur, wo der Genuß *interesselos* ist; der Gegenstand ist für mich nur dann schön, wenn ich ihn rein ästhetisch betrachte, ohne ihn für mich zu begehren, ohne seine Nützlichkeit oder seinen moralischen Charakter zu berücksichtigen. Kant unterscheidet auch zwischen reiner und angewandter Schönheit. Reine Schönheit ist formal, ohne Inhalt; sie ist von höherer Art, weil sie das störende Nützlichkeitsmoment nicht zuläßt. Indem Kant der reinen Schönheit den Vorzug gibt, scheint er die neueste Entwicklung der abstrakten, gegenstandslosen Kunst vorweggenommen zu haben.

Aus der Schule Kants kommt Arthur Schopenhauer (1788–1860). Auch er ist Idealist; der Satz: die Welt ist meine Vorstellung stammt von ihm. Für Schopenhauer ist die Welt der Ausdruck (er sagt: Objektivierung) eines blinden, irrationalen, unersättlichen Triebes oder Willens.* Im Menschen kommt der Charakter dieses Willens am klarsten zum Vorschein, weil er dessen Wirkung an sich selbst beobachten kann. Wenn der Mensch in sich schaut, so muß er zu seiner Bestürzung erfahren, daß seine Vernunft und sein Verstand eine sekundäre Rolle spielen; sie sind Knechte des Willens. Weil dieser Wille blind (d.h. unvernünftig) und unersättlich ist, ist der Mensch

tality, freedom of the will. Kant admits that one cannot demonstrate these concepts logically. On the contrary—logically one can prove that the human will is not free; logically one can refute all the proofs for the existence of God. But life needs these concepts; therefore they must be true. That is a new kind of philosophical demonstration, which became most significant for modern thought.

Kant is also the first philosopher of modern times to incorporate into his system of philosophy a motivation for our ideas concerning the beautiful. For this purpose he composed his third critique, *The Critique of Judgment*. This work offers a logical analysis of the elements of which an aesthetic judgment consists. Again the idealistic or subjective factor is emphasized. Kant does not ask, what makes an object beautiful? but, under what conditions do we find it beautiful? In other words: what takes place *in us* when we make an aesthetic judgment? His great achievement in the sphere of aesthetics is that he asserts the subjective character of the aesthetic experience and yet concedes it the claim to generality and necessity. The aesthetic judgment concerns the form, not the content of the contemplated object—that is, beauty lies in the enjoying subject, not in the enjoyed object. Kant also liberates the aesthetic experience from the conceptual, moral and practical. Beauty exists only where the enjoyment is *disinterested*; the object is beautiful for me only when I contemplate it purely aesthetically, without desiring it for myself, without considering its utility or its moral character. Kant differentiates too between pure and applied beauty. Pure beauty is formal, without content; it is of a higher nature, because it does not admit the disturbing factor of utility. In giving the preference to pure beauty, Kant seems to have anticipated the newest development in abstract, nonobjective art.

From the school of Kant comes Arthur Schopenhauer (1788–1860). He too is an idealist; the proposition "The world is my representation" is his. For Schopenhauer the world is the expression (he says "objectification") of a blind, irrational, insatiable instinct or will. In man the character of this will appears most clearly, because he can observe its working in himself. When man looks into himself he must learn to his consternation that his reason and understanding play a secondary role; they are the slaves of the will. Because his will is blind (that is, irrational) and insatiable, man is never satisfied, always unhappy. What he

nie zufrieden, immer unglücklich. Was er sein Glück nennt, ist bloß
eine momentane Aufhebung seines Leidens. Der Genuß ist negativer
Art; positiv ist nur das Unglück.

So begründet Schopenhauer seinen berühmten Pessimismus. Gibt
es einen Ausweg aus diesem unerträglichen Zustand? Schopenhauer
weist auf zwei Rettungswege hin. Der erste ist eine vorübergehende
Befreiung von dem Schmerz des Lebens vermittels der Kunst. Im
ästhetischen Erlebnis sieht der Mensch die Welt wie sie eigentlich ist:
als blinder Wille, Schmerz und Leiden; und diese Einsicht befreit ihn
vom Leiden am Willen. In der ästhetischen Schau hat sich die
Vernunft momentan von dem Willem losgelöst. Aber sobald der
Mensch aus dem ästhetischen Erlebnis in die Welt des Alltags zurückkehrt, ist er wieder Willensmensch und daher unglücklich. Eine
dauernde Befreiung von den Qualen des Willens kommt nur dem
Heiligen oder Weisen zu. Der Weise unterdrückt den Willen in sich
und lebt nach der Vernunft. Das heißt für Schopenhauer: er sieht die
Eitelkeit des menschlichen Strebens ein und entsagt dem Leben.
Diese vollkommene Verneinung des Willens ist die einzig wahre
Glückseligkeit, die es gibt.

Ein scharfes Gegenstück zu Schopenhauers Pessimismus bildet die
optimistische Philosophie Georg Friedrich Hegels (1770–1831). Hegel
räumt mit allem Dualismus auf, der seit Descartes in der abend-
ländischen Philosophie gespukt hatte. Er sucht Ganzheit, Einheit,
Totalität; er findet sie im Begriff des Geistes.° Die Welt ist die
Objektivierung von Geist; das Absolute oder Gott ist der absolute Geist.

Hegels große Leistung ist die Erfindung einer neuen Logik, die uns
als seine Dialektik bekannt ist. Die herkömmliche aristotelische Logik
hatte sich auf den Grund des Widerspruchs basiert: A ist entweder A
oder nicht-A; es kann nicht beides zugleich sein. Gerade dieses behauptet aber Hegel; jede Aussage oder These führt zu ihrem
Gegenteil, zur Antithese; von diesen beiden Positionen ist jede gleich
wahr und falsch. Denn die Wahrheit liegt in einer Synthese der beiden Gegensätze. Aber auch die Synthese ist noch keine absolute
Wahrheit. Sie bildet eine neue These, die eine Antithese aus sich
selbst erzeugt; daraus entsteht wieder eine neue Synthese, die wieder
zur These wird, usw. Jede Wahrheit ist also bloß eine Teilwahrheit, im
steten Werden, sich Ändern, sich Entwickeln. Das ist eine *dynamische* Logik, die zu unserer modernen dynamischen Auffassung des
Lebens sehr gut paßt.

Da das ganze Weltall Geist ist, so folgt daraus, daß alles, was auf der
Welt geschieht, nach dem dialektischen Prinzip geschieht. Der Gang

calls his happiness is merely a momentary suspension of his suffering. Enjoyment is of a negative nature; unhappiness alone is positive.

In this way Schopenhauer motivates his famous pessimism. Is there a way out of this unbearable condition? Schopenhauer points to two ways of redemption. The first is a temporary liberation from the pain of life by means of art. In the aesthetic experience man sees the world as it really is: as blind will, pain and suffering; and this insight liberates him from his suffering from the will. In aesthetic contemplation reason has temporarily freed itself from the will. But as soon as man returns from the aesthetic experience into the world of everyday, he is once more a man of will and therefore unhappy. A lasting liberation from the torments of the will comes only to the saint or sage. The sage suppresses the will in himself and lives according to reason. That means for Schopenhauer that he realizes the vanity of human effort and renounces life. This complete negation of the will is the only true happiness there is.

A sharp contrast to Schopenhauer's pessimism is formed by the optimistic philosophy of Georg Friedrich Hegel (1770–1831). Hegel makes a clean sweep of all the dualism which had haunted Western philosophy since Descartes. He seeks wholeness, unity, totality; he finds them in the concept of spirit. The world is the objectification of spirit; the Absolute, or God, is absolute spirit.

Hegel's great achievement is the invention of a new logic, which is familiar to us as his dialectic. Traditional Aristotelian logic had based itself on the principle of contradiction: A is either A or non-A; it cannot be both at the same time. But this is the very thing that Hegel asserts; every statement or thesis leads to its opposite, to the antithesis; of these two positions each is equally true and false. For the truth lies in a synthesis of the two opposites. But the synthesis too is not an absolute truth. It forms a new thesis, which creates a new antithesis out of itself; out of this ensues a new synthesis, which again becomes a thesis, and so on. Every truth is therefore only a partial truth, in a state of constant becoming, changing, developing. This is a *dynamic* logic, which fits very well with our modern dynamic conception of life.

Since the whole universe is spirit, it follows that everything that happens in the world happens according to the dialectical

der Weltgeschichte zeigt also eine Entfaltung von These zur Antithese und dann zur Synthese. Ein geschichtliches Ereignis zeugt dessen Gegensatz aus sich, worauf dann eine Versöhnung der Gegensätze folgt. Die geschichtliche Entwicklung stellt also einen allmählichen Aufstieg zur höchsten Vollkommenheit, zum absoluten Geist, dar.

Nach dieser Auffassung gibt es in der Weltgeschichte kein Böses. Denn sowohl These als auch Antithese sind für die Entwicklung gleich notwendig, um die Synthese zustande zu bringen. Der Weltprozeß braucht den Bösewicht wie den Wohltäter. In diesem Sinne ist alles, was ist, recht. Denn jede Erscheinung ist ein Moment, ein Teil eines größeren, notwendigen Ganzen.

So ist es auch in jenem gesellschaftlichen Organismus, den wir den Staat nennen. Der Staat ist der vernünftige, göttliche Wille, er ist Gott auf Erden, er ist die Idee in ihrer höchsten Freiheit auf Erden. Das Individuum kann nicht das Ziel der sozialen Entwicklung sein; es muß im Ganzen aufgehen. Die höchste Form der sozialen Ordnung ist der nationale Staat, wie er sich in Preußen zu Hegels Zeit offenbarte. Denn der nationale Staat ist eine Synthese der Einzelwirtschaft oder Anarchie und des Weltstaats. Hegel verwirft also den Kosmopolitismus des 18. Jahrhunderts zugunsten des nationalen Gedankens des 19.

Friedrich Nietzsche (1844–1900) gibt dem philosophischen Denken eine neue Wendung. Nietzsche ist Kulturphilosoph; er kämpft gegen die falschen Ideale des 19. Jahrhunderts, später gegen die christlichen Werte, die er für dekadent hält. Die christlichen Werte—Ethik der Liebe, Demut, Mitleid, Selbstaufopferung, Askese (besonders in geschlechtlichen Dingen)—haben unsere modernen Ideale erzeugt: Liberalismus, Gleichheit, Demokratie, Bevorzugung des Untermenschen. Unsere Moral ist eine Sklavenmoral; an ihrer Stelle möchte Nietzsche die alte, heidnische, aristokratische Herrenmoral wieder einsetzen, wie wir sie bei den vorsokratischen Griechen und in der Renaissance finden. Nur so könnte eine neue, gesunde, starke, tapfere Menschenart aufkommen. Der griechische Gott Dionysos, der Gott des Weins und des Rausches, der Unzerstörbare aus Kraft, wird ihm zum Sinnbild der absoluten Lebensbejahung, die er predigt. Diese Lebensbejahung objektiviert sich als Wille zur Macht.

Man sieht: das ist Philosophieren in einer neuen Tonart. Nietzsche hat wenig Interesse an Erkenntnistheorie, gar keine an Metaphysik, auch nicht an Ethik im traditionellen Sinne. Es geht hier um Tiefenpsychologie und philosophische Anthropologie.* Was ist der Mensch?

principle. The course of world history therefore shows an evolution from thesis to antithesis and then to synthesis. An historical event creates its opposite out of itself, whereupon a reconciliation of the opposites follows. Historical evolution therefore represents a gradual rise to the highest perfection, to absolute spirit.

According to this view, there is no evil in world history. For both the thesis and antithesis are equally necessary for evolution, in order to produce the synthesis. The world process needs the villain as well as the benefactor. In this sense everything that is is right. For every phenomenon is a factor, a part of a greater, necessary whole.

So it is too in that social organism which we call the state. The state is the rational, divine will, it is God on earth, it is the idea in its highest freedom on earth. The individual cannot be the goal of social evolution; he must disappear in the whole. The highest form of social order is the national state as it manifested itself in Prussia in Hegel's time. For the national state is a synthesis between individual administration or anarchy and the world state. Hegel therefore rejects the cosmopolitanism of the eighteenth century in favor of the national idea of the nineteenth.

Friedrich Nietzsche (1844–1900) gives a new turn to philosophical thought. Nietzsche is a cultural philosopher; he combats the false ideals of the nineteenth century, later on he combats Christian values, which he regards as decadent. Christian values—the ethic of love, humility, pity, self-sacrifice, asceticism (especially in sexual matters)—have produced our modern ideals: liberalism, equality, democracy, the favoring of the lower man. Our morality is a slave morality; in its place Nietzsche would like to reinstate the old, pagan, aristocratic master morality, such as we find among the pre-Socratic Greeks and in the Renaissance. Only in this way could a new, healthy, strong, courageous type of humanity arise. The Greek god Dionysus, the god of wine and intoxication, the indestructible out of strength, becomes for him the symbol of the absolute affirmation of life which he preaches. This affirmation of life objectifies itself as the will to power.

We see that this is philosophizing in a new key. Nietzsche has little interest in the theory of knowledge, none at all in metaphysics, nor in ethics in the traditional sense. We are concerned here with depth psychology and philosophical anthropology.

Wie soll er leben? Welche Bedeutung haben seine Existenz und seine
Kultur?

Diesen neuen Weg des Philosophierens geht auch die Existenzphilosophie. Sie untersucht die Problematik des menschlichen
Daseins, des Menschseins. Sie fragt: was sind Sein und Nichtsein?
Warum ist überhaupt Seiendes? Haben wir ein Recht anzunehmen,
daß das Sein positiv und das Nichts negativ ist? Vielleicht ist es
umgekehrt? Ja, es ist tatsächlich umgekehrt, sagt die Existenz-
philosophie. Wenn der Mensch in sein Inneres schaut, wenn er seine
Lage im Weltall betrachtet, was findet er? Das Grunderlebnis ist für
die Existenzphilosophie Sorge und Angst, Einsamkeit, Grauen vor
dem Nichts, das durch den Tod versinnbildlicht ist, unausweichliche
Schuld, Kampf des Lebens, Abhängigkeit vom Zufall. Das sind die
»Grenzsituationen«, in denen sich der Mensch fortwährend befindet.
Sie bilden, neben dem Staunen und dem Zweifel, den Ursprung des
Philosophierens. Sie sind eine Art a priorisches Erleben; sie sind
schon vor der Erfahrung da. Wovor hat man Angst? Vor dem In-der-
Welt-sein. Die Sorge liegt schon in jedem tatsächlichen Verhalten.
Der Tod übernimmt das Dasein, sobald es anfängt; Sein ist schon ein
Sein zum Tode.

Wer so denkt, denkt existentiell, weil in diesem Denken der ganze
Mensch beteiligt ist: Körper, Seele, Geist, das gesamte Fühlen und
Wollen und auch die Außenwelt. Freilich spürt der gewöhnliche
Mensch nichts von alledem. Er jagt nach Glück, Erfolg, Macht; und
auch der bessere Mensch steht in Gefahr, dem »Man«° zu verfallen,
nach alltäglichen, konventionellen Werten zu leben. Nur das höhere,
eigentliche Dasein ist Existenz, in der die Angst vor dem Tod zum be-
freienden Moment wird. Denn indem der Mensch sich dessen bewußt wird, daß sein ganzes Leben ein Hinreifen zum Tode ist, befreit
er sich vom tierischen Leben im Augenblick und erhebt sich zur
eigentlichen Existenz, zur Transzendenz.

Auf die Frage: was soll der Mensch tun? wie soll er leben?
antwortet Martin Heidegger (1889–1976): er soll seine Lage bewußt
erkennen und sich ihr ergeben. Der Mensch muß dem Nichts gegenüber mit Entschlossenheit entgegentreten; er muß das Leiden an der
Angst freiwillig auf sich nehmen. In dieser Einsicht liegt seine Befreiung. Er muß, trotz der Absurdität der Welt, authentisch, d.h.
wesentlich, leben. Für Karl Jaspers (1883–1969) gibt es eine wirkliche
Transzendenz. Der Mensch soll aus sich selbst heraustreten und
sich seinen Mitmenschen in Liebe, Freundschaft, Ehe erschließen.
Transzendenz ist Kommunikation. Stoisches gegen christliches

What is man? How shall he live? What significance have his existence and his civilization?

This new way of philosophizing is followed also by existentialism. It investigates the problematical character of human existence, of being human. It asks: what are being and non-being? Why is there being at all? Have we a right to assume that being is positive and that nothingness is negative? Perhaps the reverse is true? Yes, the reverse is really true, says existentialism. When man looks into his inner being, when he contemplates his position in the universe, what does he find? For existentialism the basic experience is care and anxiety, loneliness, horror of nothingness, which is symbolized by death, unavoidable guilt, the struggle for life, the dependence on contingency. These are the "borderline situations" in which man constantly finds himself. They, together with astonishment and doubt, form the origin of philosophizing. They are a sort of *a priori* experiencing; they are here even before experience. What is one anxious about? About being in the world. Anxiety is latent in every factual situation. Death takes over existence as soon as it begins; being is in itself a being unto death.

Whoever thinks in this way is thinking existentially, because in this thinking the whole man participates: body, soul, mind, the totality of feeling and willing and the external world too. To be sure, ordinary man feels nothing of all this. He pursues happiness, success, power; and even the better man is in danger of falling a prey to the "one," to live by everyday conventional values. Only the higher authentic being is existence, in which the anxiety in the face of death becomes a liberating factor. For by becoming aware of the fact that his whole life is a ripening toward death, man liberates himself from animal living in the present moment and elevates himself to an authentic existence, to transcendence.

To the questions: what shall man do? how shall he live? Martin Heidegger (1889–1976) replies: he should recognize his situation consciously and submit to it. Man must meet nothingness with resolution; he must voluntarily take the suffering from anxiety upon himself. In this insight lies his liberation. He must, in spite of the world's absurdity, live authentically—that is, essentially. For Karl Jaspers (1883–1969) there is a real transcendence. Man should step out of himself and open up to his fellow men in love, friendship, marriage. Transcendence is communication. Stoic versus Christian feeling for life: perhaps this is the

Lebensgefühl: so könnte man vielleicht die Grundhaltung der beiden
Vertreter der Existenzphilosophie kennzeichnen.

41. DER HANDSCHUH

Friedrich von Schiller

Vor seinem Löwengarten,
Das Kampfspiel zu erwarten,°
Saß König Franz,°
Und um ihn die Großen der Krone,°
Und rings auf hohem Balkone
Die Damen in schönem Kranz.°

Und wie er winkt mit dem Finger
Auftut° sich der weite Zwinger;
Und hinein mit bedächtigem Schritt
Ein Löwe tritt
Und sieht sich stumm
Rings um,
Mit langem Gähnen,
Und schüttelt die Mähnen°
Und streckt die Glieder,
Und legt sich nieder.

Und der König winkt wieder;
Da öffnet sich behend
Ein zweites Tor,
Daraus rennt
Mit wildem Sprunge
Ein Tiger hervor.
Wie er den Löwen erschaut,
Brüllt er laut,
Schlägt mit dem Schweif
Einen furchtbaren Reif,
Und recket die Zunge,
Und im Kreise scheu
Umgeht er den Leu,°
Grimmig schnurrend;
Drauf streckt er sich murrend
Zur Seite nieder.

way one might designate the basic attitude of the two representatives of existential philosophy.

41. THE GLOVE

Friedrich von Schiller

Before his arena,
awaiting the contest,
sat King Francis,
and about him the great men of the Crown,
and in a circle on a high balcony
the ladies in a circle of beauty.

And as he motions with his finger,
the wide cage opens;
with measured step
a lion comes in
and looks round
about him mutely
with a long yawn
and shakes his mane
and stretches his limbs
and lies down.

And the king motions again;
thereupon a second gate
opens swiftly,
out of it
with a wild leap,
a tiger races.
As he catches sight of the lion,
he roars loudly,
beats a fearful circle
with his tail,
and stretches his tongue
and circles
the lion,
growling savagely;
then he stretches out at the side [of the arena]
with a grumble.

Und der König winkt wieder;
Da speit das doppelt* geöffnete Haus
Zwei Leoparden auf einmal aus,
Die stürzen mit mutiger Kampfbegier
Auf das Tigertier;
Das packt sie mit seinen grimmigen Tatzen,
Und der Leu mit Gebrüll
Richtet sich auf, da wird's still;
Und herum im Kreis,
Von Mordsucht heiß,
Lagern sich die greulichen Katzen.

Da fällt von des Altans Rand
Ein Handschuh von schöner Hand
Zwischen den Tiger und den Leun
Mitten hinein.

Und zu Ritter Delorges, spottender Weis',
Wendet sich Fräulein Kunigund;
»Herr Ritter, ist Eure Lieb' so heiß,
Wie Ihr mir's schwört zu jeder Stund',
Ei, so hebt mir den Handschuh auf.«

Und der Ritter in schnellem Lauf,
Steigt hinab in den furchtbaren Zwinger
Mit festem Schritte,
Und aus der Ungeheuer Mitte
Nimmt er den Handschuh mit keckem Finger.

Und mit Erstaunen und mit Grauen
Sehen's die Ritter und Edelfrauen,
Und gelassen bringt er den Handschuh zurück.
Da schallt ihm sein Lob aus jedem Munde;
Aber mit zärtlichem Liebesblick—
Er verheißt ihm sein nahes Glück—
Empfängt ihn Fräulein Kunigunde.
Und er wirft ihr den Handschuh ins Gesicht:
»Den Dank, Dame, begehr' ich nicht!«
Und verläßt sie zur selben Stunde.

And the king motions again;
thereupon the doubly opened house spits out
two leopards at once,
these rush at the tiger beast
with spirited lust for battle;
the latter grips them with its grim paws,
and the lion with a roar
sits upright, then a silence ensues;
and around about [him] in a circle,
hot with the lust to kill,
the gruesome cats lie down.

Then from the balcony's edge
a glove from a fair hand falls
midway between
the tiger and the lion.

And to the knight Delorges, in a mocking tone,
Fräulein Kunigunde turns:
"Sir knight, if your love is as passionate
as you swear to me every hour,
why then, pick up the glove for me."

And the knight, with a swift run,
descends into the fearful arena
with firm step,
and from the midst of the monsters
he takes the glove with bold finger.

And with astonishment and horror
the knights and noblewomen see it [happen],
and calmly he brings the glove back.
Then his praise echoes from the lips of all; but with a
tender look of love—
it promises him his imminent happiness—
Fräulein Kunigunde receives him.
And he throws the glove in her face:
"Your thanks, madam, I do not wish!"
And leaves her at the same moment.

42. IN MEMORIAM ROCKEFELLER

Peter Bamm

Rockefeller° ist gestorben. Er soll von sich einmal gesagt haben, daß er, obwohl Herr über alles Öl der Welt, nicht genug habe, um seine Gelenke damit zu schmieren. Diese Äußerung des reichsten Mannes der Welt ist tiefsinnig und von wahrer Größe. Sie stellt ihn unmittelbar neben Diogenes.° Das Tertium comparationis Rockefeller-Diogenes war bisher das Faß. Beide wählten das Faß für den Versuch, auf dieser Welt glücklich zu werden. Der eine füllte es mit Öl, der andere mit sich selber. Jetzt sind sie auch durch Weisheit miteinander verbunden.

Das hauptsächlichste° Abfallprodukt der Ölfabrikation sind die großen wissenschaftlichen Entdeckungen, die durch die Rockefeller Foundation° ermöglicht wurden. Dafür müssen wir Mr. Rockefeller dankbar sein. Für seine Weisheit müssen wir ihn bewundern.

Der reichste und der ärmste Mann der Welt, worin haben sie sich getroffen? In der Weisheit und in einem Faß. Wenn man jemals der Weisheit ein Denkmal setzen wollte, was freilich noch gute Weile hat, es müßte ein Faß sein. Ein Faß, mit Diogenes darin und Rockefeller darauf.

Jahrhunderte würden offenen Mundes dieses Monument bestaunen als die Sphinx° unserer Zeit.

43. VON DER FREUNDSCHAFT

Matthias Claudius

Von der Freundschaft spricht nun einer: sie sei überall; der andere: sie sei nirgends; und es steht dahin, wer von beiden am ärgsten gelogen hat.

Wenn du Paul den Peter rühmen hörst, so wirst du finden, rühmt Peter den Paul wieder, und das nennen sie dann Freundschaft. Und es ist oft zwischen ihnen weiter nichts, als daß einer den andern kratzt, damit er ihn wieder kratze, und sie sich so einander wechselsweise zu Narren haben; denn, wie du siehst, ist hier, wie in vielen andern Fällen, jeder von ihnen nur sein eigener Freund und nicht des andern. Ich pflege das »Holunder-Freundschaften« zu nennen. Wenn du einen jungen Holunderzweig ansiehst, so sieht er fein stämmig

42. IN MEMORIAM ROCKEFELLER

Peter Bamm

Rockefeller is dead. He is supposed once to have said about himself that, although he was lord over all the oil in the world, he did not have enough to grease his joints with it. This remark of the world's richest man is profound and of true greatness. It puts him directly beside Diogenes. The *tertium comparationis* for Rockefeller-Diogenes was until now the barrel. Both chose the barrel for the experiment to become happy in this world. The one filled it with oil, the other with himself. Now they are bound to each other through wisdom too.

The principal by-product of the production of oil is the great scientific discoveries that are made possible through the Rockefeller Foundation. For these we must be grateful to Mr. Rockefeller. We must admire him for his wisdom.

The richest and poorest man in the world, at what [point] have they met? In wisdom and in a barrel. If one ever wanted to put up a monument to wisdom—there's no hurry about it, of course—it would have to be a barrel. A barrel with Diogenes in it and Rockefeller on it.

Centuries would gaze open-mouthed at this monument as the sphinx of our age.

43. OF FRIENDSHIP

Matthias Claudius

Of friendship one man says: it is everywhere; the other: it is nowhere; and it is an open question which one of the two has lied more.

When you hear Paul praising Peter, you will find Peter returning Paul's praise, and this they then call friendship. And often there is nothing more between them except that one scratches the other's back so that he will scratch his too and in this way they make mutual fools of each other; for as you see, in this, as in many other cases, each of them is merely his own friend and not the other's. I'm accustomed to call that "elder friendship." If you look at a young elder twig, it looks nice and

und wohl gegründet aus; schneidest du ihn aber ab, so ist er innen
hohl und es ist so ein trockenes, schwammiges Wesen darin.

So ganz rein geht es hier freilich selten ab, und etwas Menschliches
pflegt sich wohl mit einzumischen; aber das erste Gesetz der Freundschaft soll doch sein: daß einer *des andern* Freund sei.

Und das zweite ist, daß du's von Herzen seist und Gutes und Böses
mit ihm teilst, wie es vorkommt. Die Delikatesse, daß man den und
jenen Gram allein behalten und seinen Freund schonen will, ist meistens Zärtelei; denn eben darum ist er dein Freund, daß er mit un-
tertrete und es deinen Schultern leichter mache.

Drittens, laß du deinen Freund nicht zweimal bitten. Aber wenn es
not ist und er helfen kann, so nimm du auch kein Blatt vors Maul, sondern gehe und fordere frisch heraus, als ob's so sein müßte und gar
nicht anders sein könne.

Hat dein Freund etwas an sich, was nicht taugt, so mußt du ihm das
nicht verhalten und es nicht entschuldigen gegen ihn. Aber gegen den
dritten Mann mußt du es verhalten und entschuldigen. Mache nicht
schnell jemand deinen Freund; ist er's aber einmal, so muß er's gegen
den dritten Mann mit allen seinen Fehlern sein. Etwas Parteilichkeit
für den Freund scheint mir zur Freundschaft in dieser Welt zu
gehören. Denn wolltest du an ihm nur die wirklich ehr- und liebens-
würdigen Eigenschaften ehren und lieben, wofür bist du denn sein
Freund? das soll ja jeder wildfremde, unparteiische Mann tun. Nein,
du mußt deinen Freund mit allem, was an ihm ist, in deinen Arm und
in deinen Schutz nehmen; das *granum salis* versteht sich von selbst
und daß aus einem Edlen kein Unedles werden müsse.

Es gibt eine körperliche Freundschaft. Nach der werden auch zwei
Pferde, die eine Zeitlang beisammen stehen, Freunde und können
eins des andern nicht entbehren. Es gibt auch sonst noch mancherlei
Arten und Veranlassungen. Aber eigentliche Freundschaft kann nicht
sein ohne Einigung; und wo die ist, da macht sie sich gern und von
selbst. So sind Leute, die zusammen Schiffbruch leiden und die an
eine wüste Insel geworfen werden, Freunde. Das gleiche Gefühl der
Not in ihnen allen, die gleiche Hoffnung und der eine Wunsch nach
Hilfe einigte sie; und bleibt oft ihr ganzes Leben hindurch. Einerlei
Gefühl, einerlei Wunsch, einerlei Hoffnung einigt; und je inniger* und
edler dies Gefühl, dieser Wunsch und diese Hoffnung sind, desto inniger und edler ist auch die Freundschaft, die daraus wird.

Aber, denkst du, auf diese Weise sollten ja* alle Menschen auf
Erden die innigsten Freunde sein? Freilich! und es ist meine Schuld
nicht, daß sie es nicht sind.

sturdy and well-grounded; but if you cut it off, it's hollow inside and there is a kind of dry, spongy stuff in it.

Of course things rarely proceed quite purely here, and something human usually does get mixed up with it; but the first law of friendship should surely be: that one should be the friend of *another*.

And the second is that you should be so from the heart and share good and evil with him as it occurs. The tactful consideration of wanting to keep this or that sorrow to oneself and to spare one's friend is mostly pampering; for it is for this very reason that he's your friend, that he should get under the load with you and make it easier for your shoulders.

Thirdly, don't you let your friend ask twice. But when it is necessary and he can help, speak plainly, go and ask boldly as if it had to be so and simply could not be otherwise.

If your friend has something about him that is not good, you don't have to keep it from him nor excuse it about him. But you must suppress and excuse it to the third party. Don't be quick to make someone your friend; but once he is so, he must be so before a third party with all his faults. A little partisanship for a friend seems to me to belong to friendship in this world. For if you were willing to honor and love in him only those qualities which are really worthy of honor and love, what are you his friend for? Should not every totally strange, uninterested person do so? No, you must take your friend into your arms and into your protection with everything he has; the grain of salt goes without saying, and the fact that something noble should not become base.

There is a physical friendship. According to this, even two horses which stand together for a while become friends and cannot do without each other. There are, in addition, many more kinds and occasions. But true friendship cannot exist without union; and where that is, friendship makes itself and is glad to do so. Thus people who suffer shipwreck together and are thrown on a desolate island are friends. The same feeling of distress in all of them, the same hope and the one wish for help united them— and often remains throughout their lives. One and the same feeling, one and the same wish, one and the same hope unite; and the deeper and nobler this feeling, this wish and this hope are, the deeper and nobler is the friendship which develops from them.

But, you think, in that case shouldn't all people on earth be the deepest of friends? Of course! and it isn't my fault that they aren't.

Postskript. Es gibt einige Freundschaften, die im Himmel be-
schlossen sind und auf Erden vollzogen werden.

44. DAS BETT

Paul Ernst

Die Frau des Polizeihauptmanns Tromba war bei der Frau des Stadtrichters Matta gewesen. Matta ist Richter und Tromba ist nur Polizeihauptmann; das müßte gewisse Schranken für die weibliche
Einbildungskraft setzen, sollte man meinen. Es setzt aber diese
Schranken nicht. Die Frau des Richters Matta hat ein Fremdenzimmer, weil vornehme Leute zuweilen Besuch vom Lande bekommen. Tromba bekommt zwar keinen Besuch vom Lande, aber seine
Frau findet, daß sie reichlich ebenso vornehm ist wie die Frau des
Stadtrichters Matta, denn Frau Matta ist eine reiche Fleischers-
tochter gewesen und sie eine reiche Bäckerstochter; und deshalb ist
es notwendig, daß sie auch ein Fremdenzimmer hat.

Tromba wünscht verschont zu werden und wird nervös. Beppina
tröstet ihn und sagt, wenn die Mutter erst einmal gestorben ist, dann
führt sie dem Vater die Wirtschaft, und dann bäckt sie auch jeden Tag
Eierkuchen, und wenn er seinen Teil nicht ganz aufißt, dann schadet
das nichts, dann ißt sie ihn mit. Tromba hebt sie hoch, küßt sie und
sagt, sie ist ein Engel. Die Frau wischt Staub im Zimmer und wirft
Gegenstände, welche sie abwischt, mit merklichem Knall an ihre
Stelle. Das leere Zimmer hätte man nämlich; es liegt eine Treppe
höher auf dem Boden und hat eine schöne Aussicht, genau wie das
Fremdenzimmer der Frau Stadtrichter Matta. Man hätte auch die
Bettstelle und die anderen Möbel. Es fehlt nur das Bett. Und sie
findet, wenn man Polizeihauptmann ist, dann hält man einfach eine
Haussuchung ab, und es wäre doch merkwürdig, wenn man da nicht
ein Bett fände, das man mit Beschlag belegen* kann.

Tromba sagt sich, daß er eine Gemeinheit begeht. Aber was nutzt
ihm alles, er muß Ruhe haben. Er kommt nicht zum Arbeiten. Also,
er macht eine Haussuchung bei Lange Rübe.

Lange Rübe kann sich natürlich denken, wie die Haussuchung zu
erklären ist, und macht bissige Bemerkungen über Ehrenmänner, wie
sie beide, welche wissen, was sie sich gegenseitig schuldig sind, über
das Unvermutete des Besuches, und über die Mühe, welche sich
Tromba hätte sparen können, wenn er seinen Wunsch gegen Lange

Postscript. There are some friendships which are formed in heaven and carried out on earth.

44. THE BED

Paul Ernst

Police Captain Tromba's wife had been at the home of City Magistrate Matta's wife. Matta is a judge and Tromba is only a police captain; this ought to impose certain limits on the female imagination, one would think. But it does not impose these limits. Judge Matta's wife has a guest room because distinguished people sometimes get visitors from the country. True, Tromba never gets visitors from the country, but his wife feels that she is every bit as high class as City Magistrate Matta's wife; for Mrs. Matta was a rich butcher's daughter and she was a rich baker's daughter, and so it's essential that she should have a guest room too.

Tromba wants to be spared and gets nervous. Beppina comforts him by saying that once mother has died, she'll keep house for her father and then she'll make pancakes for him every day; and if he doesn't finish his helping, it won't matter, she'll help him eat it. Tromba lifts her up, kisses her and says she's an angel. His wife is dusting the room, throwing the dusted objects back into place with an audible bang. For they do have the empty room; it's one floor up in the attic and has a beautiful view, just like the guest room of City Magistrate Matta's wife. They also have the bedstead and the other furniture. They need only the bed. And she thinks, if you're a police captain, you simply search a place, and it would certainly be strange if you didn't find a bed that you could confiscate.

Tromba tells himself he's playing a mean trick. But what's the use of it all? He must have peace. He can't get his work done. So he makes a search at Long Turnip's place.

Long Turnip can of course guess the explanation for this search and makes biting remarks about men of honor like the two of them, who know what they owe each other; about the unexpected nature of the visit; and about the trouble Tromba could have saved himself if he had told Long Turnip what he wanted.

Rübe geäußert hätte. Tromba kann ihm nichts erwidern, denn Lange Rübe hat ja recht; und so erfüllt er denn mit den Häschern* seine Pflicht, ohne Lange Rübe zu antworten. Lange Rübe kann sich nicht ausweisen* über den Erwerb eines guten Bettes, eines Bettes mit Roßhaarmatratze und Daunendecke; und so wird das Bett denn mit Beschlag belegt.

Tromba übt in den ehelichen Kämpfen die bekannte Strategie, welche man auch von anderen Ehemännern erzählt. Zunächst wird er immer geschlagen und muß dann den Willen der siegreichen Frau erfüllen. Wenn er das aber getan hat, so ist die Frau in schwächerer Verfassung, weil ihre Geisteskräfte in Anspruch genommen sind durch das Bedenken, wie sie das Gewonnene verwertet; und nun dreht er sich um und greift seinerseits an. Das Bett wird also gebracht; die Häscher stellen die Bettstelle auf und legen das Bett hinein, verweigern ein Trinkgeld anzunehmen, und gehen mit höflichen Empfehlungen. Frau Tromba steht im Fremdenzimmer und überlegt, wie sie die Vorhänge aus einem alten Stoff herstellt; Tromba geht auf und ab, die Hände auf dem Rücken, pustet und stößt abgebrochene Laute aus.

Ein Gauner ist auch ein Mensch. Lange Rübe hat nicht gleich ein Bett wieder. Wo soll er denn schlafen? Anständige Menschen nehmen Rücksichten. Tromba hat aus freien Stücken Lange Rübe erklärt, wenn er wieder ein Bett habe, das geht ihn nichts an, er weiß nichts davon, er will nichts davon wissen, ist seine Sache nicht. Er will nichts mehr hören von Betten. Er kann sich nicht um jedes Bett kümmern, das es in Rom gibt. Wenn Tromba zum Kaufmann geht und etwas kauft, der Kaufmann macht ihn doch dumm und nimmt ihm ab, was er kriegen kann, und lügt ihm noch vor, daß er ihm seine Ware zur Hälfte schenkt. Wenn der Bauer etwas in die Stadt bringt, und die Leute haben Hunger, und es ist nichts sonst auf dem Markt, dann verlangt er das Dreifache, und wenn sie es ihm geben, dann steckt er das Zehnfache ein. Sind die denn anders als der Gauner? Aber denen hat die Polizei nichts zu sagen, die werden vom Staat beschützt, ja, die kommen womöglich noch und machen Anzeige, wenn ein Gauner bei ihnen gewesen ist. Als ob der Gauner nicht auch sein Leben in Mühe und Schweiß verdient! Und überhaupt, die Polizei lebt von den Gaunern. Wenn die Gauner nicht wären, dann brauchte man die Polizei auch nicht. Das sagt man sich alles, wenn man ein Mann ist. Aber ein Weib,* wenn sich ein Weib eine dumme Idee in den Kopf gesetzt hat, dann muß das geschehen. Dann muß das geschehen, und wenn der Himmel einstürzt. Alles einerlei.

Tromba can't say anything in reply because Long Turnip is, of course, right. So he does his duty with his policemen without answering Long Turnip. Long Turnip can't explain how he acquired a good bed, a bed with a horsehair mattress and a down comforter; and so the bed is confiscated.

In his domestic battles Tromba uses the familiar strategy that is attributed to other husbands too. At first he is always defeated and has to do the will of his victorious wife. But when he has done that, his wife is in a weaker position, because her mental powers are preoccupied in considering how to make use of what she has gained. So he now turns around and attacks in turn. So the bed is brought; the policemen set up the bedstead and put the bed in. They refuse to accept a tip and go off with polite compliments. Mrs. Tromba stands in the guest room pondering how to make the curtains from some old material. Tromba walks up and down, his hands on his back, puffing and uttering fragmentary sounds.

A crook is a human being too. Long Turnip won't get another bed right away. So where is he going to sleep? Decent people have some consideration. Tromba has voluntarily declared to Long Turnip that if he gets another bed, it's none of his business, he knows nothing about it, he doesn't want to know a thing about it, it's no concern of his. He won't hear another word about beds. He can't concern himself about every bed there is in Rome. If Tromba goes to the merchant and buys something, doesn't the merchant make a fool of him and take as much as he can get out of him and even lie to him that he's giving away his goods at half price? When the farmer brings something to town and the people are hungry and there's nothing else in the market, he asks three times the value, and he'll pocket ten times the value if they'll give it to him. Are they any different from the crook? But the police can't say anything to them, they're protected by the state; in fact, they might even come and report when a crook has been in their place. As if the crook too didn't earn his livelihood with toil and sweat! And anyway, the police live from crooks. If there weren't any crooks, the police wouldn't be needed either. You tell yourself all these things if you're a man. But a woman, when a woman gets a stupid notion into her head, it has to be realized. Then it has to be realized, even if heaven should fall. Nothing else matters.

Vielleicht denkt sich Frau Tromba, daß sie ja nun ihr Bett hat, und daß es für die Gesundheit eines Mannes immer besser ist, er tobt sich aus, statt den Ärger hinunterzuschlucken; vielleicht ist sie aber auch wirklich zu sehr mit der Frage der Gardinen beschäftigt; jedenfalls widerspricht sie nicht. Nach gewöhnlicher Psychologie müßte ja nun Trombas Zorn abnehmen; aber bei Tromba, wie bei manchen anderen Männern, wenn sie in ähnlichem Fall sind, steigert er sich jetzt.

Lange Rübe muß natürlich wieder ein Bett haben. Einerseits tut ihm ja Tromba leid; Tromba kann mit den Weibern eben nicht fertig werden; andererseits ist es Lange Rübe auch nicht zu verübeln, wenn er auf Tromba wütend ist, denn eine Gemeinheit bleibt es schließlich, ihm das Bett abzuholen.

Lange Rübe nimmt sich also einen befreundeten Droschkenkutscher* und fährt mit ihm zu Trombas Haus. Der Wagen hält unten, Lange Rübe steigt aus, tritt in das Haus, geht die Treppen hoch bis unter das Dach, öffnet das Fremdenzimmer und packt das Bett in zwei mitgebrachte große Säcke. Die nimmt er auf die Schultern und geht still wieder die Treppe hinunter.

Man geht in solchem Fall bekanntlich stets rückwärts die Treppe hinunter; wenn jemand einen sehen sollte, dann kann man immer gleich so tun, als steige man nach oben und sagt, man bringe die Säcke zu einem Herrn Francesco, der ja wohl in diesem Hause wohne, mit einer schönen Empfehlung von Herrn Augusto. Herr Francesco wohnt nicht in diesem Haus, man schimpft über Herrn Augusto, der einem doch stets die unrichtige Hausnummer nennt, so daß man die doppelte Arbeit hat; die Person, welche einem begegnet ist, bedauert einen, daß man die schweren Packen so hoch geschleppt hat, und gibt einem den guten Rat, sich lieber immer erst unten zu erkundigen, ob man auch recht gegangen ist; dann geht man die Treppe hinunter und hat seine Massematten* in Sicherheit.

Demnach geht also Lange Rübe rückwärts hinunter. Aber die Bodentreppe ist steil, und wie er eben auf der vorletzten Stufe ist, tritt er fehl, stürzt, die Säcke rollen von den Schultern, und er selber schlägt mit aller Wucht an Trombas Tür. Lange Rübe steht langsam auf und reibt sich das Bein, Tromba öffnet die Tür.

Natürlich tut Lange Rübe ganz selbstverständlich. Er beklagt sich über die Treppe, und preist sein Glück, denn er hätte sich ein Bein brechen können bei der Gelegenheit, und das hätte er dann von seinem guten Herzen gehabt. Da aus diesen Ausrufen und Erklärungen nicht zu erkennen ist, was Lange Rübe mit den beiden prallen Säcken will, so fragt Tromba; Lange Rübe tut wieder

Perhaps Mrs. Tromba is thinking that after all, she now has her bed and it's always better for a man's health to get it out of his system rather than swallow his annoyance; but perhaps she's really too occupied with the question of the curtains; in any case, she doesn't contradict. According to normal psychology Tromba's anger should now abate; but in Tromba, as in some other men in similar circumstances, it now grows.

Of course Long Turnip must have a bed again. On the one hand he certainly feels sorry for Tromba; Tromba simply can't handle women; on the other hand you can't blame Long Turnip for being furious with Tromba, for after all it is a low trick to take his bed away.

So Long Turnip summons a cab driver who is a friend of his and drives with him to Tromba's house. The cab stops below, Long Turnip gets out, enters the house, goes up the stairs to the attic, opens the guest room and packs the bed into two large sacks which he has brought with him. He puts these over his shoulders and quietly goes down the stairs again.

As everyone knows, in a case like that you always walk down the stairs backward. If anyone should see you, you can always promptly pretend that you're going upstairs and say you're bringing these sacks for a Mr. Francesco, who *does* live in this house, doesn't he?, with the compliments of Mr. Augusto. Mr. Francesco does not live in this house, you say nasty things about Mr. Augusto, who's always giving you the wrong house number, so that you have double the work. The person you've met pities you for having dragged the heavy packs up such a distance, and gives you the sound advice always to ask first downstairs whether you've got the right place. Then you go down the stairs and have your loot safe.

Accordingly Long Turnip descends backward. But the attic stairs are steep, and just when he is on the second to the last stair, he misses his step, falls, the sacks roll off his shoulders, and he himself bangs with full force against Tromba's door. Long Turnip gets up slowly, rubbing his leg; Tromba opens the door.

Of course Long Turnip behaves with the utmost casualness. He complains of the stairs and considers himself lucky, for he could have broken his leg in this instance, that's what his good heart would have done for him. As these exclamations and explanations reveal nothing of what Long Turnip intends with these two bulging sacks, Tromba asks him. Long Turnip again

selbstverständlich und erklärt, in denen sei doch das Bett; er habe
gehört, daß der Herr Polizeihauptmann ein Bett brauche, und da er
ein Bett überflüssig habe, so bringe er es ihm; der Herr Polizeihauptmann könne es behalten, solange er wolle, bei ihm sei es nicht nötig,
und er freue sich sehr, daß er dem Herrn Polizeihauptmann die kleine
Gefälligkeit erweisen könne, als ein Ehrenmann dem anderen.

Tromba denkt bei sich, daß Lange Rübe ja verdammt schnell
wieder ein Bett gefunden hat, sein Gewissen ist beruhigt; einigermaßen ärgert er sich ja über die Frechheit, daß er es ihm gleich
zeigen will, aber dann kann er ihm die Frechheit auch wieder nicht
übelnehmen, denn Lange Rübe sieht doch zu komisch aus, wie er da
steht mit dem dummen Gesicht. Also er erklärt kurz, er brauche kein
Bett weiter, er sei schon versehen. Lange Rübe entschuldigt sich,
setzt die Mütze wieder auf und reibt sich das Bein. Tromba fragt, ob
es sehr weh tue; Lange Rübe erzählt, daß er mit dem Schienbein
gerade auf die scharfe Schwellenkante geschlagen ist, wie er die
letzte Stufe nach oben steigt, er hat die Engel im Himmel pfeifen
hören.*

Tromba geht in die Stube, bringt eine Schnapsflasche mit einem
Glas heraus und gießt Lange Rübe ein. Lange Rübe dankt mit einer
höflichen Verbeugung, leert das Glas und stellt es Tromba wieder zu.
Dann sieht er seine beiden Packen an.

Tromba versteht den Blick. Er gibt Lange Rübe die Weisung, daß
er sich auf eine Treppenstufe setzt, dann legt er ihm die beiden
Packen auf den Rücken; Lange Rübe erhebt sich, dankt von Herzen
und geht die Treppe hinunter auf die Straße, wo ihn sein Freund mit
der Droschke erwartet.

Als Frau Tromba wieder in ihr Fremdenzimmer geht, fehlt das
Bett. Sie stürzt zu ihrem Mann und erzählt es ihm. Die Vorwürfe,
welche sie ihm macht, sind berechtigt. Daß die Gauner so frech sind,
selbst den Polizeihauptmann zu bestehlen, das muß denn doch an
ihm liegen. Bei einem andern würden sie mehr Furcht haben.
Tromba sieht ein, daß er den Zwischenfall mit Lange Rübe nicht
erzählen darf, und in seiner Bestürzung weiß er gar nichts zu erwidern, sondern schweigt, indessen die Frau den Übergang zum
Weinen macht.

Natürlich kann Tromba jetzt nicht noch einmal Haussuchung halten. Aber er hat auch die Aufsicht über die Gewichte und Waagen in
den Kaufmannsläden. Deshalb schießen die Kaufleute zusammen
und kaufen ihm ein Bett, und so sind denn nun alle Teile zufrieden-
gestellt.

behaves with complete casualness and explains, why, they contain the bed, of course. He has heard that the Police Captain needs a bed, and since he has a bed which he doesn't need, he's bringing it to him. The Police Captain may keep it as long as he wishes, he doesn't need it, and he's very glad that he can do this little favor for the Police Captain, as one man of honor to another.

Tromba thinks to himself, Long Turnip has found another bed damn fast. His conscience is appeased. To a degree he is, of course, annoyed at his insolence in wanting to show it to him at once; but then again he can't blame him for the insolence, for Long Turnip really looks too funny as he stands there with his stupid face. So he explains briefly that he no longer needs a bed, he's already provided for. Long Turnip excuses himself, puts his cap on again and rubs his leg. Tromba asks him whether it hurts much; Long Turnip tells him that he struck his shin right against the sharp edge of the doorsill as he was climbing the last step upward. He heard the angels in heaven sing.

Tromba goes into the apartment, brings out a bottle of whiskey and a glass and pours out a drink for Long Turnip. Long Turnip thanks him with a courteous bow, empties the glass and hands it back to Tromba. Then he looks at his two packs.

Tromba understands the look. He directs Long Turnip to sit down on a stair, then he puts the two packs on his back. Long Turnip gets up, thanks him cordially and goes down the staircase to the street, where his friend is waiting for him with the cab.

When Mrs. Tromba goes into the guest room again, the bed is missing. She rushes to her husband and tells him about it. The reproaches which she hurls at him are justified. That the crooks are so impudent that they steal from the police captain himself is surely his fault. With another man they would have more fear. Tromba realizes that he mustn't tell about the incident with Long Turnip. In his consternation he can say nothing in reply but keeps quiet, while his wife makes the transition to tears.

Of course Tromba can't make a second search now. But he also has jurisdiction over the inspection of weights and scales in the shops. So the merchants chip in and buy him a bed, and so all parties are now satisfied.

45. HERBSTGEFÜHL

Johann Wolfgang von Goethe

Fetter grüne, du Laub,
Am Rebengeländer
Hier mein Fenster herauf!
Gedrängter quellet,
Zwillingsbeeren, und reifet
Schneller und glänzend voller!
Euch brütet der Mutter Sonne
Scheideblick; euch umsäuselt
Des holden Himmels
Fruchtende Fülle;
Euch kühlet des Mondes
Freundlicher Zauberhauch:
Und euch betauen, ach!
Aus diesen Augen
Der ewig belebenden Liebe
Vollschwellende Tränen.

46. DER GRASHÜPFER

Waldemar Bonsels

Das war einmal° ein Tag! Morgens ganz früh hatte es getaut, dann war die Sonne über dem Wald aufgegangen und hatte ihre Strahlen schräg über den grünen Graswald° geschickt, so daß ein Glitzern und Funkeln begann, daß man vor Seligkeit und Entzücken über einen Anblick von solcher Pracht nicht wußte, was man sagen oder tun sollte.

Mit einem hellen Jubel voll Lebensfreude schwang sich die kleine Maja an diesem Morgen in den Sonnenschein hinaus, um zu erfahren, was dieser neue schöne Tag ihr bringen würde.

Sie segelte geradeaus durch das goldene Licht der Luft, so daß sie wie ein kleines rasches Pünktchen aussah, das der Wind dahintrieb.

»Heute werde ich einem Menschen begegnen«, rief sie, »an solchen Tagen sind sicher auch die Menschen unterwegs, um sich in der hellen Natur zu erfreuen.« Es waren ihr noch niemals so viele

45. AUTUMNAL FEELING

Johann Wolfgang von Goethe

Grow more lushly green, you foliage,
on the vine trellis [climbing]
up to my window here!
Swell tighter,
twin berries, and ripen
more quickly and more fully glistening!
The parting glance of mother sun
hatches you; the fructifying fullness
of the gracious sky
whispers about you;
the friendly magic breath
of the moon cools you;
and the full swelling tears
of everlastingly vivifying love
bedew you, alas,
from these eyes.

46. THE GRASSHOPPER

Waldemar Bonsels

That was some day! Very early in the morning there had been a
thaw, then the sun had risen over the woods and had sent its rays
obliquely over the green grass forest, so that a glittering and
sparkling began; one did not know what to say or do from happiness and delight at such splendor.

With a clear shout full of *joie de vivre* little Maja soared out
into the sunshine this morning, to discover what this new beautiful day would bring her.

She sailed straight ahead through the golden light of the air,
so that she looked like a swift tiny point which the wind was dri-
ving before it.

"Today I'm going to meet a human," she exclaimed; "on such
days human beings are certainly about too, to rejoice in bright
nature." She had never yet met so many insects, there was a

Insekten begegnet, es war ein Kommen und Treiben, ein Summen
Lachen und Jubeln in der Luft, daß man unwillkürlich mit einstim-
men mußte.

Die kleine Maja ließ sich endlich in einem Graswald nieder, in dem
vierlerlei Blumen und Pflanzen wuchsen. Die höchsten waren die
weißlichen Blütenbüschel der Schafgarbe und Mohnblumen, die
knallrot und leuchtend eine große Anziehungskraft ausübten. Als
Maja ein wenig Honig aus einer Akeleiblume genommen hatte und
eben im Begriff war, weiterzufliegen, begegnete ihr auf einem
Grashalm, der sich zu ihrer Blume hinüberbog, ein ganz seltsamer
Geselle. Anfangs erschrak sie sehr, weil sie nicht für möglich gehalten
hatte, daß solch ein grünes hageres Ungetüm vorkommen könnte,
aber dann wurde doch ihr ganzes Interesse in so hohem Maße wach,
daß sie wie angewurzelt sitzenblieb und den langbeinigen Fremdling
anstarrte. Es sah aus, als habe er Hörner, aber es war nur seine seltsam vorgerückte Stirn, die es so erscheinen ließ. Zwei unendlich
lange, fadendünne Fühler waren daran, er erschien sehr schlank und
hatte zierliche Vorderbeinchen und ganz dünne unauffällige Flügel-
chen, mit denen sich nach Majas Meinung nicht viel anfangen ließ.
Das Merkwürdigste aber waren seine zwei großen, hohen Hinterbeine, die ihn wie zwei riesige geknickte Stelzen weit überragten. Er
war über und über grün, und seine listigen Augen hatten etwas
Freches und Erstauntes zugleich, aber man konnte wohl sagen, daß
sie nicht boshaft, sondern viel eher gutmütig waren.

»Nun, Mamsell«, sagte er zu Maja, offenbar durch ihren verwun-
derten Gesichtsausdruck geärgert, »Sie haben wohl noch keinen
Grashüpfer gesehen? Oder legen Sie Eier?«

»Was fällt Ihnen ein?« rief Maja zornig. »Wie sollte ich auf diesen
Gedanken kommen? Auch wenn ich es könnte, würde ich es niemals
tun. Wie sollte ich den heiligen Pflichten der Königin in so leichtsin-
niger Weise vorgreifen?«

Der Grashüpfer duckte sich etwas zusammen und machte ein ganz
unbeschreiblich komisches Gesicht, so daß Maja trotz ihres
Verdrusses laut lachen mußte.

»Mamsell«, rief er, aber dann mußte er selber lachen und sagte nur
noch: »Nein, so was! Sie sind aber Eine!«

Maja wurde ganz ungeduldig durch das Benehmen dieses selt-
samen Gesellen. »Warum lachen Sie denn?« fragte sie nicht gerade
freundlich. »Sie können doch nicht im Ernst verlangen, daß ich Eier
legen soll, und noch dazu hier auf den Rasen.«

coming and hustling, a humming, laughing and joyous shouting in the air, so that you had to join in involuntarily.

Little Maja finally settled down in a grass forest in which many kinds of flowers and plants grew. The tallest were the whitish bundles of blossoms of the yarrow and poppies which, flashy red and glowing, exercised a great power of attraction. When Maja had taken a little honey from a columbine and was just on the point of flying on, she was met by a very strange fellow on a blade of grass which bent over toward her flower. At first she was very frightened, because she wouldn't have thought it possible that such a lean green monster could exist, but then her whole interest became alive in such a high degree that she remained sitting there as though rooted to the spot and stared at the long-legged stranger. It looked as if he had horns, but it was only his strangely protruding forehead that made it look like that. Two unendingly long, thread-thin feelers were attached to it, he looked very slender and had dainty little forelegs and very thin, inconspicuous little wings, with which, in Maja's opinion, there wasn't much that you could do. But the most remarkable thing was his two long hind legs, which towered far above him like two gigantic bent stilts. He was green all over and his cunning eyes had something about them that was both insolent and astonished at the same time, but one could probably say that they were not malicious, but much rather good-natured.

"Well, mademoiselle," he said to Maja, obviously annoyed by the astonished look on her face. "You've never seen a grasshopper, I suppose? Or do you lay eggs?"

"What do you mean?" Maja cried angrily. "How could I think of such a thing? And even if I could, I'd never do it. How could I encroach on the sacred duties of the queen in such an irresponsible way?"

The grasshopper drew his head in slightly and made an indescribably comic face, so that Maja had to laugh out loud in spite of her annoyance.

"Mademoiselle," he cried, but then he had to laugh himself and merely added, "Well, I never! You are a number!"

The behavior of this strange fellow made Maja quite impatient. "What are you laughing at?" she asked in not exactly friendly tones. "Surely you can't seriously expect me to lay eggs, and on this grass besides."

Da knackte es, der Grashüpfer sagte: »Hoppla!« und fort war er.
Maja war ganz verdutzt. Hoch in die Luft hatte er sich geschwungen, ohne seine Flügel zu brauchen, in einem riesigen Bogen und, wie es Maja erschien, in einer an Wahnsinn grenzenden Tollkühnheit.
Aber da war er schon wieder. Sie hatte nicht sehen können, woher er kam, aber nun saß er neben ihr auf dem Blatt der Akeleiblume. Er betrachtete sie von allen Seiten, von hinten und von vorn. »Nein«, sagte er dann schnippisch, »Sie können allerdings keine Eier legen, Sie sind nicht darauf eingerichtet. Sie haben keinen Legestachel.«°

»Was,« sagte Maja, »keinen Legestachel?« Sie deckte sich etwas mit ihren Flügeln zu und drehte sich so um, daß der Fremde nur ihr Gesicht sehen konnte. »Ja natürlich. Fallen Sie nur nicht von Ihrem Podium,° Mamsell. Sie sind eine Wespe, nicht wahr?«

Etwas Schlimmeres hätte nun der kleinen Maja in aller Welt nicht begegnen können. »Schockschwerenot!«° rief sie. »Hoppla!« antwortete der Grashüpfer und fort war er.

»Ich werde ganz nervös über so eine Person,« sagte Maja und beschloß fortzufliegen. Solange sie denken konnte, war ihr eine solche Beleidigung noch nicht widerfahren. Mit einer Wespe verwechselt zu werden, bedeutete ihr die größte Schmach, mit diesem nutzlosen Raubgesindel, mit diesem Diebsvolk, diesen Landstreichern. Es war in der Tat empörend.

Aber da war der Grashüpfer plötzlich wieder da. »Mamsell«, rief er, und drehte sich langsam ein wenig, wobei seine langen Hinterbeine aussahen wie Uhrzeiger, wenn es fünf Minuten vor halb sieben ist. »Mamsell, Sie müssen entschuldigen, daß ich zuweilen das Gespräch unterbreche. Aber plötzlich packt es mich. Ich muß springen, um die Welt muß ich springen, wohin es immer sei. Kennen Sie das nicht auch?«

Er zog seinen Mund von einem Ohr zum andern, indem er Maja anlächelte. Sie konnte nicht anders, sie mußte lachen. »Nicht wahr?« sagte der Grashüpfer und nickte ermutigend. »Wer sind Sie denn nur?« fragte Maja, »Sie sind schrecklich aufregend.« »Aber man kennt mich doch überall,« sagte der Grüne und grinste wieder, so erschöpfend, wie Maja noch niemals jemanden hatte grinsen sehen. Sie wußte nie recht, ob er etwas im Ernst oder im Scherz meinte.

»Ich bin in dieser Gegend fremd«, sagte sie freundlich, »sonst würde ich Sie sicher kennen, aber ich bitte Sie, sich zu merken, daß ich zur Familie der Bienen gehöre, und daß ich durchaus keine Wespe bin.« »Ach Gott«, sagte der Grashüpfer, »das ist doch dasselbe.«

Then there was a snap, the grasshopper said, "Whoops!" and off he was.

Maja was wholly taken aback. He had swung himself high into the air without using his wings, in a gigantic arc and, as it seemed to Maja, with a foolhardiness that bordered on madness.

But there he was again. She hadn't been able to see where he came from, but now he was sitting beside her on the columbine leaf. He was studying her from all sides, from behind and in front. "No," he then said saucily, "of course you can't lay eggs, you're not set up for it. You have no borer."

"What," said Maja, "no borer?" She covered herself somewhat with her wings and turned around in such a way that the stranger could only see her face. "Yes, of course. Just keep your shirt on, mademoiselle. You're a wasp, aren't you?"

Nothing worse in the whole world could have happened to little Maja. "Blast it!" she cried. "Whoops!" the grasshopper replied and off he was.

"I get quite nervous from a person like that," said Maja and decided to fly away. As far back as she could think, she had never experienced such an insult. To be confused with a wasp meant to her the greatest disgrace—with this useless rabble, with this gang of thieves, these tramps. It was truly revolting.

But there was the grasshopper suddenly back again. "Mademoiselle," he cried and he made a slow, slight turn, so that his long hind legs looked like the hands of a clock at twenty-five past six. "Mademoiselle, you must excuse me for interrupting the conversation at times. But it suddenly gets me. I have to jump, for all the world I have to jump, no matter where. Don't you know the feeling too?"

As he smiled at Maja he drew back his mouth from one ear to the other. She couldn't help it, she had to laugh. "Don't you?" the grasshopper said and nodded in encouragement. "But just who are you?" asked Maja. "You're so terribly exciting." "But I'm known everywhere, really," said the green fellow and grinned again, so thoroughly as Maja had never seen anyone grin before. She never really knew whether he meant something in earnest or in jest.

"I'm a stranger in these parts," she said in a friendly tone, "otherwise I'd surely know you, but I beg you to notice that I belong to the bee family and that I'm absolutely not a wasp." "Oh my," said the grasshopper, "but it's really the same thing."

Maja konnte vor Aufregung kaum sprechen. »Sie sind ungebildet«, stieß sie endlich hervor. »Schauen Sie sich doch einmal eine Wespe an.« »Was könnte mich wohl dazu veranlassen?« antwortete der Grüne. »Wohin würde es führen, wenn ich mir Unterschiede merkte, die nur in der Einbildung existieren? Sie fliegen in der Luft herum, stechen alles, was in Ihre Nähe kommt, und können nicht springen. Genau so ist es mit den Wespen. Wo liegt also der Unterschied? Hoppla!« Und fort war er.

Jetzt flieg ich aber, dachte Maja. Da war er wieder. »Mamsell«, rief er, »morgen ist Wettspringen im Garten des Pfarrers Sündepiek. Wollen Sie eine Freikarte, um zuschauen zu können? Meine Alte hat deren noch zwei, gegen ein Kompliment gibt sie eine her. Ich hoffe den bestehenden Rekord zu schlagen.« »Ich interessiere mich nicht für so ein Gehüpfe«, sagte Maja nicht ohne Verdruß. »Wer fliegen kann, hat höhere Interessen.«

Der Grashüpfer grinste, daß man es förmlich zu hören glaubte. »Überschätzen Sie sich nicht, Mamsell. Die meisten Tiere der Welt können fliegen, aber springen können die wenigsten. Sie haben keinen Überblick über die Interessen der Mitwelt. Den Wunsch nach einem hohen, eleganten Sprung finden Sie sogar bei den Menschen. Kürzlich sah ich den Pfarrer Sündepiek fast einen Meter hoch springen, um einer kleinen Schlange zu imponieren, die vor ihm über den Weg lief. Seine Verachtung gegen alles, was nicht Springen war, ging dabei so weit, daß er seine Pfeife fortschleuderte, ohne die kein Pfarrer leben kann. Begreifen Sie diesen Ehrgeiz!— Ich habe Grashüpfer gekannt, und sie gehörten zu meiner Familie, die dreihundertmal so hoch sprangen, als sie selbst groß waren. Ja, nun staunen Sie und sagen kein Wort mehr, und bereuen innerlich alles, was Sie eventuell noch hätten behaupten wollen. Dreihundert- mal so hoch, als er groß war! Muten Sie so etwas mal jemandem zu! Selbst das größte Tier der Welt, der Elefant, ist nicht in der Lage, einen solchen Sprung auszuführen. Nun? Da schweigen Sie! Habe ich nicht gesagt, daß Sie schweigen würden?« »Aber wie soll ich denn reden, wenn Sie nicht einen Augenblick still sind?« rief Maja. »Reden Sie also«, sagte der Grashüpfer freundlich, und dann rief er »Hoppla!« und war fort.

Da mußte die kleine Maja trotz ihres Verdrusses doch lachen. So etwas war ihr noch niemals begegnet. So sehr der Grashüpfer sie durch sein scherzhaftes Benehmen in Erstaunen setzte, so bewun- derte sie doch seine Welterfahrenheit und seine großen Kenntnisse. Wenn sie es auch mit dem Springen nicht hielt wie er, so war sie doch

Maja could hardly speak for irritation. "You're a boor," she finally burst out. "Why don't you have a look at a wasp some time?" "Whatever could make me do that?" replied the green fellow. "Where would it lead to, if I noticed differences which exist only in the imagination? You fly about in the air, sting everything that comes near you, and can't jump. It's exactly the same with the wasps. So where's the difference? Whoops!" And off he was.

Now I really am going to fly, thought Maja. There he was again. "Mademoiselle," he cried, "tomorrow there's a jumping meet in Pastor Sündepiek's garden. Would you like a free ticket, so that you could watch? My old woman has two more left, for a compliment she'll give one up. I hope to break the existing record." "I'm not interested in these hops," Maja said, not without annoyance. "A person who can fly has higher interests."

The grasshopper grinned so that you thought you could fairly hear it. "Don't overestimate yourself, mademoiselle. Most animals in the world can fly, but only the fewest can jump. You have no bird's-eye view of the interests of the rest of the world. You will find the wish for a high, elegant jump even among human being. Recently I saw Pastor Sündepiek jump almost a meter high, to impress a little snake that was crossing the road in front of him. His contempt for everything that was not jumping went so far on that occasion that he threw his pipe away, without which a parson can't live. Can you grasp this ambition? I have known grasshoppers, and they belonged to my family, who jumped three hundred times as high as they were tall. Yes, now you're astonished and don't say another word, and in your mind you regret everything you might possibly have wanted to say. Three hundred times as high as he was tall! Could you ever imagine such a thing of anyone! Even the biggest animal in the world, the elephant, isn't able to perform such a jump. Well? You're speechless. Didn't I tell you that you'd be speechless?" "But how am I to talk when you're not quiet for a moment?" Maja exclaimed. "Well then, talk," said the grasshopper amiably, and then he cried "Whoops!" and was gone.

Then little Maja had to laugh after all, in spite of her vexation. She had never met anything like that yet. However much the grasshopper threw her into astonishment by his comical behavior, she nevertheless admired his worldly experience and his great knowledge. Even if she didn't share his views on jumping,

verwundert über alle die Neuigkeiten, die sie in der kurzen Unterhaltung erfahren hatte. Wenn der Grüne nur etwas zuverlässiger gewesen wäre, sie hätte ihn gar zu gern nach diesem oder jenem gefragt. Oft erleben wirklich diejenigen am meisten, dachte sie, die am wenigsten damit anzufangen wissen.

Ob° er die Sprache der Menschen verstehen konnte, da er doch ihre Namen wußte? Danach wollte sie ihn fragen, wenn er noch einmal zurückkam, und auch danach, wie er über eine Annäherung dachte und über den Versuch, den Menschen in seiner Behausung aufzusuchen.

»Mamsell«, rief es neben ihr, und ein Grashalm schwankte. »Mein Gott«, sagte Maja, »wo kommen Sie nur immer her?« »Aus der Umgegend«, sagte der Grashüpfer. »Aber ich bitte Sie«, rief Maja, »springen Sie denn so aufs Geratewohl in the Welt, ohne zu wissen, wohin es Sie führt, ohne den Ort zu kennen, wo Sie ankommen?« »Natürlich,« sagte der Grüne. »Was denn sonst? Können etwa Sie in die Zukunft sehen? Das kann niemand. Nur der Laubfrosch kann es, aber er sagt nicht wie.« »Was Sie alles wissen«, rief die kleine Maja, »das ist einfach großartig. Verstehen Sie auch die Sprache der Menschen?«

»Das ist eine Frage, die schwer zu beantworten ist, Mamsell, denn es ist noch nicht nachgewiesen, ob die Menschen eine Sprache haben. Sie stoßen zuweilen Laute aus, deren abscheuliche Klanglosigkeit° mit nichts zu vergleichen ist. Offenbar verständigen sie sich dadurch. Was man ihnen lassen muß, ist ein aufrichtiges Verlangen nach erträglichen Stimmen. Ich beobachtete zwei Knaben, die Grashalme zwischen ihre Finger nahmen und mit ihrem Munde Luft darauf bliesen, so daß ein surrender Ton entstand, der dem Zirpen einer Grille vielleicht verglichen werden könnte. Aber er blieb weit dahinter zurück. Jedenfalls tun sie, was sie können. Wollen Sie sonst noch etwas wissen? Ich weiß immerhin mancherlei.« Und er grinste die kleine Maja an, daß man es förmlich hörte.

Aber als er nun das nächste Mal unversehens davonsprang, blieb er aus, und die Biene wartete eine Weile vergeblich auf ihn. Sie suchte ringsumher im Gras und in den Blumen, aber es war unmöglich, ihn wiederzufinden.

she was nevertheless astonished at all the new things she had learned in the brief conversation. If only the green fellow had been a little more responsible, she would have been only too glad to ask him about this or that. Often, she thought, those people experience most who know least what to do with their experiences.

Could he understand the speech of humans, since he knew their names? She would ask him about this if he came back again, and also what he thought about approaching them, and about an attempt to seek out man in his habitation.

"Mademoiselle," someone called near her and a blade of grass swayed. "Good heavens," said Maja, "where do you keep coming from?" "From the region here about," said the grasshopper. "But would you please tell me, do you jump about in the world just at random, without knowing where it takes you, without knowing the place you'll arrive at?" "Of course," said the green fellow. "What else? Can you perhaps look into the future? Nobody can do that. Only the tree toad can, but he doesn't say how." "How much you know," cried little Maja. "That's simply wonderful. Do you understand human speech too?"

"That's a question that's hard to answer, mademoiselle, for it hasn't been demonstrated yet whether human beings have a language. At times they utter sounds whose horrible drone can be compared with nothing. Obviously they communicate through them. What you have to grant them is a sincere desire for tolerable voices. I observed two boys taking blades of grass between their fingers and blowing air on them with their mouths, so that a whirring sound arose which might perhave be compared to the chirping of a cricket. But it didn't come near it. At any rate, they do the best they can. Do you want to know anything else? I know a thing or two." And he grinned at little Maja, so that you could fairly hear it.

But when he unexpectedly leaped away the next time, he stayed away, and the bee waited a while for him in vain. She searched around her in the grass and in the flowers, but it was impossible to find him again.

47. HAMLETS MONOLOG

William Shakespeare

Sein oder Nichtsein, das ist hier die Frage:
Ob's edler im Gemüt, die Pfeil' und Schleudern
Des wütenden Geschicks erdulden, oder
Sich waffnend gegen eine See von Plagen,
Durch Widerstand sie enden. Sterben—schlafen—
Nichts weiter!—und zu wissen, daß ein Schlaf
Das Herzweh und die tausend Stöße endet
Die unsers Fleisches Erbteil—'s ist ein Ziel
Aufs innigste zu wünschen. Sterben—schlafen—
Schlafen! Vielleicht auch träumen!—Ja, da liegts:
Was in dem Schlaf für Träume kommen mögen,
Wenn wir den Drang des Ird'schen abgeschüttelt,
Das zwingt uns still zu stehn. Das ist die Rücksicht,
Die Elend läßt zu hohen Jahren kommen.
Denn wer ertrüg' der Zeiten Spott und Geißel,
Des Mächt'gen Druck, des Stolzen Mißhandlungen,
Verschmähter Liebe Pein, des Rechtes Aufschub,
Den Übermut der Ämter, und die Schmach,
Die Unwert schweigendem Verdienst erweist,
Wenn er sich selbst in Ruhstand setzen könnte
Mit einer Nadel bloß? Wer trüge Lasten,
Und stöhnt' und schwitzte unter Lebensmüh'?
Nur daß die Furcht vor etwas nach dem Tod—
Das unentdeckte Land, von deß* Bezirk
Kein Wandrer wiederkehrt—den Willen irrt,
Daß wir die Übel, die wir haben, lieber
Ertragen, als zu unbekannten fliehn.
So macht Gewissen Feige aus uns allen;
Der angebornen Farbe der Entschließung
Wird des Gedankens Blässe angekränkelt;
Und Unternehmungen voll Mark und Nachdruck,
Durch diese Rücksicht aus der Bahn gelenkt,
Verlieren so der Handlung Namen.

47. HAMLET'S MONOLOGUE

William Shakespeare

To be, or not to be, that is the question:
Whether 'tis nobler in the mind to suffer
The slings and arrows of outrageous Fortune,
Or to take arms against a sea of troubles,
And by opposing end them: to die, to sleep,
No more; and by a sleep, to say we end
The heart-ache, and the thousand natural shocks
That flesh is heir to? 'tis a consummation
Devoutly to be wish'd. To die, to sleep,
To sleep, perchance to dream; ay, there's the rub,
For in that sleep of death, what dreams may come,
When we have shuffled off this mortal coil,
Must give us pause. There's the respect
That makes calamity of so long life:
For who would bear the whips and scorns of time,
The oppressor's wrong, the proud man's contumely,
The pangs of dispriz'd love, the Law's delay,
The insolence of office, and the spurns
That patient merit of the unworthy takes,
When he himself might his quietus make,
With a bare bodkin? who would fardels bear,
To grunt and sweat under a weary life,
But that the dread of something after death,
The undiscover'd country, from whose bourn
No traveller returns, puzzles the will,
And makes us rather bear those ills we have,
Than fly to others that we know not of.
Thus conscience does make cowards of us all,
And thus the native hue of resolution
Is sicklied o'er with the pale cast of thought,
And enterprises of great pith and moment,
With this regard their currents turn awry,
And lose the name of action.

48. GEDANKEN IV

17. Georg Christoph Lichtenberg:

Über nichts wird flüchtiger geurteilt, als über die Charaktere der Menschen, und doch sollte man in nichts behutsamer sein. Bei keiner Sache wartet man weniger das Ganze ab, das doch eigentlich den Charakter ausmacht, als hier. Ich habe immer gefunden, die sogenannten schlechten Leute gewinnen, wenn man sie genauer kennen lernt, und die guten verlieren.

18. Johann Wolfgang von Goethe:

Vergebens werden ungebundne Geister nach der Vollendung reiner Höhe streben. Wer Großes will, muß sich zusammenraffen, in der Beschränkung zeigt sich erst der Meister, und das Gesetz nur kann uns Freiheit geben.

19. Johann Wolfgang von Goethe:

Des Menschen größtes Verdienst bleibt wohl, wenn er die Umstände soviel als möglich bestimmt und sich so wenig als möglich von ihnen bestimmen läßt. Das ganze Weltwesen liegt vor uns wie ein großer Steinbruch vor dem Baumeister, der nur dann den Namen verdient, wenn er aus diesen zufälligen Naturmassen ein in seinem Geiste entsprungenes Urbild mit der größten Ökonomie, Zweckmäßigkeit und Festigkeit zusammenstellt. Alles außer uns ist nur Element, ja ich darf wohl sagen, auch alles an uns; aber tief in uns liegt diese schöpferische Kraft, die das zu schaffen vermag, was sein soll, und uns nicht ruhen und rasten läßt, bis wir es außer oder an uns, auf eine oder die andere Weise dargestellt haben.

20. Jean Paul Richter:

SELBSTSUCHT DES KINDES UND DES GREISES

Das Kind denkt und sieht in unschuldiger Selbstsucht immer nur sich, der Greis, von seinen Leiden mit Gewalt auf sich zurückgewandt, tut dasselbe und muß neben der von ihm kalt vorbeigehenden und ihm den Rücken kehrenden Zeit, wie ein Einsiedler, ein Reisender in der Wüste, nur immer sich hören und sehen. Bloß in der warmen und hellen Mitte des Lebens steht der Mensch nicht sich nahe, sondern der Welt, die er und die ihn ergreift. So gleicht der

48. THOUGHTS IV

17. Georg Christoph Lichtenberg:

There is nothing about which hastier judgments are made than the characters of men, and yet there is nothing about which one ought to be more cautious. On no other matter do we wait less long to see the whole, which, after all, really constitutes character, than there. I have always found that so-called bad people gain, and the good lose, when one gets to know them better.

18. Johann Wolfgang von Goethe:

Unbridled minds will strive in vain for the perfection of pure elevation. He who wants great things must pull himself together, the master reveals himself only in limitation, and the law alone can give us freedom.

19. Johann Wolfgang von Goethe:

Probably man's greatest merit is in determining conditions as much as possible and allowing himself to be determined by them as little as possible. The whole universe lies before us like a great stone quarry before the master builder, who only deserves his name when he can put together from these accidental masses of nature an archetype, originating in his mind, with the greatest economy, purposiveness and solidity. Everything outside of us is only element, indeed I dare say everything in us too; but deep within us lies that creative force which is able to create what ought to be, and does not permit us to rest and halt until we have depicted it outside or in ourselves, in one way or another.

20. Jean Paul Richter:

SELFISHNESS OF THE CHILD AND THE OLD MAN

The child, in its innocent selfishness, always thinks of and sees only itself; the old man, forcibly turned back on himself by his sufferings, does the same and must, in the face of time which coldly passes him by and turns its back on him, always hear and see only himself, like a hermit, a traveler in the desert. Only in the warm and bright middle of life does man stand, not close to himself but to the world, which he grasps and which grasps him.

Mensch der Sonne über dem Meere, welche an ihrem Mittage ihr Bild nur fern in der Tiefe erblickt, hingegen im Aufsteigen und im Untergehen mit ihrem Glanzbild in den Wogen zusammenfällt.

21. Johann Wolfgang von Goethe:

Die Menge fragt bei einer jeden neuen bedeutenden Erscheinung was sie nutze, und sie hat nicht Unrecht; denn sie kann bloß durch den Nutzen den Wert einer Sache gewahr werden.

Die wahren Weisen fragen, wie sich die Sache verhalte in sich selbst und zu andern Dingen, unbekümmert um den Nutzen, d.h. um die Anwendung auf das Bekannte und zum Leben Notwendige, welche ganz andere Geister, scharfsinnige, lebenslustige, technisch geübte und gewandte schon finden werden.

Die Afterweisen suchen von jeder neuen Entdeckung nur so geschwind als möglich für sich einigen Vorteil zu ziehen, indem sie einen eitlen° Ruhm bald in Fortpflanzung, bald in Vermehrung, bald in Verbesserung, geschwinder Besitznahme, vielleicht gar durch Präoccupation° zu erwerben trachten und durch solche Unreifheiten die wahre Wissenschaft unsicher machen und verwirren, ja ihre schönste Folge, die praktische Blüte derselben, offenbar verkümmern.

22. Martin Luther:

Diese zwei Sprüche sind wahr: »Gute, fromme Werke machen nimmermehr einen guten frommen Mann, sondern ein guter, frommer Mann macht° gute, fromme Werke. Böse Werke machen nimmermehr einen bösen Mann, sondern ein böser Mann macht böse Werke.« Also° daß allewege° die Person zuvor gut und fromm sein muß vor allen guten Werken, und gute Werke von der frommen, guten Person folgen und ausgehen; gleichwie Christus sagt »Ein böser Baum trägt keine gute Frucht, ein guter Baum trägt keine böse Frucht.« Nun ist es offenbar, daß die Früchte nicht den Baum tragen, es wachsen auch die Bäume nicht auf den Früchten, sondern wiederum, die Bäume tragen die Früchte, und die Früchte wachsen auf den Bäumen. Wie nun die Bäume eher sein müssen denn die Früchte, und die Früchte die Bäume weder gut noch böse machen, sondern die Bäume die Früchte machen, also muß der Mensch in der Person zuvor fromm oder böse sein, ehe er gute oder böse Werke macht. Und seine Werke machen ihn nicht gut oder böse, sondern er macht gute oder böse Werke.

So man is like the sun over the sea, which at the noon hour sees its image only from a distance in the depths, but in rising and setting coincides with its splendid image in the waves.

21. Johann Wolfgang von Goethe:

The mass asks of every new significant phenomenon what use it is, and it is not wrong [to do so]; for it can become aware of the value of a thing only through its utility.

The truly wise ask how the thing is related to itself and to other things, regardless of its usefulness—that is, of its application to what is known and what is necessary for life, which very different minds, perceptive, avid of life, technically trained and apt will surely find out.

The pseudo-wise seek to derive some advantage for themselves from every new discovery as quickly as possible by scheming to acquire hollow fame, either through propagation or by increase or by improving or by taking swift possession, perhaps even through pre-occupation, and by such immature behavior they make insecure and confuse true knowledge, indeed they obviously impoverish its fairest result, its practical fruition.

22. Martin Luther:

These two sayings are true: "Good, pious works never make a good pious man, but a good pious man does good, pious works. Evil works never make an evil man, but an evil man does evil works." So that at all times the person must first be good and pious before all good works, and good works follow and have their beginnings in the pious good person; as Christ says: "A bad tree bears no good fruit, a good tree bears no bad fruit." Now it is obvious that the fruit does not bear the tree, nor do the trees grow on the fruit, but again the trees bear the fruit, and the fruit grows on the trees. Now as the trees must be there before the fruit, and the fruit makes the tree neither good nor bad, but the trees make the fruit, so must man first be pious or evil in his person before he does good or evil works. And his works do not make him good or evil, but he does good or evil works.

23. Hugo von Hofmannsthal:

Das Leben trägt ein ehernes Gesetz in sich, und jedes Ding hat
seinen Preis: auf der Liebe stehen die Schmerzen der Liebe, auf dem
Glück des Erreichens die unendlichen Müdigkeiten des Weges, auf
der erhöhten Einsicht die geschwächte Kraft des Empfindens, auf der
glühenden Empfindung die entsetzliche Verödung. Auf dem ganzen
Dasein steht als Preis der Tod.

49. WALT WHITMAN

Herbert Eulenberg

Dich sing' ich, größten,
Um nicht zu sagen, einzigen Dichter Amerikas,
Dich, Walt Whitman,
Bürger Manhattans und der Erde!
Nicht die Musen ruf' ich an vor solchem Unterfangen.
Weg mit den Mythen und den ranzigen Schulerinnerungen!
Unbelastet mit klassischen Überlieferungen
Steh' ich dir gegenüber, frei und unverbildet
Auf dem jungfräulichen Boden der neuen Welt
Und spreche zu dir wie ein Mensch zum Menschen,
Vorbild, Bruder, Kamerado, der ich dich liebe,
Wie du mich liebtest und alle Zukunft.
In meiner Linken halt' ich deine »Grashalme«.
So nanntest du die Sammlung deiner Verse.
Deiner barbarischen Gesänge,
Mit denen du dir die Welt erobert hast.
Du bist Amerika in seiner Größe und Mannigfaltigkeit.
Durch deine Lieder weht der Wind, der durch die Prärien stürmt,
Die Dampfer des Mississippi dampfen durch deine Gesänge,
Das weite Land des Ontario, Erie, Huron und Michigan
Atmet aus deinen Worten.
Die Felsen von Arkansas, die Steppen von Texas,
Das nach Obst duftende Kalifornien
Und die Hochebene von Kolorado,
Das sind die mächtigen Lungen, die dich speisen.
Immer aufs neue packen mich deine freien Rhythmen,
Tragen mich aus meiner kleinen Heimat hinaus

23. Hugo von Hofmannsthal:

Life bears a hard law within itself, and everything has its price:
[the price] of love is the pains of love, of the happiness of at-
tainment the infinite weariness of the way, of heightened insight
the weakened power of sensation, [the price] of glowing sensation dreadful desolation. On the whole of existence death stands
as the price.

49. WALT WHITMAN

Herbert Eulenberg

You I sing, greatest
if not to say only poet of America,
you, Walt Whitman,
citizen of Manhattan and of the earth!
It is not the muses I invoke in the face of such an undertaking.
Away with the myths and the rancid schoolboy memories!
Unburdened with classical traditions
I stand facing you, free and unspoiled by culture,
on the virgin soil of the New World
and speak to you as man to man,
model, brother, camerado, who love you,
as you loved me and the whole future.
In my left hand I hold your *Leaves of Grass*.
Thus you named the collection of your verses,
of your barbaric cantos
with which you have conquered the world.
You are America in its greatness and variety.
Through your songs the wind blows which storms through the prairies,
the steamships of the Mississippi steam through your songs,
the spacious land of the Ontario, Erie, Huron and Michigan
breathes out of your words.
The rocks of Arkansas, the plains of Texas,
California fragrant with fruit
and the lofty plateau of Colorado,
those are the mighty lungs which nourish you.
Your free rhythms grip me ever anew,
carry me out from my little native town

Und werfen mich in die Welt,
Eine Welle nur in dem Ozean der Liebe,
In dem du dich rein gebadet, dein Leben lang.
Ich weiß nicht, woher es kommt,
Aber ich fühle mich sogleich beglückt,
Wenn ich in deine Strophen blicke,
Oder sie mir laut vorsage, die mich berauschen.
Die Enge schwindet, die mich drückt,
Die Zeit weitet sich, die mich umschließt,
Die Sitte scheint mir nur eine närrische oder niedliche Übereinkunft
    zu sein.
Losgerissen von dem winzigen Anker,
Dem geliebten, etwas lächerlichen Strand, der mich für meine Tage
    fesselt,
Treib' ich von deinen Worten gewiegt—allons!—
An hohen Idealen entlang
Und an Urgefühlen vorüber. Allons!
Doch deine Hand, die nicht müde ward Milde zu spenden,
Hält mich und predigt mir mit kaum wahrnehmbarem Druck
Die Wonnen der Liebe und der Freundschaft
Und ihre ineinander übergehenden Gemeinsamkeiten,
Dichter, Weltbürger, Kamerado!

50. TRISTAN

August Graf von Platen

Wer die Schönheit angeschaut mit Augen,
Ist dem Tode schon anheimgegeben,
Wird für keinen Dienst auf Erden taugen,
Und doch wird er vor dem Tode beben,
Wer die Schönheit angeschaut mit Augen!

Ewig währt für ihn der Schmerz der Liebe,
Denn ein Tor nur kann auf Erden hoffen
Zu genügen einem solchen Triebe:
Wen der Pfeil des Schönen je getroffen,
Ewig währt für ihn der Schmerz der Liebe!

and throw me into the world,
merely one wave in the ocean of love
in which you bathed yourself pure, all your life long.
I don't know where it comes from,
but at once I feel happy
when I look into your stanzas
or recite them aloud, which intoxicate me.
The constriction which oppresses me vanishes,
time which surrounds me widens,
morality seems to me to be merely a foolish or pretty
      convention.
Torn loose from the tiny anchor,
the beloved, somewhat ridiculous shore which binds me for
      my days,
I drift, cradled by your words—let's go!—
along lofty ideals
and past primitive feelings. Let us go!
Yet your hand, which did not tire in bestowing generosity,
holds me back and preaches to me with a barely perceptible pressure
the blisses of love and of friendship
and their mutually interlocking community,
poet, cosmopolitan, camerado!

50. TRISTAN

August Graf von Platen

He who has beheld beauty with his eyes
is already given over to death,
[he] will be of no use for any service on earth,
and yet he will tremble before death,
he who has beheld beauty with his eyes!

The pain of love lasts eternally for him,
for only a fool can hope
to satisfy such an impulse on earth:
he who has ever been struck by the arrow of the beautiful,
the pain of love lasts eternally for him!

Ach, er möchte wie ein Quell versiechen,°
Jedem Hauch der Luft ein Gift entsaugen,
Und den Tod aus jeder Blume riechen:
Wer die Schönheit angeschaut mit Augen,
Ach, er möchte wie ein Quell versiechen!

51. ÜBER DEN UMGANG MIT MENSCHEN

Ludwig Börne

Vieles kann der Mensch entbehren, nur den Menschen nicht. Ihm ist die Welt gegeben; was er nicht hat, ist er. Nichts ist herrenlos auf dieser Erde, nicht einmal der Herr; nichts ist frei, nicht einmal die Luft—man kann sie dir nehmen. Bist du arm, brauchst du Menschen, die dir geben; bist du reich, brauchst du Menschen, welchen du gibst. Denn ob du einsam auf einer wüsten Insel darbst, ob du einsam im wüsten Herzen genießest, du bist nicht glücklich, wenn du einsam bist. Dein Glück auch in der Einsamkeit zu finden, mußt du heilig sein, und das bist du nicht, wenn du willst; wenige sind auserkoren.°

Vieles lernen wir auf niedern und auf hohen Schulen: wie die Sterne am Himmel gehen, welche Tiere in fremden Weltteilen leben, wie Städte beschaffen, die wir niemals sehen. Aber wie die Menschen beschaffen, die uns umgeben, und welche Wege sie wandeln, das lehrt man uns nicht. Wir lernen unter Früchten die guten wählen, die giftigen meiden; wir lernen Haustiere benutzen und wilde Tiere zähmen; wir lernen dem übermütigen Pferde schmeicheln, und das träge anspornen; schwimmen, und Brücken über reißende Ströme bauen. Aber wie wir gute Menschen gebrauchen und böse beschwichtigen; wie wir dem Stolzen schmeicheln und den Stillen antreiben; wie wir Brücken über Tyrannen bauen und durch ihre Leidenschaften schwimmen—das lernen wir nicht. Ihr sagt: das lehrt die Erfahrung den Mann! Aber die Schule der Erfahrung wird auf dem Kirchhof gehalten, und der Tod fragt uns nicht, was wir im Leben gelernt; er hat andere Künste und andere Fragen.

Doch *soll* man um den Menschen dienen? *Darf* man ihn behandeln? Soll man ihn gebrauchen? Darf man ihn täuschen? Soll man ihm schmeicheln? Du kannst noch viele solche Dinge fragen, und findest keine Antwort darauf. Und wärest du der klarste Geist und das tugendhafteste Gemüt, du wüßtest nicht, was recht ist. Glücklich auch hier, daß du nicht frei bist; daß dir die Natur, gütig oder hart,

Alas, he would like to dry up like a spring,
suck a poison from every breath of air,
and smell death from every flower:
he who has beheld beauty with his eyes,
alas, he would like to dry up like a spring!

51. ON SOCIAL INTERCOURSE

Ludwig Börne

Man can do without many things, but not without people. The world has been given him; what he does not have, he is. Nothing on this earth is without a master, not even the master; nothing is free, not even the air—it can be taken from you. If you are poor, you need people who will give to you; if you are rich, you need people to whom you may give. For whether you are starving in solitude on a desolate island, whether you are enjoying [yourself] in solitude in your desolate heart, you are not happy if you are in solitude. To find your happiness even in solitude you must be holy, and you are not that by merely willing it; few are chosen.

We learn much in the elementary and in the high schools: how the stars move in the sky, what beasts live in foreign parts of the world, what the cities are like that we never see. But what the people are like who surround us and what ways they walk— they do not teach us that. We learn to choose the good among the fruits and to avoid the poisonous; we learn to use domesticated animals and to tame wild beasts; we learn to flatter the high-spirited horse and to give the sluggish one the spur; to swim and to build bridges over raging rivers. But how to use good men and appease evil ones; how to flatter the proud man and spur on the quiet one; how we may build bridges over tyrants and swim through their passions—this we do not learn. You say: experience teaches man that. But the school of experience is conducted in the churchyard, and death does not ask us what we learned in life; he has other skills and other questions.

But *shall* one act the servant to man? *May* one manipulate him? Should one use him? May one deceive him? Should one flatter him? You can ask many more such things and find no answer to them. And even if you were the clearest mind and the most virtuous heart, you would not know what is right. Here too

Kräfte, Neigungen, Leidenschaften gegeben oder versagt, die dich auf diesen oder jenen Weg führen, und dir die Mühe der Wahl ersparen. Bist du aber der Glücklichen einer, Herr deines Willens, und Meister zu tun, was du willst: so wähle.

Es gibt zwei Wege, die zu den Menschen führen: du mußt sie lieben oder hassen, hochschätzen oder verachten, sie als göttliche Wesen oder als Sachen ansehen.

Nicht wenn du liebenswürdig* bist, wirst du geliebt; wenn man dich liebt, wirst du liebenswürdig gefunden. Andern gefallen ist leicht, schwer ist nur, daß uns andere gefallen. Hier ist die Kunst, mit Menschen umzugehen. Du sagst:»Ich verabscheue jenen Menschen, er ist schlecht.« Nein, er ist krank. Gewährst du nicht dem Kranken deine größte Sorgfalt, und sind nicht die Krankheiten des Herzens die gefährlichsten? »Aber er ist frei, er kann sich bessern.« Glaube an deine eigene Freiheit, wenn du den Mut hast, dein Tun zu verantworten; bürde aber keinem Schwachen diese Last auf. »Er ist ein Wüterich, ein Attila.«* Er ist ein Blitz. Bewunderst du nicht die Güte Gottes noch in der Sündflut, und die Weisheit der Natur im niedrigsten Gewürm? »Er ist dumm.« Er ist nur ein dummer Mensch, aber das klügste Schaf. Muß er Wolle tragen? »Er ist ungesellig.« Gebrauche ihn zu etwas anderem. Der Weinstock gibt dir seine Früchte, die Eiche ihren Schatten; hast du je Früchte von der Eiche und Schatten von dem Weinstock begehrt? »Er hat weder Geist noch Herz, noch Tugend, noch irgend eine Gabe, er ist ein Pferd.«* So reite ihn; doch du irrst. Ein Riese ist nur zweimal so groß als ein Zwerg; und jeder Zwerg ist ein halber Riese. Ein gleiches Maß von Kraft hat die Natur den meisten Menschen gegeben. Hier bildet sie sich zum Geiste, dort zur Tugend, bei einem zur Schönheit, beim andern zur Gesundheit, beim dritten zu dem Sinne aus, der das tief verborgene Glück wittert. Ohne alle Gabe ist selten einer. »Aber er ist einer dieser Seltenen; er hat weder Geist, noch Herz, noch Schönheit, noch Reichtum.« So wird er wenigstens einen guten Magen haben,* und es gibt Leute, die es gern hören, wenn man ihre Verdauung lobt. »Selbst diese ist schlecht.« Dann wird er wenig essen und trinken; lobe seine Mäßigkeit, mache aus seiner Not eine Tugend. »Aber ich will, ich darf ihm nicht schmeicheln; schmeicheln ist sündlich.« So liebe ihn. Liebe ist eine Schmeichelei, die allen gefällt, Hohen wie Niedern, Kindern wie Erwachsenen, Guten wie Bösen—und sie ist auch Gott gefällig.

Du Liberaler hassest den Ultra*—was hat er dir getan? »Er unterdrückt die Freiheit des Volkes, er will alles für sich allein, er will alle

you are lucky that you are not free; that nature, kind or hard, has given or denied you powers, inclinations, passions which lead you on this or that road and save you the trouble of [making a] choice. But if you are one of the lucky ones, lord of your will, and master to do what you want: then choose.

There are two roads that lead to men: you must love them or hate them, esteem or despise them, regard them as divine beings or as objects.

Not when you are amiable will you be loved; if you are loved, you will be found amiable. It is easy to please others, the only difficulty is that others should please us. Here is the art of handling people. You say: "I abhor that man, he's bad." No, he is ill. Don't you grant the sick man your greatest care, and are not the ailments of the heart the most dangerous? "But he is free, he can improve himself." Believe in your own freedom if you have the courage to be responsible for your conduct; but do not impose this burden on a weak man. "He is a villain, an Attila." He is a flash of lightning. Don't you admire God's kindness even in the flood and the wisdom of nature in the lowest worm? "He's stupid." He's merely a stupid man but the cleverest sheep. Must he bear wool? "He's unsociable." Use him for some other purpose. The vine gives you its fruits, the oak its shade; have you ever desired fruit from the oak and shade from the vine? "He has neither mind nor heart nor virtue nor any gift, he is a horse." Then ride him; but you are mistaken. A giant is only twice as big as a dwarf; and every dwarf is half a giant. Nature has given most men an equal measure of energy. Here it develops into mind, there into virtue, in the one into beauty, in the other into health, in a third into the sense of scenting deeply hidden fortune. Seldom is anyone without any gift at all. "But he is one of these rarities; he has neither mind, nor heart, nor beauty, nor wealth." Then he must at least have a good stomach, and there are people who like to hear their digestion praised. "But even that is bad." Then he probably eats and drinks little; praise his moderation, make a virtue out of his necessity. "But I will not, I must not flatter him; to flatter is sinful." Then love him. Love is a [type of] flattery that everyone likes, the high as well as the low, children as well as grown-ups, the good as well as the wicked—and God likes it, too.

You, a liberal, hate the ultraconservative—what has he done to you? "He suppresses the freedom of the people, he wants

Vorrechte haben.« Er liegt in den Banden der Gewohnheit, und wenn sein Recht auch nur ein Geschwür wäre, er stürbe daran, wenn man es öffnete. Doch sein Besitz ist edler, tausendjährig, und seine Vorfahren haben sich ihn durch ihre Tugenden erworben. »Doch er selbst hat kein Verdienst.« Bist du besser? Verschwelgst du nicht im Müßiggange den ererbten Reichtum, den dein Vater mit saurer Mühe erworben? Bist du geneigt, mit den Bedürftigen deine Schätze zu teilen? Macht ist wie Reichtum.—Du Ultra verfolgst den Liberalen— warum verfolgst du ihn? »Er will mir meine Rechte rauben!« Er will sie nur mit dir teilen, er ist ein Mensch, wie du. »Aber ich war Jahrhunderte im alleinigen Besitz.« Desto schlimmer für dich, du bist ihm auch die Zinsen schuldig. »Aber er ist ein Schwärmer,° den man schrecken muß, und ich habe die Macht in der Hand, ich kann ihn vernichten.« Und wenn du den Körper zerstörst, was gewinnst du? Der Geist bleibt, der Geist hat keinen Hals; er fürchtet dich nicht, er spottet deiner. Wenn du zehn, wenn du hundert, wenn du tausend fanatische Menschen hinrichten lässest, hast du darum den Fanatismus zerstört? Glaubst du das, dann bist du ein Tor, ein Kind. Schwärmerei ist wie eine Tontine,° der Anteil der Verstorbenen fällt den Überlebenden zu, und wenn du die Zahl der Toten vermehrst, hast du nichts getan, als den Reichtum des Glaubens aus vieler in weniger Herzen gebracht, daß er mächtiger wirke.

»Wohl! Ich will alle Menschen lieben, ich will jedem zu gefallen suchen, dem Klugen wie dem Einfältigen, dem Hohen wie dem Niedern, dem Guten wie dem Bösen. Doch wie gefällt man der Gemeinheit?« Das mußt du einen andern fragen. Hast du einen hohen Geist, bückst du dich vergebens; so dumm ist die Dummheit nie, daß sie nicht die krumme Linie zur geraden umzumessen wüßte.° Du mußt klein sein, willst du kleinen Menschen gefallen. »Doch ich lebe unter Philistern,° ich muß unter ihnen leben.« Das mußt du nicht; erhänge dich! Doch ist dir dein Leben gar zu lieb, vertrage dich mit ihnen. Willst du wissen, wie unglücklich man ist, wenn man mit den Menschen zerfallen, denke an Rousseau. Sein Staub ist nicht mehr, du kennst sein Leben und seine Werke und weißt, daß er edeln Herzens und hohen Geistes gewesen. Du weißt aber auch, hättest du zu seiner Zeit gelebt, du würdest ihn, wie es alle getan, für einen Bösewicht und für einen Narren gehalten haben. Rousseau war ein Sklave seiner Freiheitsliebe, und wer die Liebe zur Freiheit bis zum Wahnsinn steigert, daß er, um aller geselligen Bande los zu sein, wie ein Vogel in der Luft zu fliegen wagt, den trifft des Ikarus° Geschick. Darum suche die Menschen zu erwerben; aber noch einmal, du mußt

everything for himself alone, he wants to have all the privileges."
He lies in the bonds of habit, and even if his right were only an
abcess, he would die from it if it were opened. However, his
sinecure is nobler, a thousand years old, and his ancestors acquired it through their virtues. "But he himself has no merit."
Are you any better? Don't you squander in idleness the inher-
ited wealth which your father acquired with bitter toil? Are you
inclined to share your treasures with the needy? Power is like
wealth. You, the ultraconservative, persecute the liberal—why
do you persecute him? "He wants to rob me of my rights." He
only wants to share them with you, he is a human being like you.
"But I was in sole possession for centuries." So much the worse
for you, you even owe him interest. "But he's a dreamer who
must be scared off, and I have the power in my hand, I can destroy him." And if you destroy the body, what do you gain? The
spirit remains, the spirit has no neck; it does not fear you, it
laughs at you. If you have ten, a hundred, a thousand fanatical
people executed, have you thereby destroyed fanaticism? If you
believe that, you are a fool, a child. Enthusiasm is like a tontine—the share of the deceased falls to the survivors, and if you
increase the number of the dead, you have done no more than
to bring the wealth of faith from many into fewer hearts, so that
it produces a mightier effect.

"Very well, I will love all people, I will seek to please everyone, the clever as well as the simple man, the high as well as the
low, the good as well as the evil. But how does one like base-
ness?" You must ask another man that. If you have a lofty mind,
you will bend in vain; stupidity is not so stupid that it cannot convert a crooked line into a straight one. You must be petty if you
would please petty people. "But I live among philistines, I must
live among them." You don't have to; hang yourself. But if your
life is too dear to you, get along with them. If you want to know
how unhappy you will be if you fall out with men, think of
Rousseau. His dust is no more, you know his life and his work
and know that he was noble of heart and lofty of mind. But you
know too that if you had lived in his time, you would have taken
him for a villain and a fool as everyone did. Rousseau was a slave
of his love of freedom, and the man who intensifies his love of
freedom to the point of madness, so that, to rid himself of all social bonds, he dares to fly in the air like a bird, meets the fate of
Icarus. Therefore seek to court men; but again, you must

wählen. Du gewinnst den Menschen nicht, wenn du ihn nicht hochschätzest oder verachtest; und gibt es eine Kunst, in der zu stümpern lächerlich oder verdammlich ist, so ist es die, mit Menschen umzugehen.

Laß dich von meinem eigenen Beispiele warnen. Nur einmal in meinem Leben—doch es war für einen Freund—suchte ich von einem Großen etwas zu erschmeicheln. Ich ging zur Audienz. Aus dem, was mich Knigge und Chesterfield* gelehrt, wählte ich das Schönste und Beste, band es zierlich zusammen, und überreichte den Blumenstrauß. Aber ich war falsch; mein Rücken war krumm, meine Seele war gerad; ich hatte Zucker auf den Lippen und Salz im Herzen, und der Minister—warf mich zur Türe hinaus.

52. HÄLFTE DES LEBENS

Friedrich Hölderlin

Mit gelben Birnen hänget
Und voll mit wilden Rosen
Das Land in den See,
Ihr holden Schwäne,
Und trunken von Küssen
Tunkt ihr das Haupt
Ins heilignüchterne Wasser.

Weh mir, wo nehm ich, wenn
Es Winter ist, die Blumen, und wo
Den Sonnenschein
Und Schatten* der Erde?
Die Mauern stehn
Sprachlos und kalt, im Winde
Klirren die Fahnen.*

choose. You will not win man if you do not esteem him or despise him; and if there is an art in which it is ridiculous or contemptible to bungle, it is the art of handling people.

Be warned by my own example. Only once in my life—but it was for a friend—did I seek to gain something from a great man by flattery. I went to an audience. From that which Knigge and Chesterfield had taught me I chose the finest and best, tied it together prettily, and handed over the bouquet. But I was all wrong; my back was crooked, my soul was straight; I had sugar on my lips and salt in my heart, and the minister—threw me out the door.

52. THE HALF OF LIFE

Friedrich Hölderlin

With yellow pears
and full of wild roses
the land hangs into the lake,
you lovely swans,
and drunk with kisses
you dip your heads
into the sacred sober water.

Woe is me, where shall I get
the flowers when it is winter, and where
the sunshine
and shadow of the earth?
The walls stand
speechless and cold, in the wind
the weathervanes clatter.

NOTES

1. DAS LEBEN

Johann Gottfried Herder (1744–1803) was a theologian, critic and minor poet. He inspired the young Goethe to turn from imitative to original writing. This poem is the opening stanza of "Amor und Psyche."
Woge = Welle.

2. DER PHÖNIX

Gotthold Ephraim Lessing (1729–1781) was one of the great minds of the eighteenth century. He was equally active as a theologian, literary critic, art critic and writer. The fable was a favorite literary form of the European Enlightenment, and Lessing published a collection of fables bearing the imprint of his incisive mind and his superb literary skill.

3. WANDERERS NACHTLIED

There is a sketch of Goethe's life in Selection 33.

This is perhaps the most famous lyric poem in German literature. Written on the evening of September 6, 1780, it is an adaptation of a lyric by the Greek poet Alcman. In his early writings Goethe often referred to himself as *"der Wanderer."*

4. DIE WOHLTATEN

wohl   *possibly, perhaps, indeed.*

5. DIE SCHRITTE

Albrecht Goes (1908–2000) was a clergyman by profession and served as an army chaplain in World War II.

6. KINDESDANK UND UNDANK

Johann Peter Hebel (1760–1826) was a clergyman and educator. He published many anecdotes and didactic tales under the title *Schatz-kästlein des rheinländischen Hausfreundes* (Little Treasure Chest of the Rhenish Family Friend). The book has remained a classic because of Hebel's narrative power and his dry wit.

der Eltern   genitive plural after **Segen und Fluch.**
ruhe   The subjunctive is older usage.
Kreuzer   an old small coin.
Euch   accusative of **Ihr,** the older formal address.
auf daß = damit   *in order that.*

7. DAS BÄUERLEIN IM HIMMEL

Jacob (1785–1863) and Wilhelm (1786–1859) Grimm not only col-lected the fairytales by which they are known to children everywhere, but also were great scholars in the field of Germanic philology. This bit of folklore is from their collection of *Märchen;* they copied it down in the dialect exactly as they heard it from the people. This High German translation preserves the original unliterary use of tenses and the many adverbs and enclitics.

Bäuerlein   The diminutive expresses affection: *peasant lad* or *chap* is a rough equivalent. Since the ending makes the noun neuter, the **Bäuerlein** is referred to as **es.**
parteiisch   *in partisan fashion.*
je   contraction of **Jesus!,** an exclamation of astonishment or fright, used especially in southern Germany.

8. IM NEBEL

Hermann Hesse (1877–1962) was a major influence on an earlier gen-eration of Germans. He was a champion of individualism in an orga-nizational age and of fearless experience against timidity, repression and complacency.

Mensch   *human being,* as opposed to **Mann**   *male*

9. BÄUME

Leben   usually **das Leben**
führt   German often uses a singular verb after two subjects to in-dicate close association between them.
Mutter   The mother in Hesse's work is a symbol of the sensuous, vital, elemental as opposed to the realm of the father, which is that of spirit, law, stern conscience.
im Abend   usually **am.**

10. MICH NACH DEM SEHNEND

Walter Bauer (1904–1976), novelist, biographer and lyric poet, left Germany after the Second World War and settled in Canada, where he taught German in University College, Toronto. The biographies by Bauer of Bach, Kant, and Luther which are reprinted in this book were written especially for beginners of German.

The following poem treats the problem of time and transitoriness, which is central in contemporary literature.

morgen *tomorrow*; **der Morgen** *the morning*; **das Morgen** *the tomorrow.*

11. DIE LEBENSZEIT

Many of the "fairy tales" the brothers Grimm published in their *Kinder- und Hausmärchen* (1812–1814) are philosophical homilies, like this one.

essen the subjunctive, to indicate purpose.

wirst . . . zufrieden sein The future expresses high probability.

siebzig the traditional Biblical threescore and ten (Psalm 90:10).

12. ÜBER DEUTSCHLAND

1. Land und Leute

»Deutsche Demokratische Republik« The quotation marks are widely used in West Germany to indicate the spurious character of the democracy in the eastern zone and the fact that this regime is not recognized by the Federal Republic.

Oder-Neiße-Linie the line drawn by these two rivers.

bzw = beziehungsweise *respectively.*

qkm = Quadratkilometer square kilometer; 1 kilometer = 6/10th mile.

Geest dry, sandy land, characteristic of the northern coast.

das Haff -s *bay, lagoon.* The term is used only for the Baltic region.

9° Celsius = 50° Fahrenheit.

13. DER FÄHRMANN UND DER MÖNCH

Schmidtbonn was a *nom de plume* of Wilhelm Schmidt of Bonn, a writer of dramas, novels, novellas, fairy tales, legends and anecdotes in the romantic vein. He had much to say to the younger generation of Germans between the years 1900–1930.

14. GEDANKEN I

1. **Infamität**   Hesse's own coinage for **Infamie**.
2. The aphorism recalls President F. D. Roosevelt's statement that
we have nothing to fear except fear itself.

15. ES WAR EIN ALTER KÖNIG

Heinrich Heine (1797–1856) is one of Germany's principal lyric poets
and a publicist of note. This poem was written in 1830 and published
in the collection *Neue Gedichte* (1844). Its theme is the Tristan and
Isolde motif, compressed into three stanzas. There are about seventy
musical settings of the poem.

16. ÜBER DEUTSCHLAND

2. Wirtschaft

Währungsreform   The West German currency was stabilized in
1948.

Marshallplan   officially known as *Europäisches Wiederaufbau-
programm* (European Recovery Program—ERP), a plan for offering
economic aid to European countries devastated by the war. The author of the plan was General George Marshall (1880–1959), American
secretary of state under President Truman.

Rationalisierung   the application of efficiency methods to industry and agriculture.

passiv   i.e., in favor of the USA.

eine führende Stellung   Bismarck instituted a system of sickness insurance in 1883; in the following year he established an
accident-insurance law.

17. GLÜCK UND UNGLÜCK

Otto Ludwig (1813–1865) is remembered for his realistic tragedy *Der
Erbförster* and his superb novella *Zwischen Himmel und Erde* (1856),
of which this is the opening paragraph.

18. LIED DES LYNKEUS

From Part II of Goethe's *Faust* (lines 1288ff.); this is the song of
Lynkeus, the keen-sighted Argonaut, who is the watchman on the
tower of Faust's castle. The poem is a beautiful expression of Goethe's
acceptance of life.

Zier = Zierde, here used for **Schönheit**.

Gefall' . . . mir.   not self-complacency, but acceptance of oneself
and one's destiny.

19. BACH

Thüringen   Thuringia, a former state in Central Germany.
Wartburg   castle, former residence of the landgraves of Thüringen.
biblia pauperum   *the poor man's Bible,* a picture book illustrating the principal events in man's salvation, designed for the illiterate in the Middle Ages.
Lüneburg   city in Lower Saxony (northwest Germany).
Residenz   city in which the sovereign has his official residence.
Georg Böhm (1661–1733), organist and composer in Lüneburg.
Arnstadt   town in Thüringen.
Lübeck   old city in northern Germany.
Dietrich Buxtehude (1637–1707), organist and composer.
Mühlhausen   city northwest of Erfurt in Thüringen.
Wohltemperiertes Klavier   title of a collection of 48 preludes and fugues in two parts (published in 1722 and 1744 respectively). In each part Bach used every major and minor key of the tempered system.
Halle   city in Saxony.
sich   *each other*
Kantor   (Latin: singer), *organist and choir leader.*
Rektor   *principal* or *president.*
Potsdam   city east of Berlin, former *Residenz* of the Prussian kings.

20. ÜBER DEUTSCHLAND

4. Kultur

»**eggheads**«   The Germans now use the term "Eierköpfe."
ein Kleiner Ort   The town referred to is Einbeck in lower Saxony.
der Taxiführer . . . zuzuhören   The observation is based on a personal experience of the writer.

21. GEDANKEN II

allenthalben = **überall.**
Christoph Martin Wieland (1733–1813), writer of the German Enlightenment and Rococo.
alsdann = **dann.**
Jean Paul Friedrich Richter (1763–1825), author of humorous and satirical novels.
Nichtigkeit   literally *nothingness.*
Gelernthaben   literally *having learned.*

auf das beste   literally *in the best way*.
Anschauung   what can be perceived immediately with the senses; sometimes rendered by *intuition*.

22. DER LINDENBAUM

Wilhelm Müller (1794–1827) was one of the minor poets of the Romantic period. He lives through his two cycles of poems, *Die schöne Müllerin* and *Die Winterreise,* both set to music by Schubert. Our poem, from the latter cycle, is a poignant expression of *Heimweh*. There is a profound interpretation of it in Thomas Mann's novel *Der Zauberberg.*
   Lindenbaum   The linden tree is one of the two national trees of Germany. The other is the oak.
   als = als ob
   Angesicht   *countenance*.
   fändest   imperfect subjunctive with the function of the conditional.

23. GEFAHREN DES ÜBERSETZENS

Kaiser   Wilhelm II, who reigned 1888–1918.
   ob ihr gleich   The words **obgleich, obwohl, obschon** are often separated in this way.
   in Christo   the Latin dative.
   böhmische Dörfer   Bohemian villages, with Czech names which are unintelligible to Germans. Bohemia was formerly a province of the Austro-Hungarian Empire.
   Die berühmte Stelle   The passage occurs in the scene entitled "Studierzimmer II" (lines 1224–1237). Only the first part of it is quoted here.
   geschrieben steht = es steht geschrieben.   The quotation is the opening verse of the Gospel of St. John.
   Sinn   in the context of *Faust* probably means "sensation" in the psychological connotation of that term. The word is interpreted here in the sense of "meaning."

24. MAILIED

This poem was written in May, 1771, while Goethe was a student at the University of Strasbourg, for Friederike Brion, with whom he was in love at the time. The occasion was a May festival in the village of Sesenheim (near Strasbourg) where Friederike lived.
   es   the representative subject.

25. DIE SCHULE DES GEBENS UND DIE SCHULE DES NEHMENS

Fritz Mauthner (1849–1923) was a philosopher, critic, satirist. He wrote several novels, some brilliant parodies and a book of "modern" fables, *Aus dem Märchenbuch der Wahrheit* (From the Fairytale Book of Truth), from which this fable is taken.

26. SEPTEMBERMORGEN

Eduard Mörike (1804–1875), a south German, is one of the principal German lyric poets. A clergyman by profession, though hardly by calling, he lived wholly in the world of imagination. This poem was written on March 9, 1829.

ruhet   poetical for **ruht**.

gedämpft   *subdued*; but also *filled with [autumnal] haze* (= **Dampf**).

27. VON DEUTSCHER SPRACHE

For some of the information contained in this selection the writer is indebted to Leo Weisgerber's *Vom Weltbild der deutschen Sprache* (2. Halbband; Pädagogischer Verlag Schwann).

Indogermanisch   *Indo-Germanic or Indo-European,* a group of languages which includes nearly all European and some Asiatic languages.

Christi   the Latin genitive.

Latiner   Latins, ancestors of the Romans; **Germanen**   the Teutons, ancestors of the various Germanic tribes; **Kelten**   the Celts, a race settled in Brittany, Scotland, Wales and Cornwall; **Iranier**   Iranians or Aryans, ancient tribes inhabiting what is now southern Russia, Turkestan, Iran and Afghanistan.

Völkerwanderung   migration of Germanic tribes to southern and western Europe. The irruption of the Mongolian Huns into eastern Europe (375 A.D.) is usually regarded as the beginning of this movement, which extended into the sixth century.

Schriftsprache   written or literary or standard speech.

Lautverschiebung   There were two sound shifts in the Indo-European languages. The first involved a series of consonantal changes which occurred in the evolution from the parent Indo-European language to Germanic: p, t, k > f, th, h; bh, dh, gh > b, d, g; b, d, g > p, t, k. The second, or High German, sound shift occurred between the fifth and eighth centuries A.D., in the development from Germanic to High German: k > ch, t > tz or ss, p > f or pf.

Alemannisch Alemannic, the dialect spoken in south-west Germany, Alsace and eastern Switzerland.

Ostmitteldeutsch a combination of Thuringian, Saxon, Lusatian, Silesian and High Prussian.

Nachfeld the area following the verb.

Hugo von Hofmannsthal (1874–1929), Austrian poet, dramatist and essayist of note.

The lines are from the poem »Das ist die Sehnsucht« (*Frühe Gedichte*).

hin . . . hinaus Each of these prefixes has a different connotation for the speaker and hearer.

Wörterbuch the great dictionary begun by the brothers Grimm in the early nineteenth century and completed in 1960.

28. KANT

Königsberg a city in what was formerly East Prussia, now under Soviet control.

Privatdozent a junior lecturer, entitled to teach without regular salary.

Kant-Laplace According to Kant, the planets were formed by the contraction of primeval nebulae in the orbit of the sun under the influence of gravitation. According to the French astronomer-mathematician Laplace, they came into being through swift rotation of masses of gas given off by the sun.

drei . . . Werke These works were published respectively in the years 1781, 1788, 1790. For a brief exposition of Kant's philosophy, see Selection 40.

mache present subjunctive in indirect speech.

Friedrich II Frederick the Great (1712–1786), King of Prussia.

29. DER UNENTBEHRLICHE

Wilhelm Busch (1832–1908) is Germany's most popular satirist with pen and pencil. His cartoons have endeared him to children and adults alike, and his *Max und Moritz* cartoons were the forerunners of our own comic strips.

was = etwas.

Spritzenprobe i.e. of the voluntary fire brigade.

30. ÜBER DEUTSCHLAND

5. *Kunst*

Neue Sachlichkeit the functional style, originally designating the painting of the twenties, following the wane of Expressionism. In

architecture it describes the new style which is now evident everywhere about us, characterized by simplicity, absence of ornamentation
and the predominance of geometric lines.
Hochschule für Gestaltung founded in 1950.

6. Bilanz

Vers from the ode "Patmos."
Mauer the wall erected by the East German government in 1961
to stop the constant flight of people from East to West.
Rapallo In 1922 Germany and Soviet Russia resumed diplomatic
and trade relations by the Treaty of Rapallo. This was interpreted by
the West as a "deal" with Communism and a turning away from the
West.

31. VERBORGENHEIT

This poem was written in 1832; it expresses that vague yearning and
melancholy that is a factor in the romantic state of mind.
was = warum.
immerdar = immer.
bin . . . bewußt *I am scarcely conscious of myself.*
zücken draw [a sword], for *zucken* tremble, quiver, flash.
so = die.

32. GEDANKEN III

sich ins Gleiche stellen *be congruent, coincide* (like two geometric figures with the same shape).
eigen = eigenes.
zugleich reinforces **jederzeit**, but is untranslatable.
Handle so . . . könne. This is the celebrated categorical imperative, the golden rule of Kant's ethic.

33. GOETHE

Weimar former capital of Thuringia (Thüringen) in Central
Germany.
Karl August (1757–1828), the liberal sovereign of the small Duchy
of Weimar. He was a patron of the arts. In 1816 he granted his sub-
jects the first constitution in German lands.
Aufklärung the period of enlightenment or rationalism which
flourished in Germany in the first half of the eighteenth century.
Leipzig capital of Saxony (Sachsen).
Straßburg capital of Alsace, at that time part of Germany; for
Herder, see Notes to Selection 1.

französischer Klassizismus   French classicism was the dominant style in German literature during the Enlightenment.

Darmstadt and **Wetzlar**   cities in Hessen. The latter was formerly the seat of the Supreme Court of the Holy Roman Empire.

Inselbuch   one of a series of paperback books published by the Insel Verlag.

34. WENN DER WINTER KOMMT

Peter Rosegger (1843–1918) was an Austrian writer of didactic novels and stories set in his native Styria (Steiermark). Their didactic intent in no way detracts from their charm as pure literature.

erst recht   literally *really for the first time,* i.e., more than ever.

35. MARTIN LUTHER

Dem Streit . . . Thesen.   The subject of this sentence is **Streitgespräche. Dem Streit** is the indirect object. Such constructions are best rendered in English by a passive voice.

der Gläubige   is singular: *the faithful one*.

Worms   a city in the Rhineland. Charles V was Emperor of the Holy Roman Empire (1519–1556).

Kurfürst   one of the seven princes (lay and ecclesiastical) who had the privilege of choosing the Holy Roman Emperor.

Huldreich Zwingli   (1484–1531), Swiss religious reformer, strongly influenced by Luther. **John Calvin** (1509–1564), Swiss religious reformer, author of the Calvinist doctrine within Protestantism.

36. SCHLIESSE MIR DIE AUGEN BEIDE

Theodor Storm (1817–1888) is a lyric poet and writer of novellas, some of which are among the best in German literature. This poem was written in 1846.

37. WORAUF MAN IN EUROPA STOLZ IST

Kurt Tucholsky (1890–1936) was a brilliant essayist and journalist with a strongly satirical bent. He was an editor of the famous literary journal *Die Weltbühne,* for which he wrote under five different pseudonyms. This sketch satirizes the human foible of overdoing the phrase: "I am proud to be ——."

Rhein   The Rhine was formerly a frequent cause of animosity between Germans and French.

und überhaupt i.e., wherever the word *deutsch* can be applied.
Otto Gebühr a popular film star in the twenties.
Schlimmeres . . . haben i.e. although we have no positive
achievements to show, we at least prevented the other party from
making a worse mess.
Big Tilden a champion tennis player.

38. DIE SCHLESISCHEN WEBER

This poem is one of the great expressions of social protest in world literature. It was written in 1844, shortly after the abortive rebellion of
the Silesian weavers against their intolerable condition, and published
in Karl Marx's newspaper *Vorwärts*. The same theme was later treated
by Gerhart Hauptmann in his tragedy *Die Weber* (1892).
gebeten = gebetet.
harren = warten.
Groschen a small coin no longer current.

39. KANNITVERSTAN

"Kannitverstan" is the best-known item from the *Schatzkästlein des
rheinländischen Hausfreundes*.
Emmendingen, Gundelfingen, Tuttlingen small towns in
southern Germany.
als more usual **wie**.
gebratene Tauben one of the many perquisites provided by the
imaginary land of Cockaigne (Schlaraffenland).
in die Augen fallen more usual **ins Auge fallen**.
wie er *such as he*.
Ihr older formal address equivalent to the modern Sie; similarly
Euch below.
Tulipane now **Tulpe**.
Gasse south German for **Straße**. In northern German **Gasse** is
an alley.
durchfechten *fight through*, i.e., achieve, manage.
mehrere now means *several;* here = **mehr**.
salveni = salva venia if you'll pardon the expression.
was für go together; they are often separated by a word or two.
Glöcklein The diminutive lends a touch of the homelike or tenderness to a word. In such cases it is untranslatable.
Gulden an old coin worth about two marks.
ward = wurde.
schwer fallen become difficult.

40. DEUTSCHE PHILOSOPHIE

Wilhelm Dilthey (1833–1911), philosopher and sociologist.
Erscheinung *appearance, phenomenon,* i.e. reality as it appears
to the senses.
Die Welt ist meine Vorstellung opening sentence of Schopenhauer's main work, *Die Welt als Wille und Vorstellung.*
Monade *monad,* a Greek word meaning unit.
man denke *let one think.*
kritisch *critical* in the sense that it sets limits to human thought.
John Locke (1632–1704), principal representative of British empiricism, i.e. the philosophy that bases itself on experience.
wäre *might not be* (the potential subjunctive).
a priori *before experience, nonempirical, axiomatic.*
Erkenntnisse used both in the plural, as it is here, and in the singular, as below.
überhaupt *altogether, in general, as such.*
Wille As defined by Schopenhauer, will is not the older concept
of conscious will power, the expression of ethical choice and effort,
but a blind, unconscious urge, forerunner of the psychoanalytic notion
of libido.
Geist *mind* or *spirit,* i.e. the intellect in its widest scope, includ-
ing intuition and emotion, everything that is not mere sensation or
practical understanding.
philosophische Anthropologie philosophical anthropology, a
term coined by the philosopher Max Scheler (1874–1928) to designate a science concerned with questions about the essence of man.
Man the impersonal, neutral, gray existence in which I am not a
person, an "I," but a mere [some]one.

41. DER HANDSCHUH

This ballad was composed in 1797, the year in which Goethe and
Schiller wrote many ballads. Schiller himself indicated the source as
the *Essais historiques* of Saint Foix, but the anecdote goes back to the
Renaissance. The theme has also been treated by Leigh Hunt ("The
Glove and the Lions") and by Robert Browning ("The Glove").
erwarten literally *to await.*
König Franz Francis I of France (reigned 1515–1547).
Krone i.e. the realm.
Die Damen . . . Kranz a circle of beautiful ladies.
auftut sich = **tut sich auf.**
Mähnen plural for the sake of the rhyme.
Leu poetical for **Löwe.**
doppelt i.e. a cage with two doors.

42. IN MEMORIAM ROCKEFELLER

Peter Bamm (= Curt Emmrich 1897–1975) is a physician, traveler and writer. His account of his experiences in the Second World War, *Die unsichtbare Flagge* (1952), has been translated into many languages. The present humorous sketch is from *Die kleine Weltlaterne* (1935).

John D. Rockefeller (1839–1937), oil magnate and industrialist, regarded in his day as the richest man in the world.

Diogenes of Sinope (born 412 B.C.), Greek cynic, apostle of the austere life, is said to have spent his later years in a barrel or jar, to show his independence of the material comforts that life offers. There are many anecdotes about him.

tertium comparationis   the common factor between two things which are being compared.

hauptsächlichste *most principal*. The unusual superlative is meant to indicate the uniqueness of the by-product.

Rockefeller Foundation   established by John D. Rockefeller in 1910 to advance medical science.

Sphinx   in Greek mythology a monster (human + animal + bird + serpent) near Thebes, which propounded riddles to passers-by and strangled those who could not answer them; hence a symbol of mystery, enigma.

43. VON DER FREUNDSCHAFT

Matthias Claudius (1740–1815) was a bank inspector, poet and journalist. An admirer of Klopstock, he also espoused the Sturm und Drang spirit that displaced the rationalism of the Enlightenment.

innig *inward* (as opposed to external); therefore: spiritual, sincere, deep, fervent.

ja   here best rendered by a negative.

44. DAS BETT

Paul Ernst (1866–1933) wrote poetry, drama, fiction, criticism and cultural history. He was a distinguished writer of novellas, of which he composed hundreds. Among his best is the collection of *Komödianten- und Spitzbubengeschichten* (Stories of Actors and Rogues, 1913–1916). These stories, set in sixteenth-century Italy, bring before us the colorful world of the later Italian Renaissance as reflected in the demimonde of the theater and the underworld. The same characters appear in the various stories: Police Magistrate Matta, Police Chief Tromba, Lange Rübe (= Long Turnip), the

leader of a gang of petty crooks whose livelihood depends on outwitting the dull, corrupt police and courts.

The bed that is the subject of this story is a feather-bed or comforter which is the forerunner of the modern mattress. It can be rolled up and carried on the back.

mit Beschlag belegen *confiscate*; now usually **beschlagnahmen**.

Häscher a sheriff's officer. In modern German the word has taken on a pejorative tinge.

sich ausweisen literally *to give an account of oneself*.

Weib has a slightly contemptuous connotation.

die Droschke [*horse drawn*] *cab*; **der Kutscher**—*coachman; Taxi* **das Taxi -s**; *taxi driver* **der Taxifahrer** —.

Massematten a Hebrew word used only in slang: junk, loot.

Engel . . . hören To hear the angels pipe is a humorous phrase for indicating that one has been near death.

45. HERBSTGEFÜHL

This poem was written in the summer or autumn of 1775, shortly before Goethe's departure for Weimar. It is unsurpassed as an expression of the richness of nature. The meter is a mixture of trochees and dactyls.

46. DER GRASHÜPFER

Waldemar Bonsels (1881–1952) wrote stories about nature and travel. His best-known work is *Die Biene Maja und ihre Abenteuer* (1912), from which this selection is taken. This highly popular book is a humanized biography of a bee in the manner of Felix Salten's later *Bambi* (1923).

einmal really

Graswald to the tiny bee the thick expanse of tall grass looks like a forest.

Legestachel *terebra*, the boring egg-layer of certain insects.

Fallen . . . Podium literally *don't fall off your platform*.

Schockschwerenot a mild oath; literally *a heap of serious misery*.

ob supply **sie fragte sich** *she wondered*.

Klanglosigkeit *tonelessness, aphony*—that is, the monotonous droning that human beings associate with insects.

47. HAMLETS MONOLOG

This German text is from the "Schlegel" translation of Shakespeare's works, which was the composite work of August Wilhelm Schlegel, Ludwig Tieck and Graf Baudissin, Tieck's daughter Dorothea and her

husband. The work of translation was done between 1797 and 1835. The soliloquy is printed here as a sample of the German art of translation, which is of a very high order, attracting the interest of the best literary talent.

deß = **dessen.**

48. GEDANKEN IV

Georg Christoph Lichtenberg (1742–1799), physicist and writer of aphorisms.

eitel   literally *vain, empty.*
Präoccupation   in the literal sense of taking prior possession.
schon   *really, indeed, without a doubt.*
macht   means both *makes* and *does.* The pun is lost in English.
also   in the older sense of *in such a way that.*
allewege = **immer.**

Hugo von Hofmannsthal (1874–1929) Austrian poet, dramatist and essayist of note.

49. WALT WHITMAN

Herbert Eulenberg (1876–1949) wrote many dramas, novels and biographical works.

Walt Whitman is the earliest American writer to find a wide echo in Germany. His democratic view of life, his enthusiasm for the industrial age and his use of free rhythms were influential in molding the younger German writers of the nineties and since. The first German translation of *Leaves of Grass* appeared in 1868; there have been two others.

50. TRISTAN

August Graf von Platen-Hallermünde (1796–1835) was a master of lyrical form, especially of the sonnet. The poem "Tristan" uses the fateful love of Tristan and Isolde as a symbol for the connection between love, beauty and death, a favorite theme in literature. The classical treatment of this theme is Thomas Mann's novella *Der Tod in Venedig* (Death in Venice, 1913).

versiechen   *pine, languish*; here used for **versiegen**   *to dry up*; but perhaps the poet wishes to suggest **versiechen** too.

51. ÜBER DEN UMGANG MIT MENSCHEN

Ludwig Börne (1786–1837) was a critic, journalist and essayist of liberal, democratic views. The essay here given has been abridged. Its title refers to a book by the same title, written by Adolf Freiherr von

Knigge (1752–1796), which was long a standard work on etiquette and elegant behavior.

auserkoren   from the now rare **kiesen kor gekoren**   *choose.*

The German word **liebenswürdig** means literally *worthy of being loved*—i.e., lovable, charming. The English word *amiable* attempts to capture the double meaning: lovable and charming.

Attila, King of the Huns (434–453), was proverbial for his cruelty.

Pferd   Horse, ox, sheep, ass are symbols of stupidity in German lore.

wird . . . haben   the future to express high probability.

Ultra   the ultra conservative or die-hard reactionary.

Schwärmer   *enthusiast,* in the older meaning of the word: extremist, fanatic.

Tontine   an annuity or legacy passed on to survivors and subdivided among their survivors until the funds are exhausted.

wüßte   *would not know how* (potential subjunctive).

Philister   Philistine, Babbitt, square.

Ikarus   Icarus flew away from Crete with a pair of wings which his father Daedalus had made. The sun's heat melted the wax which fastened them to his body and he fell to his death in the sea.

Chesterfield   The fourth Earl of Chesterfield (1694–1773) wrote celebrated letters to his two sons on manners and deportment.

52. HÄLFTE DES LEBENS

Friedrich Hölderlin (1770–1843) is one of Germany's greatest poets and a noble spirit, seer and prophet of freedom, beauty and nobility. This poem was written in 1805 when Hölderlin was thirty-five years old and had reached the middle of the Biblical threescore and ten years which are allotted to man. The two stanzas poignantly contrast the "mellow fruitfulness" of autumn with the bleakness of the winter to come.

Sonnenschein und Schatten   Both sunshine and shadow are needed for fruition.

Fahnen = Wetterfahnen.

QUESTIONS

1. DAS LEBEN

1. Was ist unser Leben? 2. Wo leben wir? 3. Wie leben wir auf der Erde? 4. Wie messen wir unsere Tritte? 5. Wo sind wir, ohne es zu wissen?

2. DER PHÖNIX

1. Wann erschien der Phönix wieder? 2. Was taten die Tiere und die Vögel? 3. Wie bewunderten sie den Phönix? 4. Welche Tiere und Vögel wendeten die Blicke ab? 5. Was für ein Los hat der Phönix? 6. Warum hat der Phönix keine Freunde?

3. WANDERERS NACHTLIED

1. Wer ist der »Wanderer«? 2. Welche Tageszeit beschreibt das Gedicht? 3. Was sucht der Dichter in der Natur? 4. Wo findet er diese Ruhe? 5. Spürt man etwas in den Wipfeln? 6. Singen die Vögel im Walde? 7. Was wird bald kommen? 8. Für wen wird die Ruhe kommen?

4. DIE WOHLTATEN

1. Was fragte die Biene den Menschen? 2. Wer ist der größere Wohltäter unter den Tieren? 3. Warum ist das Schaf der größere Wohltäter? 4. Wovor muß sich der Mensch bei der Biene fürchten?

5. DIE SCHRITTE

1. Wie ist der erste Schritt des Kindes? 2. Welcher Schritt wird auch klein sein? 3. Wer geht den ersten Schritt mit? 4. Wie geht man den letzten? 5. Wie wird das Kind nach einem Jahr gehen? 6. Was weiß man von diesen Schritten nicht? 7. Was ist ein Synonym für Schritt? für kühn? 8. Wie ist die Welt? 9. Wem gehört sie? 10. Was symbolisiert der letzte Schritt?

6. KINDESDANK UND UNDANK

1. Was findet man oft, wenn man aufmerksam ist? 2. Von wem lernen es die Kinder? 3. Wessen Beispiel folgen sie? 4. Was wird gesagt und ist geschrieben? 5. Was verdienen die beiden Erzählungen? 6. Wen traf ein Fürst auf einem Spazierritt? 7. Was erfuhr der Fürst? 8. Was tat der Bauer täglich? 9. Was brauchte der Fürst für sein Regierungsgeschäft? 10. Was konnte er in der Geschwindigkeit nicht ausrechnen? 11. Worüber verwunderte er sich? 12. Brauchte der Bauer die ganzen 15 Kreutzer? 13. Wieviel mußte ihm genügen? 14. Was tat er mit den anderen beiden Dritteln des Geldes? 15. Was war dies für den Fürsten? 16. Mit wem teilte der Landmann seinen Verdienst? 17. Was vergalt er seinen alten Eltern? 18. Was erhoffte er von seinen Kindern? 19. Was belohnte der Fürst? 20. Für wen sorgte er? 21. Was gaben ihm die sterbenden Eltern? 22. Wie behandelten ihn seine Kinder im Alter? 23. Wodurch war der Vater in der zweiten Geschichte wunderlich geworden? 24. Was wünschte er? 25. Wo war dieses Spital? 26. Wie war die Pflege in diesem Spital? 27. Wodurch wurde ihm das Leben verbittert? 28. Wem war dies ein willkommenes Wort? 29. Wurde dem Greis sein Wunsch bald erfüllt? 30. Was fand er im Spital nicht? 31. Was ließ er seinen Sohn bitten? 32. Wozu brauchte er die Leintücher? 33. Was für Leintücher suchte der Sohn heraus? 34. Was befahl er seinem Kind? 35. Was tat der Junge mit einem Leintuch? 36. Wieviele Leintücher brachte das Kind dem Großvater? 37. Was fragte der Vater den Jungen bei seiner Rückkunft? 38. Warum hatte der Junge das zweite Tuch versteckt? 39. Wie gab er seinem Vater die Antwort? 40. Warum sollen wir Vater und Mutter ehren?

7. DAS BÄUERLEIN IM HIMMEL

1. Von wem erzählen die Brüder Grimm in dieser Geschichte? 2. Was geschah mit dem Bäuerlein? 3. Wohin kam es dann? 4. Wer war zur gleichen Zeit dagewesen? 5. Was wollte der reiche Herr? 6. Was tat Petrus mit dem Schlüssel? 7. Wen ließ er herein? 8. Wen hatte er scheinbar nicht gesehen? 9. Wie wurde der reiche Herr im Himmel empfangen? 10. Was geschah nach einer Weile? 11. Was hat das Bäuerlein gemeint? 12. Wer ist ihm entgegengegangen? 13. Was fragte das Buauerlein den heiligen Petrus? 14. Wie schien es im Himmel zuzugehen? 15. Wie lieb war ihnen das Bäuerlein? 16. Welche Freuden durfte er genießen? 17. Wie oft kommt ein armes Bäuerlein in den Himmel? 18. Wie oft kommt ein reicher Herr in den Himmel? 19. Was sollte das Bäuerlein verstehen? 20. Wie empfing das Bäuerlein diese Erklärung?

8. IM NEBEL

1. Wie ist es, im Nebel zu wandern? 2. Was ist einsam? 3. Sehen die Bäume einander? 4. Wie sind die Bäume? 5. Wann hatte der Dichter viele Freunde? 6. Wie sind diese Freunde jetzt? 7. Was muß der Weise kennen? 8. Was bedeutet der Nebel in diesem Gedicht?

9. BÄUME

1. Was sind die Bäume für Hermann Hesse immer gewesen? 2. Wie leben die Bäume? 3. Wie sind sie, wenn sie einzeln stehen? 4. Wer waren große, vereinsamte Menschen? 5. Was rauscht in den Wipfeln der Bäume? 6. Wo ruhen ihre Wurzeln? 7. Was erstreben sie mit aller Kraft ihres Lebens? 8. Was kann man auf der Scheibe eines Baumstumpfes lesen? 9. Was steht in Jahresringen und Verwachsungen geschrieben? 10. Was weiß jeder Bauernjunge? 11. Wo wachsen die kraftvollsten Bäume? 12. Von wem erfährt man die Wahrheit? 13. Was predigen die Bäume? 14. Was hat die ewige Mutter gewagt? 15. Was ist das Amt des Baumes? 16. Was ist die Kraft eines Baumes? 17. Wovon weiß der Baum nichts? 18. Was ist die Sorge des Baumes? 19. Wie ist seine Aufgabe? 20. Woraus lebt er? 21. Was kann ein Baum uns sagen, wenn wir traurig sind? 22. Wie ist das Leben? 23. Wann schweigen die Kindergedanken? 24. Warum bangt der Mensch?

25. Wem führt jeder Schritt und Tag den Menschen entgegen? 26. Wo ist die Heimat? 27. Was zeigt sich, wenn man den Bäumen zuhört? 28. Wohin führt die Wandersehnsucht? 29. Wohin führt jeder Weg? 30. Wie sind die Gedanken der Bäume? 31. Wann sind die Bäume weiser als wir? 32. Wann gewinnen unsere Gedanken eine Freude ohnegleichen? 33. Was begehrt der Mensch zu sein, wenn er gelernt hat, den Bäumen zuzuhören?

10. MICH NACH DEM SEHNEND

1. Wonach sehnte sich der Dichter? 2. Wovon sprach er? 3. Worüber wollte er nachdenken? 4. Was war schon geschehen? 5. Wonach sehnte er sich? 6. Welchen Trost schöpft er?

11. DIE LEBENSZEIT

1. Was hat Gott geschaffen? 2. Wem wollte er die Lebenszeit bestimmen? 3. Wer kam zuerst zu Gott? 4. Was fragte der Esel Gott? 5. Wieviele Jahre wollte Gott ihm schenken? 6. Wollte der Esel solange leben? 7. Was für Lasten mußte der Esel in die Mühle schleppen? 8. Was bekam er zur Ermunterung? 9. Worum bat er Gott? 10. Wieviele Jahre schenkte Gott dem Esel? 11. Welches Tier erschien nach dem Esel? 12. Was fragte ihn Gott? 13. Was sollte Gott bedenken? 14. Wozu dient die Stimme dem Hunde? 15. Wozu dienen ihm die Zähne? 16. Wie fand Gott die Worte des Hundes? 17. Wieviele Jahre schenkte er ihm? 18. Welches Tier kam nach dem Hund? 19. Wie scheint der Affe zu leben? 20. Warum soll der Affe immer Gesichter schneiden? 21. Was merkt der Affe, wenn er in den Apfel hineinbeißt? 22. Was steckt oft hinter dem Spaß? 23. Wieviele Jahre schenkte Gott dem Affen? 24. Wer erschien schließlich vor Gott? 25. Worum bat der Mensch Gott? 26. Wieviele Jahre wollte ihm Gott geben? 27. Schien das dem Menschen eine lange Zeit? 28. Was baut und pflanzt der Mensch? 29. Worum bat er also Gott? 30. Wieviele Jahre legte ihm Gott zu? 31. War der Mensch damit zufrieden? 32. Wieviele Jahre gab ihm Gott noch dazu? 33. Wem gehörten die zwölf Jahre? 34. Wie lange lebt der Mensch also? 35. Welches sind seine menschlichen Jahre? 36. Wie vergehen sie? 37. Was wird ihm in den nächsten achtzehn Jahren auferlegt? 38. Was ist sein Lohn? 39. Welche Jahre machen den Schluß seines Lebens? 40. Was ist er für die Kinder?

12. ÜBER DEUTSCHLAND

1. Land und Leute

1. Was ist Deutschland heute? 2. Was umfaßt die Bundesrepublik Deutschland? 3. Was ist das frühere Mitteldeutschland heute? 4. Was für einen Status nimmt Berlin ein? 5. Wozu gehört Ostberlin? 6. Welche Gebiete sind von Polen und der Sowjetunion besetzt? 7. Was halten die Deutschen von dieser Teilung? 8. Was glauben sie? 9. Was muß eines Tages kommen? 10. Wie betrachtet die Bundesrepublik die Gebiete östlich der Oder-Neiße-Linie? 11. Worauf weist sie hin? 12. Was kann sie allein ändern? 13. Was zeigen deutsche Landkarten heute? 14. Welchem amerikanischen Staat entspricht die Fläche der heutigen Bundesrepublik Deutschland? 15. Wieveile Menschen leben heute in der Bundesrepublik und Westberlin? 16. Woher kommt fast ein Viertel der heutigen Einwohner Westdeutschlands? 17. Wo liegt Deutschland geographisch? 18. Welches sind die verschiedenen Formen der deutschen Landschaften? 19. Was läßt sich in dieser Vielzahl unterscheiden? 20. In welcher Klimazone liegt Deutschland? 21. Woher kommen die Winde? 22. Was ist die durchschnittliche Jahrestemperatur? 23. Welches sind die bedeutendsten Bodenschätze? 24. Was wird der Energiegewinnung nutzbar gemacht? 25. Woraus werden 84% der Elektrizität gewonnen? 26. Wodurch sind viele Ströme und Flüsse verbunden? 27. Wie ist das Netz der Wasserstraßen im Vergleich mit Amerika? 28. Was ist es trotzdem? 29. Was steht an erster Stelle in der Güterbeförderung? 30. Woraus besteht der größte Teil der Bodenfläche?

13. DER FÄHRMANN UND DER MÖNCH

1. Wen brachte der Fährmann über den Rhein? 2. Was hatte der Mönch getan? 3. Wie nannte er sich? 4. Was für eine Reise machen die Fahrgäste des Mönches? 5. Was braucht der Mönch nicht zu tun? 6. Was wüßte er sonst? 7. Wie geht der Mönch? 8. Was sollten sie bleiben? 9. Was taten die Fahrgäste im Boot? 10. Was war der Mönch gewohnt? 11. Was sollte der Fährmann tun? 12. Was würde in diesem Fall geschehen? 13. Wann hatte der Mönch einmal viel Schweiß verloren? 14. Warum lachten die Fahrgäste im Boot? 15. Für wen war es ein Schaden, wenn der Mönch stecken bleibt? 15. Was würde es für die Zuhörer sein? 17. Was möchte der Fährmann sehen? 18. Was wird der Fährmann in seiner letzten Stunde brauchen? 19. Was würde ihm

dann nichts mehr nützen? 20. Was nahm der Fährmann von jedem Fahrgast? 21. Vor wem neigte er den Kopf? 22. Warum wollte er von dem Mönch kein Geld nehmen?

14. GEDANKEN I

1] 1. Was sind die besten Waffen gegen die Infamitäten des Lebens? 2. Was bewirkt die Tapferkeit? 3. Was gibt Geduld? 4. Wann findet man die Ruhe? 5. Wann hat man sie am nötigsten?

2] 1. Was allein kann den Menschen unglücklich machen? 2. Was ist schlimmer als das Übel, das uns trifft?

3] 1. Was ist allein dauernd? 2. Was ist allein beständig? 3. Was wäre das Leben ohne die Dichtkunst? 4. Was gewährt uns die Dichtkunst?

4] 1. Welches ist ein falscher Begriff der Freiheit? 2. Was macht uns frei? 3. Was kommt davon, daß wir etwas verehren? 4. Was legen wir damit an den Tag?

16. ÜBER DEUTSCHLAND

2. Wirtschaft

1. Wozu hat sich Deutschland im Laufe des letzten Jahrhunderts entwickelt? 2. Welches sind die höchstindustrialisierten Länder Europas? 3. Wieviele Menschen leben heute in Deutschland in Städten? 4. War das immer so? 5. Was ist allgemein bekannt? 6. Wie sah es in Deutschland 1945 aus? 7. Wozu hat sich das Land in wenigen Jahren erhoben? 8. Was hat wesentlich zu diesem Aufstieg beigetragen? 9. Was stellte in den ersten Nachkriegsjahren die Bundesrepublik vor große Probleme? 10. Was wird getan, um der Knappheit an Arbeitskräften zu begegnen? 11. Was für ein Programm ist im Gange? 12. Wer genießt eine führende Stellung im westeuropäischen Handel? 13. Seit wann ist die industrielle Produktion unglaublich gestiegen? 14. Wieviele Menschen beschäftigen die Industriebetriebe in der Bundesrepublik? 15. Welche Betriebe stehen an der Spitze? 16. Worauf ist Deutschland in starkem Maße angewiesen? 17. Wofür ist die Ausfuhr von größter Bedeutung? 18. Wie ist der deutsche Außenhandel vorwiegend orientiert? 19. Wie groß ist der Handel mit dem Ostblock? 20. Welche Länder sind die besten Kunden für deutsche Waren? 21. Wie hoch sind die amerikanischen Einfuhren in die Bundesrepublik? 22. Welche

Länder in Asien kaufen deutsche Waren? 23. Wer ist Deutschlands bester Kunde in Südamerika? 24. Wie hat sich der Aufstieg der Bundesrepublik vollzogen? 25. Was verbindet die »soziale Marktwirtschaft«? 26. Wodurch ist die Freiheit der privaten Initiative gesichert? 27. Welche Bedingungen setzt der Staat? 28. Wann greift der Staat lenkend ein? 29. Was kann er in Gemeindeeigentum überführen? 30. Wie ist die Regelung der Beziehung zwischen Arbeitgeber und Arbeitnehmer? 31. Was haben die großen Betriebe eingeführt? 32. Welches Recht genießen die Arbeiter in allen Industriebetrieben? 33. Was erhalten die Arbeiter in den Aufsichtsräten? 34. Was ist für das deutsche soziale Leben charakteristisch? 35. Was ist die praktische Folge davon? 36. Was haben Streiks in anderen westlichen Ländern angerichtet? 37. Was umfaßt das Prinzip der sozialen Fürsorge? 38. Auf welchem Gebiet hat Deutschland immer eine führende Stellung eingenommen? 39. Wofür werden von der Bundesrepublik große finanzielle Leistungen erbracht?

17. GLÜCK UND UNGLÜCK

1. Was soll der Himmel den Menschen bringen? 2. Was ist das, was die Menschen Glück und Unglück nennen? 3. Was liegt am Menschen? 4. Was bereitet sich der Mensch selbst? 5. Wofür soll der Mensch sorgen? 6. Wer sucht den Himmel vergebens? 7. Wovon soll man sich leiten lassen? 8. Was soll man nicht verletzen? 9. Wovon soll man sich nicht abwenden? 10. Was soll man versuchen? 11. Was soll des Menschen Wandel sein?

18. LIED DES LYNKEUS

1. Wozu ist der Türmer geboren? 2. Wofür ist er bestellt? 3. Wie steht er zum Turm? 4. Wie steht er zur Welt? 5. Wohin blickt er? 6. Was sieht er in der Nähe? 7. Was sieht er überall? 8. Welche Wirkung übt die Schönheit auf ihn aus? 9. Wie findet er das Leben?

19. BACH

1. Wo steht die Wartburg? 2. Warum übersetzte Luther hier das Neue Testament? 3. Wann wurde Bach geboren? 4. Was gab er der

Welt? 5. Was war seine Sprache? 6. Was war er nach seiner Konfession? 7. Wann ließ er seine Kinder beten? 8. Was war seine Lieblingslektüre? 9. Was löste sich in seiner Musik auf? 10. Aus was für einer Familie kam er? 11. Was war der Name »Bach« in Thüringen? 12. Wer unterrichtete ihn? 13. Warum wanderte er nach Lüneburg? 14. Womit wurde er dort vertraut? 15. Wie verdiente er seinen Lebensunterhalt? 16. Was war er nach der Rückkehr im Jahre 1703? 17. Was tat er zwei Jahre später? 18. Was wurden seine Söhne? 19. Wen heiratete er, als seine erste Frau starb? 20. Was schrieb er für sie? 21. Wie nannten ihn seine Zeitgenossen? 22. Was erkannten sie nicht? 23. Wie war sein äußeres Leben? 24. Was wurde er 1717 in Köthen? 25. Was schrieb er dort? 26. Wer kam aus England zu einem Besuch nach Halle? 27. Warum fuhr Bach dorthin? 28. Wie werden die zwei Komponisten gekennzeichnet? 29. Welche Stellung bekam Bach in Leipzig? 30. Wie lange blieb er dort? 31. Wie waren die Jahre in Leipzig? 32. Worüber beklagten sie sich? 33. Was wußten sie nicht? 34. Was schrieb Bach in diesen Jahren? 35. Was für Jahre waren es? 36. Was erlebte er in Berlin? 37. Was tat Friedrich II? 38. Wie belohnte ihn Bach? 39. Was geschah in den letzten Jahren seines Lebens? 40. Was hatte er sein Leben lang getan? 41. Wer unterstützte ihn in diesen Jahren? 42. Woran arbeitete er? 43. Wo brach der letzte Choral ab? 44. Wann starb Bach? 45. Wann wählte der Rat von Leipzig einen neuen Kantor? 46. Was unterließ er? 47. Wo ruht Bach? 48. Welche Inschrift hat der Sarkophag? 49. Wie hätte Bach besser heißen sollen? 50. Was nahm er in sich auf? 51. Warum konnte er weder Schüler noch Nachfolger haben? 52. Was kennt das Absolute nicht? 53. Was ist in seiner Musik erreicht? 54. Was verehren wir durch sie?

20. ÜBER DEUTSCHLAND

3. Das soziale Gefüge

1. Was hat sich in den letzten Jahren immer mehr vermindert? 2. Was bildet der Fabrikarbeiter? 3. Welcher neue Stand hat sich entwickelt? 4. Was hat der Beamtenstand eingebüßt? 5. Wer ist in weit größerem Maße als früher beruflich tätig? 6. Wozu ist die deutsche Frau heute nicht mehr bereit? 7. Wieviele Hausfrauen hatten vor siebzig Jahren ein Dienstmädchen? 8. Was beschleunigt die Entwicklung einer klassenlosen Gesellschaft? 9. Was macht sich auch im Schulwesen geltend? 10. Von wem werden die höheren Schulen

und Hochschulen besucht? 11. Wie wird bedürftigen Studenten geholfen? 12. Welche Versuche werden innerhalb der Schule gemacht? 13. Was wird zunehmen, je mehr sich der demokratische Prozeß durchsetzt?

4. Kultur

1. Welches ist das erste Bollwerk gegen die Vermassung in Deutschland? 2. Wie verhält man sich den Intellektuellen gegenüber? 3. Wieviele Zeitschriften erscheinen in Deutschland? 4. Von wem wurde die erste Taschenbuchreihe herausgegeben? 5. Was gibt es heute auf dem deutschen Buchmarkt? 6. Wie sind deutsche Bücher gedruckt? 7. Was für Bücher kauft sich der Schüler einer höheren Schule? 8. Was findet man in den kleineren städtischen Bibliotheken? 9. In was für einem Zustand befinden sich die Bücher? 10. Was wird in den Tageszeitungen regelmäßig besprochen? 11. Wer finanziert oder unterstützt Theater, Kunstgalerien und Konzertsäle? 12. Wo werden Gedichte und Novellen oft veröffentlicht? 13. Wie ist das Niveau des deutschen Rundfunks? 14. Was wird dem breiten Publikum angeboten?

21. GEDANKEN II

5] 1. Wieviele Schwierigkeiten bestehen beim Schreiben der Wahrheit? 2. Wozu muß er den Mut haben? 3. Welche Schwierigkeit steht ihm im Wege? 4. Wozu muß er die Klugheit haben? 5. Welche Schwierigkeit steht ihm hier im Wege? 6. Welche Kunst muß er besitzen? 7. Welche Helfer braucht er dazu? 8. Welche List muß er gebrauchen? 9. Für wen sind diese Schwierigkeiten besonders groß? 10. Für wen sonst bestehen sie auch?

6] 1. Mit welchen Gattungen ist der Mensch verwandt? 2. Wozu ist der Mensch unfähig? 3. Wann lebt der Mensch seiner Natur gemäß? 4. Was erhöht seine Glückseligkeit? 5. Was ist immer das richtige Maß gewesen?

7] 1. Wogegen bietet dieses Stück Trost? 2. Was ist die Zeit? 3. Was hängt oben? 4. Was wächst unten? 5. Was bleibt? 6. Was ist die Gegenwart?

8] 1. Welche Menschen bedauert Goethe? 2. Wozu sind wir da? 3. Was muß man zu schätzen wissen?

9] 1. Was ist Kultur? 2. Was ist dafür nicht notwendig? 3. Womit verträgt sich vieles Wissen? 4. Wie definiert Nietzsche die Barbarei?

10] 1. Was sind unsere Erkenntnisse? 2. Worin haben die Anschauungen ihre Quelle? 3. Was ist die Sinnlichkeit? 4. Was ist die Quelle der Begriffe? 5. Was ist der Verstand?

11] 1. Was bewirkt das Heilige? 2. Was bewirkt das Heiligste?

12] 1. Was hatte Goethe nie gefragt? 2. Wohin hatte er immer getrachtet? 3. Was suchte er zu steigern? 4. Was hat er immer ausgesprochen?

22. DER LINDENBAUM

1. Wo steht der Lindenbaum? 2. Was träumte der Dichter? 3. Wo träumte er es? 4. Was schnitt er in die Rinde des Baumes? 5. Wohin zog es den Dichter immer? 6. Was mußte er heute tun? 7. Wann tat er es? 8. Was hat er im Dunkel getan? 9. Was taten die Zweige? 10. Was riefen die Zweige ihm zu? 11. Was sollte er hier finden? 12. Was blies dem Dichter ins Gesicht? 13. Was geschah mit seinem Hut? 14. Wo ist er jetzt? 15. Was hört er noch immer?

23. GEFAHREN DES ÜBERSETZENS

1. Was bedeutet das italienische Sprichwort? 2. Für wen ist die Gefahr beim Übersetzen groß? 3. Für wen ist sie am größten? 4. Was steht im Wörterbuch unter »stop«? 5. Was hat der Lehrer gesagt? 6. Welches der Wörter klingt bekannt? 7. Wo ist es schon oft vorgekommen? 8. Was bedeutet aufhören? 9. Wie war der Rat des Lehrers in diesem Falle? 10. Vom wem berichtet die Anekdote? 11. Wen möchte der Deutsche zum Abendessen mitbringen? 12. Was steht im Wörterbuch unter »Frau«? 13. Was antwortet der Anfänger auf die Frage »Wie geht es Ihnen«? 14. Wie sagt man »I am anxious to see him« auf deutsch? 15. Welches Buch muß man mit größter Vorsicht gebrauchen? 16. Bei welchen Wörtern ist die Gefahr noch größer? 17. Was bedeutet das deutsche Wort »genial«? 18. Welches deutsche Wort ist die richtige Übersetzung für das englische »genial«? 19. Was bedeutet das deutsche Wort »pathetisch«? 20. Was heißt »Dieser Mensch ist mir fatal«? 21. Was bedeutet »eventuell«? 22. Was können auch Sachkundige tun? 23. Woher kommt die englische Redensart »the psychological moment«? 24. Welche Bedeutungen hat das deutsche Wort »Moment«? 25. Wie kann man sie unterscheiden? 26. Wovon hatte die deutsche Zeitung gesprochen? 27. Wie hatte der

französische Übersetzer den Ausdruck gedeutet? 28. Wie kam die Redensart ins Englische? 29. Wie hatte ein Engländer das deutsche Wort »selbstbewußt« übersetzt? 30. Was hatte er eigentlich sagen wollen? 31. Woher kommt das Wort »Pädagog«? 32. Was bedeutet es im Griechischen? 33. In welchem Sinne wird es im Deutschen gebraucht? 34. Wie übersetzte es Luther? 35. Welchen Unterschied hatte Paulus gemacht? 36. Was ist die Pflicht des Begleiters? 37. Was kann er dem Kinde nicht ersetzen? 38. Was geschieht mit dem eigentlichen Sinn der Metapher? 39. Was sagt Goethe über das Lebendige? 30. Wer kennt die lebendige Sprache? 41. Was ist ein *armer* Student? 42. Wie nennt man dagegen einen Studenten, der langsam lernt? 43. Was kann man selten wörtlich übersetzen? 44. Welche deutsche Redensart gibt es für »That holds water«? 45. Was bedeutet auf englisch »Es ist keine Bohne wert«? 46. Wie soll man solche Sätze übersetzen? 47. Was wurde ein Missionar gefragt? 48. Welches Unglück geschieht den Eingeborenen oft? 49. Wozu werden sie gezwungen? 50. Was kommt manchmal vor? 51. Was können sie sich also vorstellen? 52. Welchen Fehler begeht Faust zunächst? 53. Was sieht er sofort ein?

25. DIE SCHULE DES GEBENS UND DIE SCHULE DES NEHMENS

1. Wo schwebte eine Insel? 2. Wie sah sie aus? 3. Was für Menschen lebten auf der Insel? 4. Was taten die Reichen? 5. Wo wird das Geben und das Nehmen gelehrt? 6. Woran hatte man auf der Insel noch nicht gedacht? 7. Was beschloß der junge König? 8. Wie lautete die strengste Vorschrift des Buches der Freude? 9. Was baute der König? 10. Was sollten die Reichen in der Schule lernen? 11. Wie war dieses Schulhaus? 12. Was stand über dem niederen Eingang? 13. Wozu sollten diese Worte die Reichen ermahnen? 14. Was sollte der Reiche in dieser Schule erfahren? 15. Für wen war die andere Schule bestimmt? 16. Wie sah dieses Haus aus? 17. Wie hieß der Spruch über dem Eingang? 18. Was sagt eine Entscheidung im Buche der Freude? 19. Wovon war das Portal umrankt? 20. Wie sollten die Armen in die Schule des Nehmens eingehen? 21. Wen berief der König noch während des Bauens? 22. Was ist seliger als Geben? 23. Warum begriffen die Lehrer das Buch der Freude nicht? 24. Wo begrub man den jungen König? 25. Wie lächelte der Todesengel? 26. Was pries das Volk, als die Schulen fertig waren? 27. Wer hatte das

Buch der Freude nicht begriffen? 28. Was schien den Armen vertraut zu sein? 29. Wohin lud die gewohnte Sitte die Reichen ein? 30. Wohin gerieten die Reichen und die Armen? 31. Was lernten die Reichen? 32. Wer schämte sich seiner Heiterkeit? 33. Wer lernte die Wehmut und die Demut? 34. Wo stehen die beiden Schulen nach wie vor? 35. Wer besucht die vertauschten Schulen? 36. Was ist mit dem Buch der Freude geschehen? 37. Für wen rüsten gute Feen die Wiege? 38. Welche Gnade wollen sie dem kommenden Königssohn einbinden? 39. Was soll er die Menschen lehren?

26. SEPTEMBERMORGEN

1. Welche Verben drücken die Stimmung des Gedichtes aus? 2. Welche Elemente der Natur werden im Gedicht erwähnt? 3. Was ist der Schleier im 3. Vers? 4. In welchem Sinne ist die Welt gedämpft? 5. Was ist das warme Gold?

27. VON DEUTSCHER SPRACHE

1. Wozu gehört die deutsche Sprache? 2. Was gab es vermutlich zwei- oder dreitausend Jahre vor Christi Geburt? 3. Wie nennen wir diese Sprache? 4. Was nehmen wir von den germanischen Stämmen an? 5. Was hat die Völkerwanderung verursacht? 6. Welche germanischen Sprachen entstanden danach?

Entwicklung des Hochdeutschen
1. Welchen Einfluß übte der Süden aus? 2. Was ging vom Alemannischen aus? 3. Was breitete sich seit ca. 700 aus? 4. In welchen Mundarten war die Literatur des Mittelalters verfaßt? 5. Aus welchem Dialekt entwickelte sich ein gemeinsames Deutsch? 6. Wer hat diesen Dialekt gesprochen? 7. Was war von bedeutendem Einfluß? 8. Was war »Hochdeutsch« ursprünglich? 9. Was wurde im Norden gesprochen? 10. Wieviele Bedeutungen hat das Wort »Hochdeutsch«?

Hauptmerkmale des Deutschen
1. Womit zeigt das Deutsche viel Verwandtschaft? 2. Welcher Unterschied besteht bei den Verben zwischen dem Deutschen und den romanischen Sprachen? 3. Wie werden im allgemeinen die

Verben behandelt? 4. Mit welcher Sprache ist Deutsch am engsten
verwandt?

Wortstellung

1. Wie ist die Wortstellung? 2. Wo steht das Verb in einer normalen
Aussage? 3. Was kommt an erster Stelle? 4. Womit kann man einen
Satz einleiten? 5. Wo liegt die Betonung?

Orthographie und Aussprache

1. Wie sind Orthographie und Aussprache im Deutschen?

Dynamik

1. Was wird in der deutschen Sprache betont? 2. Wie fassen die
lateinischen Europäer die Wirklichkeit auf? 3. Was gibt es in manchen
Sätzen überhaupt nicht? 4. Woraus werden Substantive oft gebildet?
5. Wozu kann jeder Infinitiv dienen?

Anschaulichkeit

1. Wodurch wird das Deutsche neben der Dynamik gekennzeichnet? 2. Was kann man mit demselben Verb ausdrücken?

Das Besondere

1. Wodurch wird die Präzision im Deutschen erzielt? 2. Wie übersetzt man das englische »put on«?

Zusammensetzungen

1. Was ist an der deutschen Sprache oft belustigend? 2. Wie kann
man am einfachsten die Bedeutung der langen »Bandwörter« im
Deutschen herausfinden? 3. Was ermöglichen die vielen Vor- und
Nachsilben?

Wurzelgebundenheit

1. Woran ist die deutsche Wortbildung gebunden? 2. Was findet
man im Wörterbuch der Brüder Grimm? 3. Was kennzeichnet das
Deutsche besonders? 4. Was ist »Purismus« in der Sprache? 5.
Woraus bildet das Deutsche oft neue Wörter?

Freiheit der Sprache

1. Was ist über die Regelung der deutschen Sprache zu sagen? 2.
Wie entwickelt sich der Sprachgeist? 3. Wo wird von der sprachlichen
Freiheit besonders Gebrauch gemacht? 4. Was wird fortwährend

weiterentwickelt? 5. Wo geht es in dieser Beziehung radikaler zu? 6. Wie läßt sich dies begründen?

28. KANT

1. Wie war Kants Leben? 2. Wie liefen seine Tage ab? 3. Verließ er oft seine Heimat? 4. Wohin unternahm er lange Reisen? 5. Wozu gehören seine philosophischen Bücher? 6. Wann und wo wurde Kant geboren? 7. Was bestimmte das Leben seiner Familie? 8. Welchen Beruf sollte der junge Kant wählen? 9. Warum studierte er Philosophie? 10. Was tat er neun Jahre lang? 11. An welcher Universität hielt er Vorlesungen? Was wurde er endlich? 12. Wie alt war Kant, als er starb? 13. Wie war sein Leben in all diesen Jahren? 14. Was wußten die Nachbarn, wenn er sein Haus zum täglichen Spaziergang verließ? 15. Wer begleitete ihn bei schlechtem Wetter? 16. Was für Bücher schrieb Kant, ehe er sich der Metaphysik zuwandte? 17. Was versuchte er in der »Allgemeinen Naturgeschichte und Theorie des Himmels« zu erklären? 18. Auf wen stützte sich seine Theorie? 19. Wie erschien ihm die Metaphysik? 20. Wie heißen seine drei monumentalen Werke? 21. Welche theologische Frage behandelte er in der ersten Kritik? 22. Warum ist es unmöglich, die Existenz Gottes zu beweisen? 23. Warum setzte er Gott, Seele und Unsterblichkeit wieder in ihre Stellung ein? 24. Was ist für Kant die Grundlage der Religion? 25. Welchen Willen besitzt nach ihm der Mensch? 26. Was ist Kants kategorischer Imperativ? 27. Wo fand er Gott? 28. Was ist trotz allem nicht lösbar? 29. In wessen Land lebte der kleine Professor? 30. Was verbot ihm Friedrichs Nachfolger? 31. Was drückte er von nun an aus? 32. Was schrieb er, als er 71 Jahre alt war? 33. Was hoffte er? 34. An was für eine Zukunft glaubte er? 35. Wohin war der Philosoph aus der Metaphysik gekommen?

30. ÜBER DEUTSCHLAND

5. Kunst

1. Was für eine Rolle hat Deutschland seit jeher im kulturellen Leben des Abendlandes gespielt? 2. Welche Stelle genießen Kunst und Kultur? 3. Was entspricht der geographischen Offenheit des Landes? 4. Welchen geistigen Strömungen war die deutsche Kultur ausgesetzt? 5. Was weiß der Kenner allein? 6. Was weist die deutsche

Baukunst auf? 7. Welche Stelle gebührt Deutschland auf dem Gebiet des Kunstgewerbes? 8. Wer hat das berühmte Bauhaus gegründet? 9. Von wem wurde es aufgelöst? 10. Was entstand in Ulm? 10. Was ist das Ziel der Hochschule für Gestaltung?

6. Bilanz

1. Was haben die zwölf Jahre der Naziherrschaft gestiftet? 2. Was hat sich seit 1945 in Westdeutschland ereignet? 3. Was haben die Deutschen wieder aufgebaut? 4. Woran fehlt es nicht? 5. Welches sind Deutschlands Probleme? 6. Was tadeln die Kritiker innerhalb und außerhalb Deutschlands? 7. Was soll es in der Regierung der Bundesrepublik geben? 8. Was bereuen manche Angehörige der älteren Generation? 9. Was wollen manche vergessen? 10. Was für Bedenken äußern wohlwollende Stimmen im Ausland? 11. Mit welchen Mitteln regiert man die »Deutsche Demokratische Republik«? 12. Was hat das Schicksal dem neuen Deutschland in die Hand gegeben? 13. Was sieht der unvoreingenommene Beobachter überall? 14. Was haben die Bundesregierung und die Länder unternommen? 15. Wieviel soll das Wiedergutmachungsprogramm das deutsche Volk kosten? 16. Was darf man mit gutem Gewissen behaupten? 17. Wem mangelt es nicht an Verantwortungsgefühl? 18. Was hat eher positiv als negativ auf die Psyche des Volkes gewirkt? 19. Unter welchen Einflüssen steht die deutsche Kultur?

32. GEDANKEN III

13] 1. Was hat jedes Alter des Menschen? 2. Warum ist das Kind ein Realist? 3. Was ist der geistige Zustand des Jünglings? 4. Was ist die philosophische Haltung des Mannes? 5. Worüber ist er im Zweifel? 6. Was tut er vor und in dem Handeln? 7. Was würde sonst geschehen? 8. Was sieht er? 9. Was bringt der Zufall oft? 10. Worin beruhigt sich der alte Mensch?

14] 1. Woraus besteht das Gewebe der Welt? 2. Was tut die Vernunft? 3. Wie behandelt die Vernunft das Notwendige? 4. Wie behandelt sie das Zufällige? 5. Wie soll die Vernunft stehen? 6. Was verdient der Mensch dann? 7. Was soll der Mensch vom Notwendigen nicht verlangen? 8. Was soll er dem Zufälligen nicht zuschreiben? 9. Womit ist es vergleichbar, wenn man aus dem Zufälligen eine Religion macht? 10. Was bilden wir uns dann ein? 11. Wie schlendern wir durch das Leben hin? 12. Wodurch lassen wir uns bestimmen?

13. Wie nennen wir endlich diese Art von Leben? 14. Wozu gibt es genug Anlässe im Leben? 15. Welcher Mensch erfreut Goethe? 16. Zu welchem Zweck arbeitet dieser Mensch? 17. In wessen Macht liegt das Glück des Menschen? 18. Mit wem kann man ihn vergleichen? 19. Wie ist es in der Kunst des Lebens? 20. Welcher Teil davon ist uns angeboren?

33. GOETHE

1. Wohin zog Goethe im Jahre 1775? 2. Wer hatte ihn dorthin eingeladen? 3. Was sollte Goethe Aufgabe in Weimar sein? 4. Wie lange blieb Goethe in Weimar? 5. Welchem Stande gehörten seine Eltern an? 6. Wie hatte ihn sein Vater erzogen? 7. In welchem Alter schrieb Goethe seine ersten Gedichte? 8. Welche Sprachen beherrschte er? 9. Womit beschäftigte er sich außerdem? 10. Wohin ging er mit sechzehn Jahren? 11. Was studierte er dort? 12. Worauf verwendete er den größten Teil seiner Zeit? 13. Unter wessen Einfluß stand er in Straßburg? 14. Was tat er nach Abschluß seiner Studien? 15. Welches Drama schrieb er in dieser Zeit? 16. Was spiegelt sich in den Dichtungen dieser Zeit ab? 17. Wie verbrachten Goethe und der Herzog die ersten Monate ihrer Freundschaft? 18. Woran beteiligte Goethe sich allmählich? 19. Welche Ämter hatte er im Herzogtum Weimar inne? 20. Wozu fand er nebenbei noch Zeit? 21. Welche Gebiete der Wissenschaft interessierten ihn? 22. Was haben ihm seine Entdeckungen in der Biologie verschafft? 23. Wohin reiste er 1786? 24. Was tat er zusammen mit Schiller? 25. Mit wem korrespondierte er? 26. Was schrieb er außer Gedichten? 27. Wer hat die kleine Chronik von Goethes Leben verfaßt? 28. Was feierte die Welt im Jahre 1949? 29. Was taten alle Goethekenner zu diesem Anlaß? 30. Wo versammelten sich viele berühmte Männer zu einer Feier? 31. Was tat Albert Schweitzer zu Ehren Goethes?

34. WENN DER WINTER KOMMT

1. Wovon weiß das Volk nichts? 2. Wie wird es im Winter auf dem Lande? 3. Was ist die Natur im Winter? 4. Wie wächst die Natur im Sommer? 5. In welcher Richtung wächst sie im Winter? 6. Was tut der Wind im Winter? 7. Wie sehen die Schneefelder aus? 8. Was umgaukelt uns? 9. Womit kann man die Schneeflocken vergleichen?

10. Wo arbeiten die Landleute am besten? 11. Wie ruhen die Menschen im Winter? 12. Was tut der Uhu? 13. Wo tanzt der Schneestaub? 14. Warum sind die Menschen so gut im Winter? 15. Was bittet für die Armen? 16. Was meißelt der Frost aufs Fensterglas?

35. MARTIN LUTHER

1. Mit welchen Namen ist das sechzehnte Jahrhundert in England verbunden? 2. In welchem Lande lebten Calderon, Cervantes und Lope de Vega im gleichen Jahrhundert? 3. Welches sind die berühmten Namen der gleichen Zeit in Italien und in Frankreich? 4. Was geschah in Deutschland? 5. Was bedeuteten die 95 Thesen Luthers? 6. Durch wen wurde diese Revolution unterstützt? 7. Was war Luthers Vater? 8. Wann wurde Luther geboren? 9. Was für eine Jugend und Schulzeit hatte er? 10. Was suchte er verzweifelt? 11. Was wurde aus dem Mönch? 12. Was sah er auf seiner Reise nach Italien? 13. Wofür hatte er kein Auge? 14. Was wollte der Gläubige durch den Ablaß erkaufen? 15. Was folgte dem Streit um den Ablaß? 16. Was verdammte die päpstliche Bulle? 17. Wozu forderte sie ihn auf? 18. Was tat Luther mit der Bulle? 19. Was begann damit? 20. Vor wessen Augen handelte er von nun an? 21. Was wußte er noch nicht? 22. Was geschah auf dem Reichstag in Worms? 23. Wer war sein Freund und Gönner? 24. Was taten dessen Beauftragte? 25. Wie lange lebte Luther hier? 26. Was tat er auf der Wartburg? 27. Worauf übte er einen entscheidenden Einfluß aus? 28. Wofür schuf er die Grundlagen? 19. Was wußte er als Mann aus dem Volke? 30. Was bedeuteten seine Lieder? 31. Was geschah, als er nach Wittenberg zurückging? 32. Was war von ungeheurer Wirkung? 33. Was für eine Haltung nahm er im Bauernkrieg ein? 34. Was tat er im Jahre 1525? 35. Was tolerierte der Kaiser? 36. Wie wurde das Wort »Protestant« geboren? 37. Wie breitete sich die Reformation aus? 38. Mit wem mußte sich Luther auseinandersetzen? 39. Warum fuhr er 1546 von Wittenberg nach Eisleben? 40. Was geschah ihm unterwegs? 41. Wo wurde er beigesetzt? 42. Was wurde er auf dem Sterbebett gefragt?

39. KANNITVERSTAN

1. Wozu hat der Mensch täglich Gelegenheit? 2. Was für Betrachtungen kann er anstellen? 3. Wie kann der Mensch seinem Schicksal

begegnen? 4. Was fliegt nicht für ihn in der Luft herum? 5. Wie kam
der deutsche Handwerksbursche zur Wahrheit? 6. Wo war das? 7.
Was für eine Stadt ist Amsterdam? 8. Was gibt es dort? 9. Was sah der
Handwerksbursche sogleich? 10. Hatte er schon vorher ein solches
Haus gesehen? 11. Wie betrachtete er das Gebäude? 12. Was hatte
das Haus auf dem Dach? 13. Wie groß waren die Fenster? 14. Wen
redete der Handwerksbursche an? 15. Was fragte er? 16. Wieviel verstand der Mann von der deutschen Sprache? 17. Wie antwortete der
Mann? 18. Was antwortete er? 19. Was für ein Wort was das? 20. Wie
heißt es auf deutsch? 21. Was glaubte der Fremdling? 22. Was für ein
Mann muß der Herr Kannitverstan sein? 23. Wohin kam der Handwerksbursche endlich? 24. Was stand dort? 25. Was wußte er anfänglich nicht? 26. Was zog seine Aufmerksamkeit an? 27. Woher war
das Schiff angelangt? 28. Was wurde mit dem Schiff gerade getan? 29.
Was stand am Lande? 30. Was war in den Fässern? 31. Was fragte der
Handwerksbursche endlich? 32. Wen fragte er? 33. Was für eine
Antwort bekam er? 34. Was kann sich ein reicher Herr leisten? 35.
Was stellte der Handwerksbursche an? 36. Was für ein Mensch war
er? 37. Was für ein Schicksal wünschte er sich? 38. Was erblickte er,
als er um die Ecke kam? 39. Was zogen die schwarzvermummten
Pferde? 40. Wohin zogen sie den Toten? 41. Was folgte dem Wagen?
42. In was waren die Leute gehüllt? 43. Was läutete in der Ferne? 44.
Was ergriff unseren Fremdling? 45. Wie blieb der Handwerksbursche
stehen? 46. Wie lange blieb er so stehen? 47. An wen machte er sich
dann heran? 48. Was rechnete dieser Mann gerade in der Stille aus?
49. Wie ging der Mann hinter dem Leichenwagen? 50. Was erhielt
der Handwerksbursche zur Antwort? 51. Wie war ihm auf einmal? 52.
Was hatte der Tote von seinem Reichtum? 53. Wie begleitete der
Handwerksbursche die Leiche? 54. Verstand er viel von der Leichenpredigt? 55. Wohin ging er nach dem Begräbnis? 56. Woran dachte er,
wenn er mit seinem Schicksal unzufrieden war?

40. DEUTSCHE PHILOSOPHIE

1. Welche merkwürdige Gewohnheit haben die Deutschen? 2. Was
sagt Goethe von Serlo? 3. Was hat man die Deutschen oft genannt?
4. Was ist Philosophie laut Nietzsche? 5. Wieviele Typen von Weltanschauung unterscheidet Dilthey? 6. Woraus entwickeln sich diese
Typen? 7. Wodurch sind sie bedingt? 8. Was erklärt uns das »deutsche
Wesen«? 9. Was bedeutet das Wort »Idealismus«? 10. Welche

Auffassung verwirft der Idealismus? 11. Was behauptet er dagegen?
12. Worüber sind sich alle Idealisten einig?

13. Wer war der erste große deutsche Idealist? 14. Woraus besteht
das Weltall für Leibniz? 15. Was bedeutet das Wort »Monade«? 16.
Was für eine Substanz ist die Monade? 17. Wie verhalten sich die verschiedenen Monaden zueinander? 18. Was für eine Welt ist die unsere?

19. Wie heißt Kants Philosophie? 20. Wogegen wendet sie sich? 21.
Wann herrschte diese Philosophie? 22. Woher stammen unsere
Gedanken nach dieser Philosophie? 23. Was empfangen wir von der
Außenwelt? 24. Was ist Lockes Grundprinzip? 25. Was sind a priori-
sche Erkenntnisse? 26. Liegen die Kategorien im Gegenstand der
Erfahrung? 27. Was sind die Kategorien? 28. Was ermöglichen sie?
29. Worauf beschränkt sich unser eigentliches Wissen? 30. Was ist
Kants Stellung zur Metaphysik?

31. In welchem Werk behandelt Kant seine Erkenntnistheorie? 32.
Was ist sein Verfahren in der Ethik? 33. Was ist auch hier sein Aus-
gangspunkt? 34. Was für Postulate gibt es im Bereiche der Ethik? 35.
Welches sind diese Postulate? 36. Was gibt Kant zu? 37. Was kann
man im Gegenteil logisch beweisen? 38. Gibt es einen logischen
Beweis für die Existenz Gottes? 39. Warum müssen diese Begriffe
wahr sein? 40. Was für eine Beweisführung ist dies?

41. In welcher Hinsicht ist Kant ein Neuerer? 42. Wie heißt die
dritte Kritik? 43. Wovon handelt dieses Werk? 44. Welches Moment
betont es? 45. Welche Frage stellt Kant darin? 46. Was ist Kants große
Leistung auf dem Gebiet der Ästhetik? 47. Was betrifft das ästhetische Urteil? 48. Worin liegt die Schönheit? 49. Wovon befreite Kant
das ästhetische Urteil? 50. Welche zwei Arten von Schönheit gibt es?
51. Welche von den zwei Arten ist die höhere? 52. Warum ist die reine
Schönheit die höhere Art? 53. Welche moderne Tendenz in der Kunst
hat Kant vorweggenommen?

54. Welcher berühmte Satz stammt von Schopenhauer? 55. Was ist
die Welt für Schopenhauer? 56. Wo kommt der Charakter des Willens
am klarsten zum Vorschein? 57. Warum ist das der Fall? 58. Was muß
der Mensch zu seiner Bestürzung erfahren? 59. Warum ist der
Mensch immer unglücklich? 60. Welches ist das positive: das Glück
oder das Unglück?

61. Wieviele Rettungswege vom Pessimismus gibt es? 62. Was bietet uns die Kunst an? 63. Wie sieht der Mensch die Welt im ästhetischen Erlebnis? 64. Wie wirkt diese Einsicht auf ihn? 65. Was
geschieht, wenn der Mensch in die Welt des Alltags zurückkehrt?

66. Wer erlebt eine dauernde Befreiung von den Qualen des Willens?
67. Wie lebt der Weise? 68. Was sieht der Weise ein? 69. Was ist die einzig wahre Glückseligkeit?

70. Ist Hegels Philosophie eine pessimistische oder optimistische?
71. Womit räumt Hegel auf? 72. Was sucht Hegel? 73. Was ist die Welt für Hegel? 74. Was ist für ihn Gott?

75. Was ist Hegels große Leistung? 76. Was ist die Grundlage der aristotelischen Logik? 77. Was behauptet Hegel dagegen? 78. Wohin führt jede These? 79. Wo liegt die Wahrheit? 80. Was bildet die Synthese? 81. Was für eine Logik ist die Hegelsche?

82. Was ist nach Hegel der Gang der Geschichte? 83. Was stellt die geschichtliche Entwicklung dar?

84. Warum gibt es für Hegel kein Böses? 85. In welchem Sinne ist alles, was ist, recht? 86. Was ist jede Erscheinung?

87. Was ist der Staat nach Hegel? 88. Was ist das Ziel der sozialen Entwicklung? 89. Welches ist die höchste Form der sozialen Ordnung?

90. Was für ein Philosoph war Nietzsche? 91. Wogegen kämpfte er?
92. Warum kämpfte er gegen christliche Werte? 93. Was sind die christlichen Werte? 94. Welche Moral möchte Nietzsche wieder einsetzen? 95. Welcher griechische Gott ist das Symbol der absoluten Lebensbejahung? 96. Wie objektiviert sich die Lebensbejahung?

97. Was für Philosophieren ist das? 98. Welche Zweige der Philosophie interessieren Nietzsche wenig? 99. Was für Fragen stellt Nietzsche?

100. Welche andere Philosophie geht denselben Weg? 101. Was untersucht sie? 102. Was für Fragen stellt sie? 103. Ist Sein oder Nichtsein das Positive? 104. Was ist das Grunderlebnis des Menschen? 105. Was symbolisiert den Tod? 106. Wovon ist der Mensch abhängig? 107. Was bildet den Ursprung des Philosophierens? 108. Wovor hat der Mensch Angst? 109. Was liegt in jedem tatsächlichen Verhalten? 110. Wann fängt der Tod an? 111. Was ist das Sein?

112. Was heißt: existentiell denken? 113. Was weiß der gewöhnliche Mensch davon? 114. Worum kümmert er sich? 115. In welcher Gefahr steht auch der bessere Mensch? 116. Was ist allein Existenz?
117. Was wird aus der Angst vor dem Tod? 118. Wessen wird sich der Mensch bewußt? 119. Wovon befreit er sich? 120. Wozu erhebt er sich?

121. Was ist Heideggers Antwort auf die Grundfrage des Lebens?
122. Wie soll der Mensch dem Nichts entgegentreten? 123. Was muß

er auf sich nehmen? 124. Wie soll der Mensch leben? 125. Was gibt es dagegen für Jaspers? 126. Wie soll sich der Mensch seinen Mitmenschen erschließen? 127. Worin besteht die Transzendenz? 128. Was für ein Lebensgefühl zeigt Heideggers Grundhaltung? 129. Und Jaspers?

42. IN MEMORIAM ROCKEFELLER

1. Was hatte Rockefeller nicht genug? 2. Wie ist diese Äußerung des reichen Mannes? 3. Neben wen stellt ihn diese Auffassung? 4. Was haben Rockefeller und Diogenes bisher miteinander gemein gehabt? 5. Was wollten sie mit dem Faß? 6. Womit füllte Rockefeller sein Faß? 7. Was tat Diogenes mit dem seinen? 8. Wodurch sind die beiden Männer jetzt miteinander verbunden? 9. Welches sind die hauptsächlichsten Abfallprodukte der Ölfabrikation? 10. Wem müssen wir dafür dankbar sein? 11. Wofür müssen wir ihn bewundern? 12. Worin haben sich die zwei Männer getroffen? 13. Wem sollte man ein Denkmal setzen? 14. Wie müßte dieses Denkmal aussehen? 15. Wie würden Jahrhunderte dieses Monument bestaunen?

43. VON DER FREUNDSCHAFT

1. Was sagt der eine von der Freundschaft? 2. Was spricht der andere? 3. Was bleibt unentschieden? 4. Was nennen diese Leute Freundschaft? 5. Warum kratzt oft einer den anderen? 6. Was sieht man hier wie in vielen Fällen? 7. Was ist eine Holunder-Freundschaft? 8. Warum geht es selten so ganz rein ab? 9. Was soll das erste Gesetz der Freundschaft sein? 10. Was soll man mit dem Freund teilen? 11. Was ist meistens Zärtelei? 12. Warum ist er dein Freund? 13. Sollst du deinen Freund zweimal bitten lassen? 14. Wann soll man kein Blatt vors Maul nehmen? 15. Wie soll man frisch herausfordern? 16. Wie soll man die Schwächen des Freundes behandeln? 17. Was soll man gegen den dritten Mann hingegen tun? 18. Was scheint zur Freundschaft in dieser Welt zu gehören? 19. Wie soll man gegen den Freund handeln? 20. Was ist eine körperliche Freundschaft? 21. Was wird aus zwei Pferden, die eine Zeitlang zusammen stehen? 22. Kann eigentliche Freundschaft ohne Einigung sein? 23. Wozu kann ein Schiffbruch führen? 24. Was einigt solche Menschen? 25. Wann ist die Freundschaft umso inniger und edler? 26. Was sollten alle

Menschen auf Erden sein? 27. Was für Freundschaften gibt es manchmal?

44. DAS BETT

1. Bei wem war die Frau des Polizeihauptmanns Tromba gewesen? 2. Was müßte gewisse Schranken für die weibliche Einbildungskraft setzen? 3. Warum hat Frau Matta ein Fremdenzimmer? 4. Bekommt Tromba Besuch vom Lande? 5. Was denkt seine Frau trotzdem? 6. Was ist Frau Matta früher gewesen? 7. Und Frau Tromba? 8. Was wünscht Tromba? 9. Wer tröstet ihn? 10. Wann will seine Tochter die Wirtschaft führen? 11. Was will sie jeden Tag backen? 12. Wie reagiert Tromba darauf? 13. Was tut Frau Tromba? 14. Wo liegt das leere Zimmer? 15. Was für eine Aussicht hat es? 16. Was fehlt für die Einrichtung des Zimmers? 17. Was tut man, wenn man Polizeihauptmann ist? 18. Was wäre merkwürdig? 19. Was sagt sich Tromba? 20. Wie ist ihm zu Gemüt? 21. Bei wem macht er eine Haussuchung? 22. Was kann sich Lange Rübe denken? 23. Was für Bemerkungen macht er? 24. Was hätte sich Tromba ersparen können? 25. Warum kann Tromba nichts erwidern? 26. Worüber kann sich Lange Rübe nicht ausweisen? 27. Was wird mit dem Bett gemacht? 28. Was übt Tromba in ehelichen Kämpfen? 29. Was geschieht zuerst? 30. In welcher Verfassung ist dann die Frau? 31. Warum ist sie in dieser Verfassung? 32. Was tun die Häscher mit der Bettstelle? 33. Was überlegt sich Frau Tromba im Fremdenzimmer? 34. Warum bedauert Tromba den Gauner? 35. Was nehmen anständige Menschen? 36. Was hat Tromba Lange Rübe erklärt? 37. Wovon will er nichts mehr hören? 38. Worum kann er sich nicht kümmern? 39. Wie behandelt ihn der Kaufmann? 40. Was verlangt der Bauer, wenn die Leute Hunger haben? 41. Wann machen diese Leute eine Anzeige? 42. Wovon lebt die Polizei? 43. Was brauchte man nicht, wenn die Gauner nicht wären? 44. Was ist, wenn sich ein Weib eine dumme Idee in den Kopf gesetzt hat? 45. Was geschieht mit Trombas Zorn? 46. Warum bedauert Lange Rübe den Polizeihauptmann? 47. Warum ist er aber auf Tromba wütend? 48. Wohin fährt Lange Rübe mit dem Droschkenkutscher? 49. Nach welchem Zimmer im Haus geht er? 50. Was tut er mit dem Bett? 51. Wie geht man in einem solchen Fall die Treppe hinunter? 52. Wie kann man tun, wenn einen jemand sieht? 53. Warum schimpft man über Herrn Augusto? 54. Warum wird man bedauert? 55. Welchen Rat gibt diese Person einem noch? 56. Was

geschieht Lange Rübe? 57. Wohin schlägt er mit aller Wucht? 58. Wie tut Lange Rübe? 59. Worüber beklagt er sich? 60. Warum fühlt er sich glücklich? 61. Was fragt ihn Tromba? 62. Was hat Lange Rübe gehört? 63. Was kann der Herr Polizeihauptmann mit dem Bett tun? 64. Worüber freut sich Lange Rübe? 65. Was denkt sich Tromba? 66. Wie ist sein Gewissen? 67. Was kann er ihm nicht übelnehmen? 68. Was erklärt er ihm kurz? 69. Was tut Lange Rübe? 70. Was bringt Tromba aus der Stube? 71. Wie bedankt sich Lange Rübe? 72. Welche Weisung gibt ihm Tromba? 73. Wohin geht Lange Rübe mit den beiden Packen? 74. Wer erwartet ihn auf der Straße? 75. Was fehlt, als Frau Tromba wieder ins Fremdenzimmer geht? 76. Wie sind ihre Vorwürfe? 77. Was liegt am Polizeihauptmann? 78. Was sieht Tromba ein? 79. Warum schweigt er? 80. Kann Tromba noch einmal Haussuchung halten? 81. Worüber hat er auch die Aufsicht? 82. Wer kauft ihm ein Bett?

46. DER GRASHÜPFER

1. Wann hatte es getaut? 2. Wo war die Sonne aufgegangen? 3. Was begann, als die Sonne ihre Strahlen über den Graswald geschickt hatte? 4. Wie schwang sich die kleine Maja in den Sonnenschein hinaus? 5. Was wollte sie erfahren? 6. Wie sah sie aus, als sie durch das Licht segelte? 7. Warum sind an solchen Tagen die Menschen unterwegs? 8. Was war ihr noch nie begegnet? 9. Was mußte man unwillkürlich tun? 10. Wo ließ sich die kleine Maja nieder? 11. Welches waren die höchsten Pflanzen? 12. Was nahm Maja aus einer Akeleiblume? 13. Was begegnete ihr auf einem Grashalm? 14. Warum erschrak sie? 15. Wie blieb sie sitzen? 16. Wen starrte sie an? 17. Wie sah er aus? 18. Was für Fühler hatte er an seiner Stirn? 19. Wie erschien er? 20. Was für eine Meinung hatte Maja über seine Flügel? 21. Was war das Merkwürdigste an ihm? 22. Was hatten seine listigen Augen? 23. Wodurch war der Grashüpfer geärgert? 24. Was fragte er? 25. Was rief Maja zornig? 26. Würde sie Eier legen, wenn sie es könnte? 27. Was für ein Gesicht machte der Grashüpfer? 28. Was mußte Maja tun? 29. Was machte sie ungeduldig? 30. Was konnte der Grashüpfer nicht von ihr verlangen? 31. Wohin hatte sich der Grashüpfer geschwungen? 32. Was hatte Maja nicht sehen können? 33. Wo saß er nun? 34. Wie betrachtete er sie nun? 35. Was tat Maja mit ihren Flügeln? 36. Was beschloß Maja? 37. Was war ihr noch nicht widerfahren? 38. Was bedeutete ihr die größte Schmach? 39. Was waren

Wespen nach Majas Ansicht? 40. Wer war plötzlich wieder da? 41.
Wie sahen seine langen Hinterbeine aus? 42. Wofür entschuldigte er
sich? 43. Was mußte er plötzlich tun? 44. Wie lächelte der Grashüpfer? 45. Warum lachte Maja? 46. Was wußte sie nie recht? 47.
Warum kannte Maja den Grashüpfer nicht? 48. Zu welcher Familie
gehörte sie? 49. Warum konnte Maja kaum sprechen? 50. Wie be-
zeichnete der Grashüpfer die Unterschiede zwischen einer Wespe
und einer Biene? 51. Was sollte am nächsten Tag im Garten des
Pfarrers Sündepiek sein? 52. Was sollte Maja für dieses Wettspringen
bekommen? 53. Wo hoffte der Grashüpfer eine Freikarte zu bekommen? 54. Was hoffte der Grashüpfer zu erzielen? 55. Warum inter-
essierte Maja sich nicht für dieses »Gehüpfe«? 56. Was glaubte man
förmlich zu hören? 57. Was können die meisten Tiere der Welt? 58.
Was können sie nicht? 59. Welchen Wunsch findet man sogar bei den
Menschen? 60. Wie wollte der Pfarrer einer kleinen Schlange imponieren? 61. Ohne was kann ein Pfarrer nicht leben? 62. Wie hoch
können einige Grashüpfer springen? 63. Was kann nicht einmal der
Elefant? 64. Warum konnte Maja nicht reden? 65. Wodurch setzte
der Grashüpfer sie in Erstaunen? 66. Was bewunderte sie an ihm? 67.
Worüber war sie verwundert? 68. Was hätte sie gern getan? 69.
Warum tat sie es nicht? 70. Wer erlebt oft am meisten? 71. Wonach
wollte sie ihn fragen, wenn er noch einmal zurückkam? 72. Wo kam
der Grashüpfer immer her? 73. Wie lebte er in der Welt? 74. Wer
kann allein in die Zukunft sehen? 75. Was ist noch nicht nachgewiesen? 76. Was muß man den Menschen lassen? 77. Was taten die
zwei Knaben, die der Grashüpfer beobachtete? 78. Fand Maja den
Grashüpfer wieder, als er das nächste Mal davonsprang? 79. Wo
suchte sie ihn? 80. Was war ihr unmöglich?

48. GEDANKEN IV

17] 1. Worüber wird flüchtig geurteilt? 2. Wie sollte man hier
vorgehen? 3. Was macht den Charakter eigentlich aus? 4. Was erfährt
man, wenn man die schlechten Leute genauer kennen lernt?
18] 1. Was können ungebundene Geister nie erreichen? 2. Wie
kann man allein Großes erzielen? 3. Worin zeigt sich der Meister? 4.
Was gibt uns allein Freiheit?
19] 1. Was ist das größte Verdienst des Menschen? 2. Soll sich der
Mensch von den Umständen bestimmen lassen? 3. Wie liegt das
Weltwesen vor uns? 4. Was ist die Aufgabe des Baumeisters? 5. Wie

stellt er das Urbild seines Geistes zusammen? 6. Wo ist der Teil, den Goethe »Element« nennt? 7. Was liegt tief in uns? 8. Was vermag diese Kraft?

20] 1. Was sieht das Kind überall? 2. Wie ist dessen Selbstsucht? 3. Wer sonst noch zeigt dieselbe Haltung? 4. Was bringt ihn dazu? 5. Mit wem wird der Greis verglichen? 6. Wie steht der Mensch in der Mitte des Lebens? 7. Womit wird der Mensch verglichen?

21] 1. Was fragt die Menge bei jeder neuen Erscheinung? 2. Warum ist diese Frage berechtigt? 3. Was fragt dagegen der Weise? 4. Worüber bleibt er unbekümmert? 5. Wem überläßt er die Anwendung auf das Leben? 6. Wie handeln die Afterweisen? 7. Worin suchen sie ihren eitlen Ruhm? 8. Was bewirken sie dadurch?

22] 1. Was ist wichtiger: das gute Werk oder der gute Mensch? 2. Womit wird der Mensch verglichen? 3. Was für ein Baum trägt gute Früchte? 4. Welche Folgerung zieht Luther von der Analogie des Baumes und seiner Früchte?

23] 1. Was trägt das Leben in sich? 2. Was hat jedes Ding? 3. Was ist der Preis der Liebe? 4. Womit bezahlt man das Glück des Erreichens? 5. Was folgt auf die erhöhte Einsicht? 6. Welches Opfer verlangt die glühende Empfindung? 7. Welcher Preis steht auf dem ganzen Leben?

50. TRISTAN

1. Warum heißt das Gedicht »Tristan«? 2. Womit wird die Schönheit in diesem Gedicht verbunden? 3. Welche ambivalente Stellung wird der Liebende dem Leben gegenüber haben? 4. Was sagt der Dichter über die Liebe in der 2. Strophe? 5. In welchen Zustand versetzt die Liebe den Liebenden? 6. Welche Seite der Liebe wird im Gedicht hervorgehoben?

51. ÜBER DEN UMGANG MIT MENSCHEN

1. Was kann der Mensch nicht entbehren? 2. Warum ist nicht einmal die Luft frei? 3. Was braucht man, wenn man arm ist? 4. Was, wenn man reich ist? 5. Wer allein ist glücklich in der Einsamkeit? 6. Kann jeder heilig sein, wenn er will? 7. Was lernen wir in der Schule? 8. Was lehrt man uns nicht? 9. Was tun wir bei Früchten? 10. Wie unterscheiden wir unter Tieren? 11. Wie behandeln wir Pferde? 12. Wie

ist es aber bei den Menschen? 13. Wo wird die Schule der Erfahrung gehalten? 14. Was fragt uns der Tod nicht? 15. Worin ist der Mensch glücklich? 16. Was ist ihm erspart? 17. Welche zwei Wege führen zu den Menschen? 18. Wann wird man liebenswürdig gefunden? 19. Warum soll man keinen für krank halten? 20. Welche Krankheiten sind die gefährlichsten? 21. Wann darf man an die eigene Freiheit glauben? 22. Wem soll man die Verantwortung der Freiheit nicht aufbürden? 23. Was bewundert der Mensch an Gott? 24. Warum soll man keinen dumm nennen? 25. Wie kann man einen ungeselligen Menschen gebrauchen? 26. Wie hat die Natur die Kraft unter die Menschen verteilt? 27. Was findet man selten unter Menschen? 28. Wenn man nicht schmeicheln kann oder will, was kann man tun? 29. Was ist die Liebe eigentlich? 30. Warum haßt der Liberale den Konservativen? 31. Wie verteidigt Börne den Konservativen? 32. Wessen ist auch der Liberale schuldig? 33. Aus welchem Grunde verfolgt der Konservative den Liberalen? 34. Wie verteidigt der Konservative seine Vorrechte? 35. Wofür hält der Konservative den Liberalen? 36. Kann man einen Menschen vernichten? 37. Womit wird Schwärmerei verglichen? 38. Was kann der mit hohem Geist begabte Mensch unmöglich tun? 39. Wie kann man allein kleinen Menschen gefallen? 40. Was muß man tun, um unter den Menschen zu leben? 41. Was für ein Mensch war Rousseau? 42. Wie betrachteten ihn seine Zeitgenossen? 43. Wie stellte sich Rousseau zur Freiheitsliebe? 44. Wen trifft das Geschick des Ikarus? 45. Wie kann man die Menschen gewinnen? 46. Was versuchte Börne einmal? 47. Wie bereitete er sich für die Audienz vor? 48. Warum mißlang ihm der Versuch?

VOCABULARY

This is strictly an *ad hoc* vocabulary, designed for this book alone. It uses some shorthand devices which the student should master at the outset:

For strong nouns the plural only is indicated (**der Fall ̈-e**); for weak nouns the genitive singular is given (der **Junge -n**). Since nearly all feminines are weak (**die Blume -n, die Hoffnung -en**), the plural is given only for those which are strong (**die Hand ̈-e**).

The principal parts of regular strong verbs are indicated by the stem vowel only (**singen a u = singen sang gesungen**). When the infinitive alone is given, the verb is weak, except in the case of the most common strong verbs, whose parts the student should know (**stehen, bleiben, sehen**).

A

ab-blühen fade
abergläubisch superstitious
das Abfallprodukt -e by-product
die Abhandlung treatise
die Abhängigkeit dependence
ab-kaufen buy from
die Abkürzung abbreviation
ab-lösen replace
die Abneigung dislike
abscheulich horrible
der Abschluß ̈-e conclusion
ab-schütteln shake off
die Absicht intention
sich ab-spiegeln be reflected
sich ab-spielen take place
die Abstufung gradation
ab-warten: das bleibt abzuwarten
    that remains to be seen
abwesend absent
ab-wickeln handle, carry on
ab-wischen dust, wipe off
die Achsel shoulder
der Acker ̈ acre, farm

das Ackerland ploughed land
adlig aristocratic
äffen ape
ahnen anticipate
die Akelei columbine
das All universe
allerdings of course
die Allgemeinheit generality
allmählich gradual
allzuleicht only too easy
das Alpenvorland alpine foothills
der Altan -e balcony
die Anbetung worship
andächtig devoutly
sich an-eignen appropriate
an-erkennen acknowledge, recog-
    nize, accept
anfangs at first
angeblich ostensibly
angeboren innate, native
die Angelegenheit matter
angenehm pleasant, agreeable
das Angesicht -er face
angewiesen dependent

angewurzelt   rooted to the spot
der Angriff -e   attack
an-lächeln   smile at
an-langen   arrive
die Annäherung   approach
die Annahme   acceptance
an-passen   adapt
an-reden   address
an-regen   stimulate, propose, suggest
an-richten   cause, do
anschaulich   concrete, visual
die Anschaulichkeit   vividness
die Anschauung   view, opinion, perception
das Ansehen   prestige
die Ansicht   view
der Anspruch ˸e   claim
anständig   decent, respectable
an-starren   stare at
an-stellen   hire, institute
der Anteil -e   share
antik   classical
an-treiben ie ie   spur on
an-wenden   apply
an-zeigen   report, denounce
die Anziehungskraft   power of attraction
an-zünden   light
der Arbeitgeber —   employer
der Arbeitnehmer —   employee
ärgern   annoy
arglos   innocent
die Armut   poverty
artig   nice, well-behaved
der Atem   breath
die Aue   meadow
auf-bürden   burden
die Auffassung   view, conception
auf-fordern   order
die Aufklärung   Enlightenment
auf-laufen   run aground
auf-lösen   dissolve
aufmerksam   observant
auf-räumen   make a clean sweep

die Aufregung   irritation, excitement
sich auf-richten   sit up
aufrichtig   sincere
auf-schlagen   go up, rise
der Aufschub   delay
der Aufschwung   upsurge
die Aufsicht   inspection, supervision
der Aufsichtsrat   board of directors
der Aufstieg -e   rise
auf-tun   open
aufwärts   upward
aus-arten   degenerate
aus-bauen   complete, enlarge, develop
die Ausbeutung   exploitation
aus-bleiben   stay away
aus-breiten   spread (out)
die Ausdauer   perseverance
aus-drücken   express
die Ausdrucksfähigkeit   expressiveness
die Auseinandersetzung   controversy
die Ausgabe   edition
ausgeprägt   pronounced, marked, stamped
aus-gleichen i i   balance
die Aushilfe   help, emergency
sich aus-kennen   know one's way about
aus-laden u a   unload
aus-nutzen   exploit
aus-pfeifen iff iff   whistle off [the stage]
aus-rechnen   calculate
der Ausruf -e   exclamation
die Aussage   statement
ausschweifend   extravagant
die Ausschweifung   extreme, excess, extravagance
der Außenhandel   foreign trade
die Außenwelt   external world

außerdem besides
das Äußerste extreme
die Äußerung utterance, remark
aus-setzen expose
die Aussicht view, outlook
aus-stoßen utter
die Aussprache pronunciation
aus-statten design, fit out, equip
der Austausch exchange
aus-tragen mature
die Auswahl selection
der Ausweg -e way out
das Autogramm -e autograph

B

die Badewanne bathtub
der Balkon -e balcony
der Ballen — bale
der Band ⸚e volume
das Bandwort ⸚er compound noun
bangen fear
die Barbarei barbarism
das Bäuerlein — peasant
der Bauernkrieg -e Peasants' War
die Baukunst architecture
die Baumwolle cotton
der Beauftragte -n emissary
beben tremble
bedächtig thoughtful, measured
bedauern pity
das Bedauern regret, pity
bedenken consider
bedenklich dubious
bedeuten mean, signify
bedeutend important
das Bedürfnis -se need
bedürftig needy
die Beförderung transportation
befreien liberate
begabt gifted
die Begebenheit event
begehen commit
begehren desire
begraben u a bury
das Begräbnis -se funeral

begreiflich understandable
die Begrenztheit limitedness
der Begriff -e concept
die Begründung motivation
behaupten state, assert
die Behausung habitation, dwelling
behend swift
beherrschen control, rule
behutsam cautious
beisammen together
bei-setzen bury
das Beispiel -e example
der Bekannte -n acquaintance
sich beklagen complain
bekümmert concerned
die Belagerung siege
belasten burden
beleben vivify
die Belehrung information
die Beleidigung insult
belesen well read
bellen bark
belustigt amused
bemerken notice
die Bemerkung remark
das Benehmen behavior
berauschen intoxicate
berechtigen justify
der Bereich -e sphere
bereuen regret
der Bergbau mining industry
der Bergmann (die Bergleute) miner
berichten report
berücksichtigen consider
die Berührung contact
die Besatzung occupation
beschaffen constituted
bescheiden modest
beschleunigen accelerate
beschließen o o close, conclude, decide, resolve
beschränken limit, restrict
die Beschränkung limitation

beschreiben ie ie   describe
beschwichtigen   appease
besetzen   occupy
der Besitz   possession
die Besonderheit   distinctiveness
die Besprechung   review
bessern   improve
beständig   constant
bestehen   exist
bestimmen   fix, determine
die Bestürzung   consternation
betauen   bedew
sich beteiligen   participate
beten   pray
die Betonung   emphasis, stress
die Betrachtung   contemplation, reflection
der Betrieb -e   enterprise, firm
betrübt   sad
der Bettler —   beggar
die Bettstelle   bedstead
der Beutel —   purse, bag
bevorzugen   prefer, give preference
sich bewahren   preserve
beweglich   mobile
die Bewegung   movement
der Beweis -e   proof, evidence
bewußt   conscious
das Bewußtsein   consciousness
der Bezirk -e   region
die Biene   bee
die Bildhauerkunst   sculpture
die Bildtafel   plate
die Bildung   education, culture
billig   cheap
die Binse   rush
die Birne   pear
bissig   biting
blasen ie a   blow
die Blässe   pallor
das Blatt ¨er   leaf, page, sheet (of paper)
blinken   gleam, shine
bloß   bare

der Blumenstrauß ¨e   bouquet
die Blütezeit   golden age
der Boden ¨   attic; soil
die Bodenform   soil type
die Bodenschätze (pl.)   mineral resources
der Bogen ¨   arc
das Bollwerk -e   bulwark
der Bösewicht -e or -er   villain
boshaft   malicious
braten ie a   roast
die Braunkohle   soft coal
der Breitengrad -e   latitude
der Briefträger —   mailman
brüllen   roar
brüten   hatch
die Buchgemeinschaft   book club
sich bücken   bend
die Bühne   stage
der Bürger —   citizen
der Bürgermeister —   mayor
das Büschel —   bundle, bunch

C

der Chor ¨e   choir

D

dabei   present
daheim   at home
es dämmert   twilight breaks
dankbar   grateful
dar-stellen   depict, represent, display
die Darstellung   representation
das Dasein   existence
die Daunendecke   down quilt
davon   away
die Demut   humility
die Denkweise   way of thinking
deuten   interpret
die Dichtkunst   art of poetry, literature
der Dieb -e   thief
der Dienst -e   service
das Dienstmädchen —   maid

die Dinglichkeit thingness, reality
der Drang pressure, urge, drive
dreifach threefold
dringen a u press, penetrate
der Droschkenkutscher — cab
  driver
drücken oppress
das Dunkel darkness
durchaus absolutely
das Durcheinander confusion
durch-führen carry out
durchschnittlich average
sich durch-setzen succeed, carry
  through
durchsichtig transparent
durchtränkt saturated
dürftig poor
Dur und Moll major and minor
düster dim, gloomy
die Dynamik dynamism

E

edel noble
ehern brazen, hard
der Ehrgeiz ambition
die Eiche oak
die Eigenbrötelei eccentricity
die Eigenschaft quality
der Eigensinn stubbornness
eigensinnig stubborn
das Eigentum ¨er property
der Eigentümer — owner
eigentümlich peculiar
ein-berufen ie u convoke
die Einbildung imagination
die Einbildungskraft imagination
ein-bürgern assimilate
ein-büßen forfeit
eindringlich penetrating
einfältig simple
einfarbig monochrome
der Einfluß ¨e influence
einflußreich influential
die Einförmigkeit uniformity
die Einfühlung empathy

eingerichtet set up
der Eingeborene —n native
die Eingliederung assimilation
einheimisch native
die Einheit unit, unity
einigermaßen to any extent
die Einigung union
die Einladung invitation
ein-leuchten become clear
sich ein-mischen mix in, mingle
ein-prägen impress
einsam lonely
ein-sehen realize
einsichtig intelligent, insightful
der Einsiedler — hermit
ein-stimmen join in
ein-verleiben incorporate
ein-wickeln wrap
einzigartig unique
der Eisenbahner — railway
  worker, railroadman
der Eiszapfen — icicle
die Ehefrau [wedded] wife
ehemalig former
die Elektrotechnik electrical en-
  gineering
das Elend misery
empfangen i a receive
empfehlen a o urge, recommend
die Empfindung sensation
empörend revolting, shocking
emsig eager, zealous
engherzig narrow-minded
entarten degenerate
entbehren do without
sich entbrechen refrain
die Entdeckung discovery
die Entfaltung evolution, development
entfernt distant
entführen abduct
entgegen-gehen go toward, meet
die Entschädigung indemnification
entscheidend decisive

die Entscheidung   decision
die Entschließung   resolution
die Entschlossenheit   resolution
entsetzlich   dreadful
entsprechen a o   correspond
die Entstehung   origin
die Entwicklungslehre   theory of
   evolution
entzücken   enrapture, delight
sich erbarmen   take pity
der Erbe -n   heir
das Erbteil -e   inheritance
der Erdteil -e   continent
erdulden   endure
das Ereignis -se   event
erfahren u a   experience, learn
die Erfindung   invention
erfüllen   fulfil
das Ergebnis -se   result
sich erheben o o   raise oneself,
   rise
die Erkenntnis   recognition
die Erklärung   explanation
sich erkundigen   inquire, ask
erlassen ie a   spare
erleiden itt itt   suffer
erleuchten   illuminate, inspire
die Erlösung   salvation, redemption
ermöglichen   make possible
die Ermunterung   encouragement
ermutigen   encourage
der Ernst   seriousness
erpressen   squeeze
erquicken   nourish, refresh
erregen   agitate, excite
erreichen   attain, reach
erschauen   catch sight of
die Erscheinung   phenomenon
erschießen o o   shoot [dead]
die Erschließung   opening
erschöpfend   thoroughly, exhaust-
   ing
erschrecken ak ock   to be frightened

erschüttern   tremble, shake
das Erstaunen   astonishment
erstaunlich   astonishing
erstrecken   extend
erträglich   tolerable
erwähnen   mention
erwarten   await
erweisen ie ie   show
der Erwerb   acquisition
erwerben a o   acquire
erwidern   reply
erzielen   attain a goal, achieve
ewig   eternal

F

fadendünn   thin as thread
fähig   capable
die Fähigkeit   aptitude
die Fähre   ferry
der Fahrplan ⸚e   schedule
die Falle   trap
fällen: ein Urteil . . .   make a judgment
färben   tint, dye
das Faß ⸚er   barrel
die Fassung   version
die Faust ⸚e   fist
fechten o o   fence, fight
feierlich   solemn, elevated
feiern   celebrate
der Feige -n   coward
die Ferne   distance
das Fernsehen   television
fesseln   bind
die Festigkeit   solidity
fest-stehen   remain
die Feuchtigkeit   moisture
die Fläche   area
der Fleischer —   butcher
flektieren   inflect
fletschen   gnash, grind
der Fluch ⸚e   curse
flüchtig   hasty, fleeting
der Flüchtling -e   fugitive
der Flügel —   wing

die Flugschrift pamphlet
die Flur field
die Flut -en flood, water
folgern conclude
die Folgezeit following age
foppen mock
förmlich fairly, literally
die Forschung research
fort-fliegen o o fly away
fortschreitend progressive
der Fortschritt -e progress
fortwährend constant
frech insolent
der Freiherr baron
die Freikarte free ticket
freilich of course
freiwillig voluntary
das Fremdenzimmer — guest room
der Fremdling -e stranger
die Freundschaft friendship
frisch fresh, cool
die Frömmigkeit piety
fruchten fructify
der Fühler — feeler
die Führung guidance
die Fülle abundance
füllen fill
der Funke -n spark
das Funkeln sparkling
furchtbar fearful, terrifying
die Fürsorge care

G

die Gabe gift
gaffen gape
gähnen yawn
die Ganzheit totality
die Gasse lane, alley
die Gattung species
der Gauner — crook
das Geäder — system of veins
das Gebäude — building
das Gebilde — form, shape
gebildet cultured, highbrow

gebrauchen use
das Gebrüll roaring
gebühren be due to
das Gedächtnis -se memory
gedeihen ie ie thrive, prosper
die Gedrängtheit compactness
die Geduld patience
geeignet suitable
gefallen ie a please
die Gefälligkeit favor
gefühlvoll emotional
die Gegend part, area, district
der Gegensatz ⁝e opposite, contrast
gegenseitig mutual
der Gegenstand ⁝e subject, object
das Gegenstück -e contrast
das Gegenteil -e opposite
das Gehalt ⁝er salary
geheim secret, privy
das Gehüpfe hopping
die Geißel whip, scourge
geistig intellectual
geknickt bent, broken
gelassen calm
die Gelegenheit opportunity
das Gelenk -e joint
gelenkig nimble
gemäßigt temperate
gemein common, vulgar
die Gemeinde community
das Gemeindeeigentum common property
die Gemeinheit vulgarity
die Gemeinsamkeit community
das Gemüt -er disposition, mood, feelings
gemütlich easy-going
die Gemütsverfassung emotional disposition
die Genauigkeit precision
genießen o o enjoy
genügen satisfy
geraten ie a come, fall [by chance]

aufs Geratewohl   at random
geschäftig   busy
geschehen a e   happen
das Geschick -e   fortune, fate
das Geschlecht -er   sex, gender
der Geschmack   taste
die Geschwindigkeit   speed
das Geschwür -e   abscess
der Geselle -n   comrade
gesellig   sociable
der Gesellschafter —   companion
das Gesetz -e   law
gesetzmäßig   regular
der Gesichtsausdruck ¨e   facial expression
das Gesims -e   cornice
die Gesinnung   attitude
die Gestalt   form
die Gestaltung   creation
das Gestöber   blizzard
das Gesträuch   shrubbery, bushes
getrost   confidently
gewähren   grant
das Gewebe —   tissue
die Gewinnbeteiligung   profit sharing
das Gewissen —   conscience
gewissenhaft   conscientious
das Gewürm   worms (pl.)
der Giebel —   gable
glänzen   glisten
der Glaube -ns -n   faith
die Gläubigkeit   faith
ist gleich   equals
gleichberechtigt   having equal rights
das Gleichnis -se   likeness, symbol
die Gleichschaltung   coordination
das Glitzern   glittering
das Glöcklein   little bell
die Glückseligkeit   happiness
glühend   glowing
die Gnade   grace
der Gönner —   patron
das Göttliche   divine

das Grab ¨er   grave
das Grabmal ¨er   tombstone
der Grad -e   degree
der Gram   sorrow
grämen   grieve
der Grashüpfer   grasshopper
gräßlich   horrible
das Grauen   horror
der Greis -e   old man
die Grenze   boundary, limit
grenzenlos   boundless
greulich   gruesome
die Grille   cricket
grimmig   angry, furious
grinsen   grin
großartig   grand, great
die Größe   quantity
grübeln   brood
gründen   ground, establish
die Grundlage   basis
die Güte   kindness
gütig   kind
gutmütig   good-natured

H

hager   lean
der Hain -e   grove
der Hall   echo
der Halm -e   blade
die Halskrause   ruff, collar
halten für   regard, consider
der Handel   trade
sich handeln (um)   be a question (of)
die Handelsbilanz   balance of trade
die Handelsstadt   commercial city
handhaben   handle
der Handschuh -e   glove
der Hang   inclination
der Hauch -e   breath
häufig   frequent
das Haupt ¨er   head, chief
der Häuptling -e   chieftain

das Hauptmerkmal -e chief characteristic
hauptsächlich principal
die Hausangestellte domestic servant
der Hauslehrer — private tutor
das Haustier -e domestic animal
der Heide -n pagan
die Heide heath
das Heiligtum ¨er sanctuary
es heißt it says
der Herd -e hearth, stove
herkömmlich traditional
herrenlos without a master
herrlich splendid, glorious
hervorragend outstanding
hervor-rufen ie u provoke
die Hingabe devotion
hin-richten execute
die Hinsicht respect
das Hinterbein -e hind leg
hinterlassen bequeath
der Hinweis -e hint
hin-weisen (auf) point (to)
hochdeutsch High German
hoch-schätzen esteem
die Hoffart arrogance
hoffen hope
höfisch of the court
die Hofleute (pl.) courtiers
die Hoffnung hope
hold gracious, lovely
der Holunder elder
der Holzschnitt -e woodcut
das Horn ¨er horn
der Hügel — mound

I

immerdar always
immerwährend everlasting
imponieren impress
innig inward, sincere, fervent
die Insel island
instinktmäßig instinctively
inszenieren stage, produce

irgendein some
irren make a mistake
irre-gehen go astray

J

das Jahrhundert -e century
jedenfalls at any rate, in any case
der Jubel shouts of joy
das Jubiläum (pl., Jubiläen) jubilee
jungfräulich virginal
der Jüngling -e youth

K

das Kalisalz -e potash
der Kamin -e fireplace, chimney
der Kammerton concert pitch
der Kampf ¨e struggle
die Kampfbegier lust for battle
das Kampfspiel -e contest
die Kante edge
die Kanzel [university] chair
der Kapellmeister — conductor
die Kapitalgesellschaft stock company
die Karte map
der Kaufmann (pl., Kaufleute) merchant
keck bold
sich kehren turn away
der Kenner — connoisseur, expert
die Kenntnis knowledge
kennzeichnen characterize
der Kerl -e fellow
der Kern -e kernel
die Kernphysik nuclear physics
der Kirchhof ¨e churchyard, cemetery
die Kiste box
klettern climb
klirren rattle, clatter
die Klugheit cleverness
knacken crack
der Knall bang

knallrot flaming red
knapp brief
die Knappheit shortage
knicken pinch, nip
knurren growl
die Kolonne column
die Konfession denomination
der König -e king
die Königin queen
können: kann unmöglich cannot
  possibly
das Kopfschütteln head shaking
der Kornsack ⸚e sack of grain
kostbar precious
köstlich delightful
krachen crash, groan
der Kragen — collar
kränkeln be sickly
die Kränklichkeit sickliness
der Kranz ⸚e wreath, circle
kratzen scratch
die Krawatte necktie, cravat
der Kreis -e circle
kreischen screech, hoot
die Krone crown
krumm crooked
kühn bold
der Kunde -n customer
die Kunstgeschichte art history
das Kunsthandwerk handicraft
künstlerisch artistic
der Kupferstich -e copperplate
  engraving
kürzlich recently

L

lächerlich ridiculous
sich lagern lie down
das Land country, land
der Landstreicher — tramp
die Landwirtschaft agriculture
langbeinig long-legged
die Länge length
der Längengrad -e longitude
die Langeweile boredom

die Last burden
das Laster — vice
das Laub foliage
der Laubfrosch ⸚e tree-toad, tree-
  frog
der Lauf ⸚e course
laut according to
der Laut -e sound
lauten say
die Lebensfreude joy of living
der Lebensmittelpreis -e food
  costs
der Lebensstandard standard of
  living
der Lebensunterhalt livelihood,
  support
lebenswichtig essential
die Lebenszeit lifespan
die Lehre teaching
die Leiche corpse
die Leichenpredigt funeral oration
der Leichenwagen — hearse
der Leichenzug ⸚e funeral procession
leichtsinnig irresponsible
das Leid -s -en sorrow
das Leiden — suffering
leidenschaftlich passionate
das Leintuch ⸚e sheet
leisten: sich etwas . . . achieve,
  accomplish, afford
die Lektüre reading
der Lenz -e spring
die Lerche lark
leuchten shine, glow
leugnen deny
die Levkoje stock, gillyflower
das Lexikon (pl., Lexika) encyclo-
  pedia
liebenswürdig amiable
die Liebesbeziehung love affair
der Liebhaber — amateur
licht bright
listig cunning

locken   lure
los-reißen i i   tear loose
los-werden   get rid (of)
der Löwe -n   lion
die Lust   pleasure, desire

M

mahlen   grind
die Mähne   mane
mahnen   admonish
makellos   immaculate
mancherlei   different things
mannigfaltig   manifold
die Mannigfaltigkeit   variety
das Mark   pith, marrow
der Massenmensch -en   mass man
das Maß -e   measure
die Masse   mass
die Mäßigkeit   moderation
der Mastbaum ¨-e   mast
der Mausedreck   mouse droppings
der Meerbusen —   bay
meiden ie ie   avoid
die Meinungsverschiedenheit   difference of opinion
meißeln   chisel
die Menge   number, quantity
merkwürdig   remarkable
merklich   audible, noticeable
die Merkwürdigkeit   marvel, curiosity
die Milde   generosity, gentleness
mißbrauchen   misuse
die Mißhandlung   maltreatment
das Mitleid   pity
mit-sprechen a o   have a voice in
der Mittag -e   noon
das Mittelgebirge —   central mountain range
mittelmäßig   medium
das Mittelmeer   Mediterranean
der Mittelstand   middle class
der Mittler —   mediator
der Mohn   poppy; die Mohnblume   poppy

das Moment -e   factor
der Mönch -e   monk
die Mordsucht   lust to kill
morsch   rotten
die Mühe   effort, toil, trouble
mühselig   hard, difficult
die Mundart   dialect
munter   cheerful
murren   grumble, growl
der Müßiggang   idleness
der Mut   courage
die Mütze   cap

N

die Nachahmung   imitation
der Nachbar -s -n   neighbor
nachdenklich   thoughtful, pensive
der Nachdruck   emphasis
das Nachfeld   sequel, final section
die Nachfolge   succession
nach ... hin   toward
das Nachschlagewerk -e   reference work
nach und nach   bit by bit
nach-weisen ie ie   demonstrate, probe
nageln   nail
die Nähe   nearness
nämlich   same
die Narbe   scar
narren   fool
närrisch   foolish
der Nebel —   mist
nebenbei   incidentally
der Nebenfluß ¨-e   tributary
die Neigung   inclination
das Netz -e   network
der Neuerer —   innovator
die Neuigkeit   novelty
die Nichtigkeit   insignificance, vanity
nieder   low
sich nieder-lassen ie a   settle
niedlich   pretty, cute
nirgends   nowhere

die Nonne nun
die Notiz note
not-tun be needed
notwendig necessary
nüchtern sober
nutzbar machen exploit
nutzen use
die Nützlichkeit utility

O

obig above
obwohl although
offenbar obvious
offenbaren manifest
die Offenheit receptiveness,
  frankness
offensichtlich obvious
öffentlich public
ohnehin in any case
die Ordnung order, regulation
die Orthographie spelling

P

packen seize
der Packen — pack, parcel
päpstlich papal
die Parole slogan
die Parteilichkeit partisanship
die Pein anguish
der Pfarrer — priest, parson
das Pfarrhaus ⸚er parsonage
die Pfeife pipe
der Pfeil -e arrow
die Pflicht duty
die Pforte gate
die Plage trouble
plagen plague
platt flat
plötzlich sudden
die Pracht splendor
prall bulging
predigen preach
die Predigt sermon
preisen ie ie praise
der Purismus -ismen purism

pusten puff

Q

die Qual torment
der Quell -s -en spring
die Quelle spring
quellen o o swell

R

die Radierung etching
der Rand ⸚er edge
ranzig rancid
der Rat advice
das Rätsel — riddle
rauben rob
das Raubgesindel rabble
räumlich spacial
rauschen rustle
die Raute rue
die Rebe vine
das Rebengeländer vine trellis
die Rechenschaft account
die Rechnung calculation
das Recht -e law
die Rechtspflege administration
  of justice
die Rechtschaffenheit honesty,
  integrity
recken stretch
die Redewendung phrase
rege lively
regelmäßig regular
die Regelung regulation
der Regenschirm -e umbrella
die Regierung government
das Reh -e deer
der Reichstag Diet, parliament
der Reif -e hoop
reifen ripen
die Reiseschilderung travel description
reißen i i rage
die Rettung rescue, liberation
der Richter — judge
riechen o o smell

der Riese -n giant
die Rinde bark
rings round about
der Ritter — knight
roh raw
romanisch Romance
der Rosmarin rosemary
die Roßhaarmatratze horsehair
  mattress
rosten rust
der Ruck -e jerk
die Rückkehr return
die Rücksicht respect, consideration
rückwärts backwards
das Ruder — oar
rügen blame, censure
die Ruhe peace
der Ruhestand retirement
die Ruhestätte rest
rühmen praise
rühren stir
der Rundfunk radio
die Rüstung armaments
rütteln rattle

S

die Sache: um der —— willen for
  its own sake
der Sachkundige -n expert
sachlich factual
sacht(e) gentle
sägen saw
der Same -ns n seed
sanft gentle
die Sauberkeit cleanliness
säuseln rustle, whisper
der Schaden ⁝ loss, damage
schaffen u a create
schaffen procure, make
die Schafgarbe yarrow
der Schalk ⁝e wag, joker
schallen sound
sich schämen be ashamed
die Schande shame

die Schärfe sharpness
scharfsinnig perceptive
das Schaubild -er chart, table
das Schauspiel -e play
die Schauspielkunst art of acting
der Schatten — shadow
der Schatz ⁝e treasure
schätzen value
die Scheibe disk, pane
scheiden ie ie part
schelten a o scold
die Scherbe flowerpot
der Scherz -e jest, joke
scheu shy, timid, nervous
scheuen shrink, flinch
die Scheune barn
das Schicksal -e fate
schief askew
das Schienbein shin
der Schiffbruch shipwreck
das Schiffchen shuttle
die Schilderung description
schimpfen say nasty things
das Schlachtfeld -er battlefield
die Schlange snake
schlank slender
der Schleier — veil
schlendern stroll
schleppen drag
die Schleuder sling
schleudern throw
schlichten mediate
schlucken swallow
schlummern slumber
die Schmach shame, disgrace
schmeicheln flatter
der Schmerz -es -en pain
schmieren grease
schmutzig dirty
schnauzig brusque
schnippisch snippy, saucy
schnurren buzz, purr
schonungslos unsparing
schöpferisch creative
die Schöpfung creation

schräg slanting, oblique
die Schranke limit, bar, barrier
schrecklich terrible
die Schrift writing
die Schriftsprache literary language
der Schriftsteller — writer
schroff abrupt
die Schuld fault, guilt
schulden owe
schulen train
das Schulwesen school system
schürfen dig
schütteln shake
der Schutz protection
schwachköpfig weak-headed
schwammig spongy
der Schwan ⁀e swan
schwanken sway, rustle
schwankend unstable
schwärmen dream
der Schwärmer — dreamer
die Schwärmerei enthusiasm, fanaticism
schweben float, hover
der Schweif -e tail
der Schweiß sweat
schwelgen wallow
die Schwelle sill
schwellen o o swell
schwer heavy
schwerbelastet incriminated
schwerfällig lumbering
die Schwierigkeit difficulty
schwinden a u vanish
schwingen a u swing
schwitzen sweat
schwören o o swear
sich sehnen yearn, long
seicht shallow
sei: es — denn unless it be
selbständig independent
das Selbstbestimmungsrecht -e right of self-determination
die Selbstsucht selfishness

selbstzerstörerisch self-destructive
die Seligkeit happiness
seltsam strange
sichtbar visible
die Sicherheit security
der Sinn -e sense, mind
die Sippe tribe
die Sitte custom
sittlich ethical, moral
der Sklave -n slave
sogenannt so-called
sorgen für care for
die Sorgfalt care
die Spalte column
spannen stretch
die Spannung tension
der Spaziergang ⁀e walk
der Spazierritt -e ride
speien ie ie spit
sperren block
die Spitze point, head, lead
der Spott scorn, derision, mockery
der Sprachgebrauch linguistic usage
spritzen squirt
der Spruch ⁀e saying
der Sprung ⁀e leap
spucken spit
spuken haunt
spüren feel
der Stachel -s -n sting
stämmig sturdy, stocky
der Stand ⁀e [social] class
die Stange pole
stärken strengthen
der Staub dust
staunen be astonished
stechen a o sting
stecken bleiben get stuck
stehlen a o steal
steigen climb, rise
steigern increase, intensify
steil steep
der Steinbruch ⁀e stone quarry

die Steinkohle   hard coal
die Stelle   place
die Stelze   stilt
die Sternblume   daisy
die Stetigkeit   steadiness
die Steuer   tax
das Stichwort ̈-er   key word, entry
stiften   produce, cause
der Stil -e   style
stilvoll   elegant
stimmen   tune
die Stirn   forehead
stocken   hesitate, falter
stöhnen   groan
der Stolz   pride
der Stoß ̈-e   thrust, shock
der Strahl -s -en   ray
stramm   severe
streben   strive
das Streben   effort, ambition
strecken   stretch
der Streich -e   prank
streng   stern
der Strom ̈-e   stream
die Strömung   current
die Strophe   stanza
die Stube   room, apartment
die Stufe   stage, step
stümpern   bungle
stürzen   rush
die Sucht   mania
summen   hum
surren   whir

T

tadeln   blame, censure
der Tagelöhner —   day laborer
tapfer   brave
die Tat   deed, achievement; in der
   — indeed, really
tätig   active
tatsächlich   in fact
die Tatze   paw
die Taube   pigeon, dove
tauen   thaw

taugen   be worth, be of use
täuschen   deceive
der Teint   complexion
die Tiefebene   lowlands
tiefsinnig   profound
tilgen   annihilate
tödlich   mortal
die Tollkühnheit   foolhardiness
die Tonleiter   [musical] scale
der Tor -en   fool
tosen   rage
das Totenkleid   shroud
trachten   endeavor
tragbar   tolerable
träge   slothful, sluggish
tragisch   tragic
die Träne   tear
trauern   mourn
die Traufe   trough
träumen   dream
treffend   apt
das Treiben   activity, bustle
trennen   separate
treuherzig   guileless
der Trieb -e   impulse, instinct
das Trinkgeld -er   tip
tropfen   drip
trösten   comfort
trotzig   defiant
trübe   dull
die Trümmer (pl.)   ruins
trunken   drunk
die Tugend   virtue
tunken   dip
der Turm ̈-e   tower

U

das Übel —   evil
überall   everywhere
der Überblick -e   survey
überdauern   outlast, survive
die Übereinkunft   convention
überflüssig   unnecessary
überführen   transfer
der Übergang ̈-e   transition

überhaupt altogether, at all
der Überlebende -n survivor
die Überlieferung tradition
der Übermut high spirits, insolence
überreichen hand over
überschätzen overrate
die Übersicht survey
überstehen withstand
überwiegend predominant
die Überwindung overcoming
überzeugen convince
überziehen drape
das Ufer — shore, bank
der Uhu -s owl
umfangreich extensive
umfassen encompass, contain, in-
clude, embrace
die Umgangssprache colloquial
language
umgaukeln hover over, flit about
die Umgegend surroundings
um-gehen deal with, handle
die Umschreibung paraphrase
der Umschwung ∸e change
sich um-sehen look about
der Umstand ∸e circumstance
der Umweg -e roundabout way,
detour
die Unabhängigkeit independence
unangenehm unpleasant
unauffällig inconspicuous
unaufhörlich incessantly
unausweichlich unavoidable
unberechenbar incalculable
unbeschreiblich indescribable
der Unbestand inconstancy
unbewacht unguarded
unbewußt unconscious
undurchdringlich impenetrable
unentbehrlich indispensable
unentdeckt undiscovered
unentrinnbar inescapable
unentschieden undecided

unentwegt unflinching
unerfahren inexperienced
unerforschlich inscrutable
unergründlich unfathomable
unersättlich insatiable
unerschütterlich unshakable
unerträglich unbearable
unfähig incapable
der Unfallschutz accident protection
unfruchtbar sterile
ungebildet uncouth
ungeduldig impatient
ungefähr approximately
ungeheuer enormous, monstrous
die Ungerechtigkeit injustice
ungeschliffen unpolished
ungesellig unsociable
ungestüm violent
das Ungetüm -e monster
ungewandt inept
ungewöhnlich uncommon
unglückselig unhappy
unheilbar incurable
unmittelbar direct
die Unrast restlessness
unsichtbar invisible
die Unsittlichkeit immorality
unterbrechen a o interrupt
unterdrücken suppress
das Unterfangen undertaking
unterlassen ie a omit
die Unternehmung undertaking
unterscheiden ie ie distinguish,
differentiate
der Unterschied -e difference
die Unterstützung support
untersuchen examine
unterwegs on the way
unterweisen ie ie instruct
unvergänglich imperishable
unvermerkt unexpected
unverschämt impudent, shameless
unversehens unexpectedly

unvoreingenommen   unprejudiced
unwillkürlich   involuntary
die Unwissenheit   ignorance
unzulänglich   inadequate
üppig   luxuriant
ur-   primitive, original
das Urgefühl -e   primitive
   feeling
die Ursache   cause
die Ursprache   original language
das Urteil -e   judgment; ein ——
   fällen   make a ——
die Urteilskraft   power of judgment
der Urtrieb -e   primitive instinct

V

verabscheuen   abhor
verabschieden   dismiss, ratify [a
   law]
verachten   despise
die Verachtung   contempt
veranlassen ie a   cause, bring
   about, induce
die Veranlassung   occasion
veranstalten   arrange
verbergen a o   hide
verbluten   bleed to death
verbreitet   widespread
die Verbeugung   bow
verbinden a u   associate
verdammen   condemn
verdammlich   damnable, contemptible
die Verdauung   digestion
verdienen   earn
das Verdienst -e   merit
der Verdruß   annoyance
verdutzt   taken aback
verehren   revere, adore
vereinbaren   agree
vereinfachen   simplify
die Vererbung   heredity
der Verfall   decay, decline
verfassen   compose

die Verfassung   condition, position, constitution
verfehlen   miss
verfolgen   pursue, persecute
verführerisch   seductive
die Vergänglichkeit   transitoriness
vergebens   in vain
die Vergebung   forgiveness
vergelten a o   repay
vergleichen i i   compare
das Vergnügen ——   pleasure
vergolden   gild
verhalten   keep back
das Verhältnis -se   relation[ship]
das Verhängnis   fate, doom, misfortune
verheißen ie ei   promise
verkehrt   upside down
verkörpern   embody
verkümmern   impoverish, atrophy
das Verlangen   desire
verlängern   prolong
verlassen ie a   leave, forsake, abandon
die Verlegenheit   embarrassment
verletzen   hurt, injure
vermehren   increase
vermeintlich   supposed
die Verminderung   decrease
vermummen   drape, mask
vermutlich   presumably
vernichten   destroy
die Vernunft   reason
veröden   desolate
veröffentlichen   publish
die Verpflichtung   obligation
der Verrat   treason
der Verräter ——   traitor
versagen   deny, fail
verschaffen   procure
die Verschiedenheit   variety
verschleppen   drag away
verschmähen   scorn, spurn
verschmelzen o o   fuse
verschonen   spare

verschweigen ie ie be silent about
verschwelgen squander
versickern trickle away
versinnbildlichen symbolize
die Versöhnung reconciliation
der Verstand intelligence
sich verständigen communicate
verstorben deceased
der Versuch -e attempt, experiment
die Versuchung temptation
vertauschen exchange
sich vertiefen absorb oneself
vertraut acquainted, intimate
vertreten a e represent, take the place of
der Vertriebene -n displaced person
vertrinken drink away
verursachen cause
die Verwachsung growing together, cicatrization
die Verwaltung administration
verwechseln confuse
verwenden spend, employ
verwerfen a o reject
verwerflich objectionable
verwickeln entwine
verwittern decay
die Verwunderung astonishment
verzehren spend, consume
das Verzeichnis -se catalogue
der Verzicht renunciation
verzweifeln despair
die Vielzahl multiplicity
das Viertel — quarter
vollkommen perfect
die Volkskunst folk art
volkstümlich popular
die Vollbeschäftigung total employment
vollziehen execute
vor-beugen prevent
das Vorbild -er example, model
das Vorderbein -e foreleg

der Vorfahr -en ancestor
der Vorgang ⁻e process
vor-gehen proceed
vorgerückt protruding
der Vorhang ⁻e curtain
vor-kommen occur, happen
der Vorläufer — forerunner
die Vorlesung lecture
die Vorliebe preference
vornehm distinguished
das Vorrecht -e privilege
der Vorschein: zum —— kommen appear
die Vorschrift prescription
die Vorsehung providence
die Vorsicht caution
vorstellbar conceivable
die Vorstellung idea, conception, representation
der Vortrag ⁻e lecture, address
der Vorübergehende -n passer-by
vorweg-nehmen anticipate
vorwiegend predominant, prevailing
der Vorwurf ⁻e reproach, blame
der Vorzug ⁻e preference

W

wachsam alert
wacker brave, good
die Waffe weapon
waffnen arm
wählen choose
die Wahlverwandtschaft elective affinity
der Wahnsinn madness
währen last
wahrhaftig truthful
wahrnehmbar perceptible
die Währung currency
wälzen roll
der Wandel course
die Wanderschaft wandering
die Wange cheek
weben weave

der Webstuhl ⁻e loom
der Wechsel — change, exchange
die Wechselrede exchange of
  words
weg-denken abolish by thinking
die Wehmut sadness, melancholy
wehrlos defenseless
weichen i i yield
sich weigern refuse
die Weide meadow, pasture
der Weinstock ⁻e vine
weise wise
die Weise way, manner
weitgehend far-reaching
welken fade, wither
die Welle wave
das Weltall universe
die Welterfahrenheit worldly experience
der Weltteil -e continent
sich wenden turn around
die Wertung valuation
das Wesen — character
die Wespe wasp
der Wettbewerb -e competition
der Wetterwechsel change of
  weather
das Wettspringen jumping contest
widerfahren u a happen
widerlegen refute
widerrufen ie u recant
der Widerspruch ⁻e contradiction
der Widerstand resistance
widmen dedicate, devote
der Wiederaufbau reconstruction
die Wiedergeburt rebirth
die Wiedervereinigung reunifica-
  tion
die Wiege cradle
wildfremd totally strange
willkürlich arbitrary
der Winkel — corner
winken beckon
winzig tiny
der Wipfel — tree top

das Wirken activity
wirklich real
wirksam effective
die Wirkung effect
wittern scent
das Witzblatt ⁻e comic journal
die Woge billow, wave
wogen sway, surge
das Wohl welfare
wohlhabend well-to-do
der Wohlstand prosperity
die Wohltat benefaction
der Wohltäter — benefactor
die Wonne bliss, joy
die Wortstellung word order
die Wucht force
wunderlich strange, queer
der Wurf ⁻e throw
der Wurm ⁻er worm
die Wurzel root
wurzelgebunden tied to the root
wüst desolate
die Wüste desert
wüten rage

Z

zähmen tame
die Zärtelei pampering
die Zartheit tenderness
zärtlich tender
der Zauberhauch magic breath
der Zeh -s -en or die Zehe toe
das Zeichen — sign
die Zeile line
das Zeitalter — age, era
der Zeitgenosse -n contemporary
die Zeitschrift periodical, journal
die Zeitung newspaper
der Zentner — hundredweight
zerschmelzen o o melt away
zerstören destroy
zeugen create
zielbewußt resolute
die Zier[de] beauty
zierlich dainty

der **Zins** -es -en   interest
das **Zirpen**   chirping
zittern   tremble
der **Zoll** ⸚e   [customs] duty
der **Zorn**   anger
der **Zuchtmeister** —   disciplinar-
  ian
zucken   tremble
der **Zufall** ⸚e   accident, chance
zu-fallen ie a   fall to
der **Zug** ⸚e   feature, trend, ten-
  dency
zu-gestehen   grant
zugleich   at the same time
zugunsten   in favor
der **Zuhörer** —   auditor
zu-machen   shut, close
die **Zurückkunft**   return
zurück-ziehen   withdraw

die **Zusammenarbeit**   cooperation
das **Zusammenfassen**   summariz-
  ing
zusammen-raffen   pull together
die **Zusammensetzung**   compound
zu-schauen   watch, look on
zustande kommen   come about
zuverlässig   reliable, trustworthy
zu-wandern   immigrate
zuweilen   at times
die **Zweckmäßigkeit**   purposiveness
zweierlei   two sorts
der **Zweig** -e   branch
der **Zwerg** -e   dwarf
der **Zwinger** —   cage, arena
der **Zwischenfall** ⸚e   incident
zwiespältig   conflicting, ambiguous